MANFRED BAUER

Die Gegenvorstellung im Zivilprozeß

Schriften zum Prozessrecht

Band 96

Die Gegenvorstellung im Zivilprozeß

Von

Dr. Manfred Bauer

Duncker & Humblot · Berlin

CIP-Titelaufnahme der Deutschen Bibliothek

Bauer, Manfred:
Die Gegenvorstellung im Zivilprozeß / von Manfred Bauer. –
Berlin: Duncker u. Humblot, 1990
(Schriften zum Prozessrecht; Bd. 96)
Zugl.: Regensburg, Univ., Diss., 1989
ISBN 3-428-06918-8
NE: GT

Fotoprint: Berliner Buchdruckerei Union GmbH, Berlin 61
Printed in Germany

ISSN 0582-0219
ISBN 3-428-06918-8

Für Mechthild

Vorwort

Die nachfolgende Untersuchung hat im Sommersemester 1989 der Juristischen Fakultät der Universität Regensburg als Dissertation vorgelegen. Rechtsprechung und Literatur konnten noch bis Oktober 1989 berücksichtigt werden.

Das Thema geht auf eine Anregung von Herrn Professor Dr. *Ekkehard Schumann* zurück, der die Arbeit darüber hinaus durch mannigfache Anteilnahme und unterstützende Kritik gefördert hat. Ihm möchte ich auch an dieser Stelle meinen herzlichen Dank aussprechen.

Besonders zu danken habe ich Herrn Professor Dr. *Jürgen Wolter* für seine hilfreichen Hinweise zum strafprozessualen Teil der Arbeit.

Regensburg, im November 1989

Manfred Bauer

Inhaltsverzeichnis

1. Teil: Einführung

2. Teil: Existenz eines Abänderungsverbots in der Zivilprozeßordnung?

3. Teil: Die Regelung in der Strafprozeßordnung

1. Teil

Einführung

1. Abschnitt

Einleitung und Problemstellung

Anlaß zur Untersuchung einer Anwendungsmöglichkeit der Gegenvorstellung im heutigen Zivilprozeß bietet der Beschluß des Bundesverfassungsgerichts vom 08. Juli 1986, Az: 2 BvR 152/83[1]. Die Entscheidung berührt eine Schnittlinie zwischen der Aufgabenverteilung der Fach- und der Verfassungsgerichtsbarkeit. Sie nimmt Stellung zur Frage der Rechtswegerschöpfung im Verfahren der freiwilligen Gerichtsbarkeit. Dabei geht das Gericht auf die Frage ein, ob § 90 II 1 BVerfGG verlangt, gegen eine letztinstanzliche zivilgerichtliche Beschwerdeentscheidung, die auf einer Verletzung des rechtlichen Gehörs beruht, Gegenvorstellungen zu erheben.

Ohne zunächst näher auf den Inhalt der Entscheidung einzugehen, genügen diese wenigen Hinweise, um sie in einen Problemkreis einordnen zu können, der durch folgende Stichworte gekennzeichnet werden kann. Auf der Suche nach Möglichkeiten, seine eigene Überlastung[2] im Bereich von Verfassungsbeschwerden wegen Verletzung des Rechts auf Gehör vermindern zu können, betont das Bundesverfassungsgericht die primäre Verantwortung der Fachgerichte zur Heilung solcher Verstöße. Dies läßt sich aus dem Grundsatz der Subsidiarität der Verfassungsbeschwerde[3] begründen. Die rechtliche Möglichkeit der Fachgerichte hierzu besteht zum einen in der Nachholung des nichtgewährten rechtlichen Gehörs im regelmäßigen Instanzenzug. Probleme ergeben sich zum anderen aber dort, wo dies mangels noch anfechtbarer Entscheidungen hinfällig wird. In diesen Fällen setzt eine Heilung des Verstoßes gegen das Recht auf Gehör die rechtliche Möglichkeit und Befugnis des Instanzgerichtes voraus, sein eigenes Judiz zu überprüfen und gegebenen-

---

[1] BVerfGE 73, 322.
[2] Dazu siehe etwa *Benda*, NJW 1980, 2097 ff.
[3] Hierzu allgemein *E. Klein*, Zeidler-FS, S. 1305 ff.

falls abzuändern. Denn ein übergeordnetes Gericht ist ja nicht mehr vorhanden. Damit stellt sich die Frage nach der Bindungswirkung gerichtlicher Entscheidungen und den hierfür maßgebenden Kriterien.

In BVerfGE 73, 322 bejaht das Gericht nun eine solche Abänderungsmöglichkeit hinsichtlich nicht mehr beschwerdefähiger zivilprozessualer Beschlüsse[4]. Es weist zugleich auf einen Weg hin, wie die von der Verletzung des Art. 103 I GG betroffene Partei eine solche Änderung erreichen kann, auf den Rechtsbehelf der Gegenvorstellung.

Das Gericht hatte sich mit einem für Verletzungen des rechtlichen Gehörs typischen Sachverhalt zu beschäftigen. Es hatte den auf befristete Beschwerde nach § 621 e I ZPO hin ergangenen Beschluß eines Oberlandesgerichts zu überprüfen. Dieser Beschluß wurde erlassen, ohne daß der Beschwerdegegnerin die Tatsache der Beschwerdeeinlegung zur Stellungnahme mitgeteilt worden war. Hierin erblickte das BVerfG eine Verletzung des Art. 103 I GG und hob den Beschluß des OLG auf.

Inmitten des Falles stand eine Familiensache gemäß § 621 I Nr. 2 ZPO analog mit § 1634 I, IV BGB. Nach außergerichtlicher Beilegung erklärte die Verfassungsbeschwerdeführerin den Rechtsstreit im amtsgerichtlichen Verfahren für erledigt. Daraufhin entschied das AG durch Beschluß, jede Partei habe die Gerichtskosten zur Hälfte zu tragen und eine Erstattung der außergerichtlichen Kosten finde nicht statt. Es stützte diese Entscheidung auf § 13 a I FGG, § 94 III KostO und begründete sie damit, sie entspreche der Billigkeit, da kein Elternteil das Verfahren grob schuldhaft verursacht habe.

Hiergegen legte der Antragsgegner befristete Beschwerde gemäß § 621 e I ZPO bei dem nach § 119 I Nr. 2 GVG zuständigen OLG ein, da er keine Veranlassung zur Einleitung des amtsgerichtlichen Verfahrens gegeben habe. Dies sei vielmehr durch die Verfassungsbeschwerdeführerin in mutwilliger Weise geschehen.

Daraufhin änderte das OLG die erstinstanzliche Entscheidung durch Beschluß ab und legte der Verfassungsbeschwerdeführerin die gesamten Kosten des Verfahrens auf. Dabei ging es auf Grund der unterlassenen Mitteilung der Beschwerde zur Gegenerklärung irrtümlich davon aus, diese habe keine außergerichtlichen Versuche zur Regelung des Umgangsrechts mit ihrem Kind unternommen.

Den weitaus überwiegenden Teil seiner Entscheidung widmet das BVerfG der Prüfung der Zulässigkeit der Verfassungsbeschwerde, hier insbesondere der Frage der Rechtswegerschöpfung, § 90 II 1 BVerfGG. Es stellt zunächst fest, daß gegen den Beschluß des OLG kein weiteres Rechtsmittel, vor allem keine weitere Beschwerde nach § 621 e II ZPO statthaft ist. Die Vorschrift bestimmt zwar als besondere Regelung i.S.d. § 621 a I 1 ZPO das weitere Verfahren in einer Familiensache gemäß § 621 I Nr. 2 ZPO, ist hier aber mangels Zulassung der weiteren Beschwerde durch das OLG oder Verwerfung einer befristeten Beschwerde der Verfassungsbeschwerdeführerin als unzulässig nicht

[4] Kritisch dazu *Henschel*, Faller-FS, 165 (169 ff).

einschlägig. Selbst wenn man die Anwendbarkeit des § 621 e II ZPO auf Kostenentscheidungen verneint, scheidet eine weitere Beschwerde nach § 28 II, III FGG aus, da dessen Voraussetzungen nicht gegeben sind.

Nachdem das BVerfG die Unanfechtbarkeit des OLG–Beschlusses festgestellt hat, ventiliert es die Frage, ob der Zulässigkeit der Verfassungsbeschwerde der in § 90 II 1 BVerfGG zum Ausdruck kommende allgemeine Grundsatz deren Subsidiarität entgegen steht. Dieser fordert nach Ansicht des Gerichts, alle nach Lage der Sache zur Verfügung stehenden prozessualen Möglichkeiten zu ergreifen, um eine Heilung des Verfassungsverstoßes zu erwirken. Damit ist für das BVerfG der Einstieg in die Analyse und Diskussion[5] um die Zulässigkeit einer ausnahmsweisen Abänderung nicht mehr beschwerdefähiger Beschlüsse und mithin der Gegenvorstellung gegeben[6].

Daß eine solche Diskussion bereits vor dem Beschluß des BVerfG vom 08. Juli 1986 stattfand, zeigt eine Entscheidung des Oberlandesgerichts Nürnberg[7], die hier kurz dargestellt werden soll, da sie ebenfalls eine für die Gegenvorstellung typische Fallkonstellation enthält[8]. In ihr hat das Gericht einen rechtskräftig gewordenen Beschluß wegen offensichtlicher Fehlerhaftigkeit aufgehoben[9].

Die gegen einen landgerichtlichen Beschluß nach § 91 a ZPO eingelegte sofortige Beschwerde wurde vom Oberlandesgericht als unzulässig verworfen. In der Begründung seiner ablehnenden Entscheidung übersah das Oberlandesgericht, daß die Einlegung der sofortigen Beschwerde nach §§ 577 II 2, 569 I ZPO auch beim Landgericht, wie geschehen, durch einen dort zugelassenen Rechtsanwalt zulässig ist. Einer Einlegung beim Oberlandesgericht durch einen bei ihm zugelassenen Rechtsanwalt bedurfte es nicht.

Auf Gegenvorstellung hin hob ein anderer Senat des Oberlandesgerichts die zunächst ergangene verwerfende Entscheidung auf. Die Unterlassung einer sachlichen Prüfung des Beschwerdevorbringens auf Grund fehlerhafter formeller Beurteilung wurde dabei als ein Verstoß gegen Art. 103 I GG angesehen. Der Möglichkeit einer Verfassungsbeschwerde sei die Abhilfe mittels Gegenvorstellung vorzuziehen.

---

[5] Dazu siehe unten § 2 II. und III. S. 22 ff und 31 ff der Arbeit.

[6] Zu den Ergebnissen dieser Analyse und den Schlußfolgerungen des Gerichts vgl. unten § 2 II. 1. a) S. 24 f der Arbeit.

[7] OLG Nürnberg NJW 1979, 169.

[8] Darauf wird im Laufe der Arbeit noch zurückzukommen sein, siehe etwa unten 4. Teil, 2. Abschnitt S. 150.

[9] Das Gericht hebt ausdrücklich hervor, den Grundsatz der Unzulässigkeit von Gegenvorstellungen gegen — auf sofortige Beschwerde ergangene — materiell rechtskräftige Beschlüsse zwar zu bejahen, hält eine Durchbrechung dieses Grundsatzes bei Verletzung des rechtlichen Gehörs aber für geboten.

Das Gericht schätzt den Verfassungsgrundsatz des rechtlichen Gehörs (Art. 103 I GG) gegenüber der ausnahmslosen Unabänderlichkeit von Entscheidungen trotz erkannter Unrichtigkeit für höherwertig ein.

Die Entscheidung wurde zunächst von einer strengeren Auffassung abgelehnt[10], die sich aber inzwischen der Meinung des Oberlandesgerichts Nürnberg angeschlossen hat[11]. Dieser Auffassungswandel, der durch BVerfGE 73, 322 bestätigt wird, kann auf einen bestehenden Wirkungsbereich der Gegenvorstellung de lege lata hindeuten[12], der im folgenden untersucht werden soll. Für den Strafprozeß wurde durch die §§ 33 a, 311 a StPO[13] ein solcher Wirkungsbereich vom Gesetzgeber anerkannt. Inwieweit dieser Rechtsgedanke im Zivilprozeßrecht entsprechende Anwendung finden kann, ist zu prüfen.

Dabei wird der Gang der Untersuchung in vier Schritten erfolgen. Im ersten Teil der Arbeit ist nach einer kurzen Begriffsklärung der Gegenvorstellung zunächst ein Überblick über den derzeitigen Meinungsstand in Rechtsprechung und Literatur zu geben. Hier wird sich erweisen, daß neben die bisherigen Auffassungen zur Zulässigkeit der Gegenvorstellung eine neuere Ansicht getreten ist, die dies nach der Qualität des unterlaufenen Verfahrensverstoßes beurteilen will.

In einem zweiten Teil wird der Frage nach dem Bestehen eines etwaigen Abänderungsverbotes in der Zivilprozeßordnung nachzugehen sein. Denn die Zulässigkeit einer Gegenvorstellung hängt entscheidend von der Möglichkeit eines Gerichtes ab, seine eigenen Beschlüsse ändern zu können. Der Mangel an hinreichend aussagekräftigen Kriterien in der ZPO, nach denen sich eine Bindungswirkung von Beschlüssen bestimmen ließe, zwingt anschließend zu einem vergleichenden Blick in andere Verfahrensordnungen.

---

[10] *Rosenberg/Schwab,* § 60 II 1 d), lassen in der 13. Auflage Ausnahmen nur aus Wiederaufnahmegründen zu, nicht bei Verletzung des rechtlichen Gehörs;*Thomas/Putzo,* Vorbem III 2 vor § 567, verneinen die Statthaftigkeit der Gegenvorstellung gegen — auf sofortige Beschwerde ergangene — letztinstanzliche Beschlüsse bis zur 11. Auflage.

[11] *Rosenberg/Schwab,* § 60 II 1 d), setzen ohne Angabe von Gründen in der 14. Auflage Wiederaufnahmegründe und Verletzung des rechtlichen Gehörs gleich und belegen ihre Meinung nun mit der Entscheidung des OLG Nürnberg (FN 7 der Arbeit); auch *Thomas/Putzo,* Vorbem III 2 a) vor § 567, befürworten ab der 12. Auflage die Statthaftigkeit der Gegenvorstellung bei Verletzung des rechtlichen Gehörs.

[12] Die Wirkungsmöglichkeit und Existenzberechtigung der Gegenvorstellung im heutigen Zivilprozeß ist umstritten und wird etwa von *Ratte,* Wiederholung der Beschwerde, S. 109 ff, verneint. Er läßt auch bei Verletzung rechtlichen Gehörs keine Ausnahme zu, S. 110.

[13] Die §§ 33a, 311a StPO wurden durch Art. 8 Nr. 2 und Nr. 6 StPÄG vom 19.12.1964, BGBl. 1964, Teil I, S. 1067 (1078), eingefügt.

Hierbei bietet sich im dritten Teil der Arbeit eine Untersuchung der §§ 33 a, 311 a StPO an, die, wie zu belegen sein wird, das Regelungsmodell der Gegenvorstellung für die Strafprozeßordnung gesetzlich normieren.

Abschließend wird im vierten Teil die Übertragbarkeit der für das Strafverfahren gefundenen Lösung auf den Zivilprozeß dargelegt. Dabei wird aus Gründen der Rechtssicherheit eine entsprechende Regelung durch Einführung eines § 577 a ZPO vorgeschlagen.

Das Ziel der vorzunehmenden Untersuchung ist also, eine am geltenden Recht orientierte Antwort auf die Frage zu geben, ob und unter welchen Voraussetzungen nicht beschwerdefähige zivilprozessuale Beschlüsse abgeändert werden können, und weiter, ob die Gegenvorstellung geeignet ist und es ermöglicht, Verletzungen des Rechts auf Gehör innerhalb der Fachgerichtsbarkeit zu heilen. Mit anderen Worten, es soll untersucht werden, ob de lege lata im Zivilprozeß ein Anwendungsbereich der Gegenvorstellung durch Analogie zu den §§ 33 a, 311 a StPO bejaht werden kann.

2. Abschnitt
Begriff der Gegenvorstellung

§ 1 Historischer Überblick

Die Zivilprozeßordnung vom 30.1.1877 kennt die Gegenvorstellung als "besonderes Rechtsmittel" nicht[14]. Die Unterlassung der Kodifikation wurde mit dem Interesse der Parteien nach Verfahrensbeschleunigung begründet, da durch den Wegfall der Gegenvorstellung als Voraussetzung der Beschwerde eine "schleunige Rechtsverfolgung" gewährleistet werden sollte[15]. Sie wurde dadurch erreicht, daß die einfache Beschwerde die Gegenvorstellung mit umfaßt[16] und ihr Erfolg eine Entscheidung des Beschwerdegerichts überflüssig macht. Die einfache Beschwerde wird also zunächst sachlich gleich einer Gegenvorstellung behandelt, da sie dem Gericht, dessen Entscheidung angegriffen wird,

---

[14] *Struckmann/Koch*, S. 598.

[15] *Hahn*, Materialien, II 1, S. 375; Begründung des Entwurfs einer Zivilprozeßordnung, S. 431.

[16] *Endemann*, Civilprozeß, S. 487.

erlaubt und im Falle der Begründetheit es verpflichtet, seine eigene Entscheidung zu überprüfen und gegebenenfalls abzuändern. Die Gegenvorstellung ist damit zwar nicht Vorbedingung einer Beschwerde, ihr Wirkungsbereich ist aber nicht weggefallen, sondern wird von der einfachen Beschwerde mit übernommen[17]. Die einfache Beschwerde ist demnach ein Rechtsmittel mit zwei Elementen, die zueinander in einem Stufenverhältnis stehen. Die Verfahrensbeschleunigung beruht also auf einer Verknüpfung zweier Rechtsbehelfe und nicht auf einer Verneinung einer Anwendungsmöglichkeit der Gegenvorstellung.

Damit sah sich der Entwurf mit anderen Gesetzgebungsarbeiten der Zeit im Einklang[18]. Dennoch blieb auch in diesen anderen Prozeßordnungen und Entwürfen ein geregelter Anwendungsbereich für eine Gegenvorstellung bestehen. Im Arrest- und einstweiligen Verfügungsverfahren war die Gegenvorstellung gegen richterliche Verfügungen zulässig, die ohne vorheriges rechtliches Gehör der Gegenpartei ergingen[19].

Die Prozeßordnung für das Königreich Bayern[20] dagegen regelt die Gegenvorstellung als eigenständigen Rechtsbehelf in den Art. 755–758 BayCPO.

---

[17] *Struckmann/Koch*, S. 598, durch die Abhilfemöglichkeit... "nimmt die Beschwerde zugleich sachlich den Charakter einer Gegenvorstellung an."; *Endemann*, Civilprozeß, S. 487, 495; *Wilmowski/Levy*, § 534 Anm. 1, S. 625; *Weismann*, § 101 V, S. 453; kritisch dazu *Gilles*, Rechtsmittel, S. 185.

[18] Vgl. etwa den Entwurf einer Civilprozeßordnung für die Staaten des Norddeutschen Bundes. Er erwähnt die Gegenvorstellung nicht, *Schubert*, Band 3, S. 1551. Die Kommission war aber einig, einer Partei, die durch eine —ohne Gewährung des Gehörs ergangene — Entscheidung beschwert ist, ein Mittel zur Beseitigung des Nachteils zuzubilligen. Daß die beschwerte Partei die Befugnis hat, sich um Abhilfe an das die Verfügung erlassende Gericht zu wenden, wurde allgemein anerkannt und zum Teil als selbstverständlich bezeichnet. Ein Bedürfnis, die Gegenvorstellung als besonderes Rechtsmittel aufzunehmen, wurde von mehreren Kommissionsmitgliedern nicht anerkannt.

[19] *Dahlmanns*, Band 1 und 2; solche Regelungen finden sich im
- Entwurf einer allgemeinen Civilprozeßordnung für die deutschen Bundesstaaten 1866, §§ 529, 545 III und in der
- Bürgerlichen Prozeßordnung für das Königreich Hannover 1850, §§ 516, 522 II.

Die Badische Prozeßordnung von 1831 regelt die Gegenvorstellung nicht, läßt aber nach einstweiliger Verfügung ohne vorheriges rechtliches Gehör die sog. "Einsprache" zu.

[20] *Dahlmanns*, Band 4:
- Prozeßordnung in bürgerlichen Rechtsstreitigkeiten für das Königreich Bayern 1869,
- Art. 756 I BayCPO lautet:

"War derjenige, welcher sich durch eine richterliche Verfügung verletzt erachtet, bisher nicht gehört oder will er neue Tatsachen vorbringen, so steht ihm das Rechtsmittel der Beschwerde erst dann zu, wenn er mit der Gegenvorstellung zurückgewiesen worden ist."

Hervorzuheben ist hier insbesondere Art. 756 I BayCPO, der die Gegenvorstellung bei Verletzung des rechtlichen Gehörs zwingend vor Einlegung einer Beschwerde vorschreibt. Die Regelung galt allerdings nur für nicht fristgebundene Beschwerden, Art. 757 BayCPO. Die Prozeßordnung eröffnete der beschwerten Partei also grundsätzlich die Wahlmöglichkeit zwischen Gegenvorstellung oder einfacher Beschwerde[21]. Ausnahmen von diesem Konkurrenzverhältnis bestanden zum einen im Ausschluß der Gegenvorstellung bei Verfügungen, die mit fristgebundener Beschwerde angegriffen werden konnten. Zum anderen war die Gegenvorstellung der primäre Rechtsbehelf, wenn der Beschwerte noch nicht gehört war oder neue Tatsachen vorbringen wollte. Die Reaktion auf Verletzungen des rechtlichen Gehörs war damit ein wesentlicher Anwendungsbereich der Gegenvorstellung. Sie wurde als ordentliches, nicht devolutives Rechtsmittel verstanden, das den Zweck hat, die Aufhebung oder Abänderung einer "gravirlichen" Verfügung, die der Rechtskraft nicht fähig ist, durch den Richter, der sie erlassen hat, herbeizuführen[22].

Auch der Entwurf einer Prozeßordnung in bürgerlichen Rechtsstreitigkeiten für den Preußischen Staat behandelt die Gegenvorstellung als eigenständigen Rechtsbehelf[23]. § 705 des Entwurfs läßt die Anfechtung jeder Entscheidung, gegen die die Beschwerde stattfindet, auch mittels einer Gegenvorstellung zu. Sie ist an den judex a quo zu richten, der seine Entscheidung abändern kann. Aus den Motiven zu diesem Entwurf ergibt sich, daß die Gegenvorstellung gegen ablehnende richterliche Entscheidungen zulässig sein sollte, die auf einseitigen Antrag der Partei ergingen. Sie seien der Rechtskraft nicht fähig, da sie keinen Streit entscheiden. Daher unterliegen sie nicht der Regel, daß der Richter sich nicht selbst verbessert[24].

Dem deutschen Zivilprozeßrecht vor den prozeßrechtlichen Kodifikationen des 19. Jahrhunderts war der Rechtsbehelf der Gegenvorstellung in Gestalt der sog. Remonstration bekannt[25]. Das neben den Partikulargesetzen subsidiär geltende gemeine Prozeßrecht[26] verstand die Remonstration als Rechtsbehelf gegen einseitig zurückgewiesene Parteianträge[27]. Die auf Remonstration erge-

---

[21] *Barth*, S. 610.

[22] *Barth*, S. 610.

[23] Entwurf einer Prozeßordnung in bürgerlichen Streitigkeiten für den Preußischen Staat 1864.

[24] Motive zu dem Entwurf einer Prozeßordnung in bürgerlichen Streitigkeiten für den Preußischen Staat, zu § 705, S. 180 f.

[25] *Wetzell*, § 51, S. 596, 604.

[26] *Hellwig*, § 6 I 2, S. 16.

[27] *Wetzell*, § 51, S. 596. Die auf einseitigen Antrag ergangene richterliche Verfügung wurde als abänderbar betrachtet, da mit der Publikation an nur eine Partei keine

hende Bestätigung der früheren Verfügung wurde wegen des einseitigen Antrags nicht als streitentscheidend aufgefaßt. Die Remonstration galt damit nicht als Rechtsmittel, da der Remonstrant in seiner Stellung zur Gegenpartei nicht von einer vollendeten Verletzung ausgehen konnte[28]. Ihm blieb bei abschlägigem Bescheid die Möglichkeit der sog. Extrajudizialappellation[29] erhalten, die wohl eine Remonstration zur Voraussetzung hatte[30]. Die Extrajudizialappellation konnte sowohl gegen verletzende zweiseitige als auch einseitige Zwischenverfügungen erhoben werden, die nicht rechtskräftig werden konnten[31].

In der Prozeßrechtsentwicklung vor dem 17. Jahrhundert verliert sich der Anwendungsbereich der Remonstration, da sich die teilweise Gleichstellung streitentscheidender Interlokute mit dem unwiderruflichen römisch-kanonischen Endurteil in der deutschen Prozeßrechtspraxis erst allmählich durchsetzte[32].

Im römischen Recht wurden alle richterlichen Verfügungen, die nicht Endurteile waren, als frei abänderbar betrachtet, sobald der Richter seine frühere Überzeugung nicht mehr aufrechterhalten konnte[33].

---

beiderseitige sog. Parteienberechtigung entstanden war. Nicht rechtskräftige, auf beiderseitigen Antrag erlassene Verfügungen konnten daher nur auf übereinstimmenden Antrag der Parteien vom Gericht abgeändert werden, *Endemann*, Zivilprozeßrecht, § 144, 1, S. 541.

[28] *Wetzell*, § 52, S. 611.

[29] Der Begriff der Extrajudizialappellation wird von *Endemann*, Zivilprozeßrecht, § 239, 1, S. 930, FN 3) und 4), als unpassend bezeichnet. Er beklagt die Unklarheit bei der Begriffsverwendung von Appellation gegen nicht rechtskräftige Dekrete und der Beschwerde.

[30] Das Verhältnis zwischen Extrajudizialappellation und Remonstration ist unklar. *Endemann*, Zivilprozeßrecht, § 239, 2, S. 931, nimmt eine Bindungswirkung der Appellation an eine vorgängige Remonstration an. Der dafür als Beleg zitierte *Renaud*, § 175, S. 526, gibt hingegen eine Wahlmöglichkeit zwischen Appellation und Remonstration; *Linde*, § 412, S. 584 bezeichnet ebenfalls die Remonstration als Voraussetzung der Appellation; ebenso *Kreß*, Zeitschrift für Rechtspflege in Bayern, 1916, 81.

[31] *Endemann*, Zivilprozeßrecht, § 239, 1, S. 931.

[32] *Wetzell*, § 51, S. 594 ff.

[33] *Wetzell*, § 51, S. 593.

§ 2 Heutiges Verständnis der Gegenvorstellung

I. Begriffsbestimmung

Gegenüber dem geschilderten historischen Anwendungsbereich der Gegenvorstellung ist nach dem heutigen Verständnis dieses Rechtsbehelfs eine Wandlung eingetreten[34]. War sie im Gemeinen Recht zulässig bei noch eröffnetem Instanzenzug, als Alternative zur und bei Verletzung des Rechts auf Gehör als Voraussetzung der Beschwerde, so ist sie heute vor allem bei nicht mehr beschwerdefähigen Beschlüssen von Bedeutung[35]. Unter Gegenvorstellung wird dabei ein gesetzlich nicht geregelter Rechtsbehelf verstanden, der — von der Praxis entwickelt — ein Gericht veranlassen soll, seine eigene Entscheidung aus übersehenen oder neuen tatsächlichen und/ oder rechtlichen Gründen zu ändern[36]. Im Gegensatz zur Beschwerde entbehrt sie eines Devolutiveffekts, stellt also kein Rechtsmittel dar, vielmehr lediglich einen Appell oder eine Anregung an das Gericht, eine Entscheidung aus nachträglicher besserer Einsicht aufzuheben oder abzuändern[37,38]. Sie kann frist- und formlos von einer Partei erhoben werden, mit dem Ziel, einen sie beschwerenden Beschluß erneut überprüfen und gegebenenfalls aufheben oder ändern zu lassen[39]. Die Gegenvorstellung findet ihren Aufgabenbereich, obwohl ihre grundsätzliche Statthaftigkeit im Zivilprozeß anerkannt ist[40], vor allem bei beson-

---

[34] Vgl. dazu auch *H. Schmidt*, Die Gegenvorstellung, S. 9.

[35] Dies gilt uneingeschränkt nur für den Zivilprozeß, vgl. *Zöller/Schneider*, § 567 Rdnr. 23; *Thomas/Putzo*, vor § 567 Anm. III 2 a); *Stein/Jonas/Grunsky*, § 567 Rdnr. 21 (a.E.); *Wieczorek*, § 567 F I a; auch *Rosenberg/Schwab*, § 60 II 2 b); sowie für den Verwaltungsprozeß vgl. *Bowitz*, Gegenvorstellung im Verwaltungsprozeß, Staats- und Kommunalverwaltung 1977, 142 (143); *ders.* Gegenvorstellung und Rechtswegerschöpfung, BayVBl 1977, 663 (664); nicht dagegen für das Strafverfahrensrecht vgl. *Löwe/Rosenberg/Gollwitzer*, vor § 296 Rdnr. 12, FN 17); *Ellersiek*, S. 30 f; siehe auch unten § 9 II.4. und § 13 S. 97 ff und S. 120 der Arbeit.

[36] *Thomas/Putzo*, vor § 567 III Anm. 2; *Baumbach/Lauterbach/Albers*, Übers § 567 Anm. 1 C.

[37] *Ratte*, S. 19 f; *Woesner*, NJW 1960, 2129 (2130); *Gantzer*, S. 53; *Baumgärtel*, Grenzen der Gegenvorstellung, MDR 1968, 970.

[38] Zur Bescheidungs- und damit Änderungspflicht des Gerichts im Fall der Begründetheit der Gegenvorstellung siehe aber unten § 11 S. 111 ff der Arbeit. Zur Abgrenzung von Widerspruch, Einspruch, Erinnerung und Dienstaufsichtsbeschwerde siehe *H. Schmidt*, Die Gegenvorstellung, S. 10 f; *Thomas/Putzo*, vor § 567 Anm. III 1 und 3.

[39] *H. Schmidt*, Die Gegenvorstellung, S. 9; *Schneider*, Zwei Fragen, MDR 1972, 567.

[40] Statt vieler: *Zöller/Schneider*, § 567 Rdnr. 19; *Bruns*, Zivilprozeßrecht, § 55 Rdnr. 288 a, S. 438; *Wieczorek*, § 567 F I a; *A. Blomeyer*, § 105 IV, S. 590 f.

deren "Härtefällen", etwa bei Verletzung des rechtlichen Gehörs, wenn der beschwerten Partei anders nicht mehr geholfen werden kann[41]. Für die Frage ihrer Zulässigkeit[42] wird herkömmlich unterschieden zwischen Beschlüssen, die auf einfache, und solchen, die auf sofortige Beschwerde hin ergangen sind[43,44]. Dabei wird sie i.d.R. für erstere, nicht aber für letztere bejaht[45]. Im einzelnen bestehen aber gerade wegen ihrer nicht ausdrücklichen gesetzlichen Regelung erhebliche Meinungsunterschiede, die im folgenden näher darzulegen sind.

II. Anwendungsbereich in der Rechtsprechung

1. Zulässigkeit der Gegenvorstellung gegen unanfechtbare letztinstanzliche Beschlüsse bei Verstößen gegen Verfahrensgrundrechte

In der Rechtsprechung wird die Gegenvorstellung heute in Zusammenhang mit zwei prozessualen Problemen behandelt.

a) Bundesverfassungsgericht

Das Bundesverfassungsgericht erwähnt sie zum einen bei seiner Forderung nach einer Selbstkontrolle der Fachinstanzen hinsichtlich der Behebung von Verstößen gegen Verfahrensgrundrechte[46]. Zum anderen wird bei der Frage

---

[41] *Baumgärtel*, Grenzen der Gegenvorstellung, MDR 1968, 970; *Rosenberg/Schwab*, § 60 II 2 b) (a.E.); *Thomas/Putzo*, vor § 567 Anm. III 2 a).

[42] Generell verneint wird sie von einer Mindermeinung, etwa von *Ratte*, S. 109 f; OLG Hamm JR 1975, 25 (26).

[43] Vgl. statt vieler *H. Schmidt*, Die Gegenvorstellung, S. 36 ff und 132 ff; *Schneider*, Wiederholung, DRiZ 1965, 288 (290); *Baumgärtel*, Grenzen der Gegenvorstellung, MDR 1968, 970 (972).

[44] Eine solche Differenzierung ist m.E. zumindest für die hier zu untersuchende Fragestellung aber nicht erforderlich, siehe dazu auch unten 3. Teil, 4. Abschnitt S. 140 der Arbeit.

[45] Siehe auch hier nur *H. Schmidt*, Die Gegenvorstellung, S. 36 ff und 132 ff, m.w.N.

[46] Das Bundesverfassungsgericht betont in einer Reihe von Entscheidungen die Aufgabe der Fachgerichte, Verfahrensgrundrechte zu wahren und durchzusetzen und bereits eingetretene Grundrechtsverstöße selbst zu beseitigen. Nach der Kompetenzverteilung des Grundgesetzes obliege dies zunächst ihnen. Vor Anrufung des Bundesverfassungsgerichts sei daher in Zusammenhang mit dem Erfordernis, nach Erschöpfung des Rechtsweges, § 90 II 1 BVerfGG, der Möglichkeit einer Gegenvorstellung nicht

einer ausnahmsweisen Abänderbarkeit von unanfechtbaren Beschlüssen die Möglichkeit einer Gegenvorstellung als eine von Verfassungs wegen naheliegende Lösung bezeichnet[47]. Die Verhinderung von grobem prozessualem Unrecht durch die Unanfechtbarkeit von Entscheidungen steht dabei im Vordergrund. Beide Problemkreise weisen im Bemühen um einen effektiven Schutz des rechtlichen Gehörs, Art. 103 I GG, enge Bezugspunkte auf und sind daher gemeinsam darzustellen. So stellt die innerinstanzliche Heilung von Verletzungen gegen Verfahrensgrundrechte durch Gegenvorstellung nur *eine* Möglichkeit der Selbstkontrolle der Fachinstanzen dar.

Eine andere Möglichkeit wurde vom Bundesverfassungsgericht durch die geforderte weite Auslegung von Verfahrensvorschriften, die eine weitere Rechtsmittelinstanz gewähren, eröffnet[48]. Eine derartige Auslegungsfähigkeit wurde etwa für die §§ 513 II und 568 II ZPO angenommen.

Bezüglich der Gegenvorstellung liegt eine solche deutliche Stellungnahme nicht vor. Ihr Anwendungsbereich im Zivilprozeß ist insoweit noch nicht abschließend geklärt. Das Gericht sagt zwar in mehreren Entscheidungen[49], daß die Zivilprozeßordnung in Fällen, in denen ein Rechtsmittel nicht gegeben ist, keine dem § 33 a StPO entsprechende Regelung enthält. Ein nach der ZPO unstatthaftes Rechtsmittel werde nicht dadurch statthaft, daß es auf die Geltendmachung eines Verstoßes gegen das rechtliche Gehör gestützt werde. Hieraus ist aber nicht auf einen fehlenden Anwendungsbereich der Gegenvorstellung im Beschlußverfahren der ZPO in analoger Anwendung des § 33 a StPO zu schließen. Die vorstehende[50] Aussage des Bundesverfassungsgerichts

---

von vornherein der Erfolg abzusprechen, BVerfGE 63, 77 (79) betreffend die Verletzung des Art. 101 I 2 GG durch einen auf sofortige Beschwerde ergangenen Beschluß eines Oberlandesgerichts; allerdings in Strafsachen; E 55, 1 (5) hinsichtlich eines Verstoßes gegen Art. 103 I GG durch einen Beschluß des Verwaltungsgerichtshofs; E 49, 252 (258 f) zu einer Verletzung des Art. 103 I GG; E 47, 182 (191) zur Verletzung des rechtlichen Gehörs durch einen Beschluß des BGH; E 42, 243 (248) vor allem zu § 33 a StPO; E 9, 89 (107) zur Hinweispflicht auf das Recht zur Gegenvorstellung gegen einen Beschluß des Oberlandesgerichts; allerdings im Strafverfahren.

[47] Zwar hält das Bundesverfassungsgericht am Grundsatz der Unabänderlichkeit von unanfechtbaren Beschlüssen fest, befürwortet aber die von ihm festgestellten Ausnahmen in Rechtsprechung und Schrifttum, BVerfGE 69, 233 (242); 63, 77 (78 f); 55, 1 (5).

[48] BVerfGE 64, 203 (206) zur entsprechenden Anwendung des § 513 II ZPO im schriftlichen Verfahren; E 61, 119 (121 f) wieder zu § 513 II ZPO, E 60, 96 (98 f) ebenfalls zu § 513 II ZPO; E 49, 252 (256) zu § 568 II ZPO; vgl. auch neuestens LG Frankfurt, NJW 1987, 2591; aber auch *Kahlke*, NJW 1985, 2231 ff.

[49] BVerfGE 60, 96 (98); 46, 185 (187).

[50] BVerfGE 60, 96 (98).

betrifft Entscheidungen, die durch Urteil ergingen. Die Verfahrenssituation war jeweils so, daß der Rechtsmittelzug noch nicht ausgeschöpft war. Die konkrete Einlegung eines Rechtsmittels, mit dem das rechtliche Gehör nachträglich hätte gewährt werden können, scheiterte am Nichterreichen der Berufungssumme. Die Verletzung des Verfahrensgrundrechts hätte aber im Wege der weiten Auslegung der entsprechenden Rechtsmittelvorschriften in der Berufungsinstanz behoben werden können. Ein innerinstanzieller Rechtsbehelf wie die Gegenvorstellung war daher angesichts des noch nicht erschöpften Rechtszuges nicht angezeigt. So kann die Feststellung des Gerichts auch dahin verstanden werden, daß in Fällen, in denen ein Rechtsmittel zwar nicht mehr zulässig, aber an sich statthaft ist, in der ZPO keine dem § 33 a StPO entsprechende Regelungssituation vorliegt.

Dies deckt sich auch mit dem Anwendungsbereich des § 33 a StPO im Strafprozeß. Die Vorschrift wird dort von einer Teilmeinung als ergänzend und subsidiär angesehen, die nur zur Anwendung kommt, wenn der Beteiligte das nachträgliche rechtliche Gehör nicht durch andere Rechtsbehelfe und Rechtsmittel erlangen kann[51].

In den Entscheidungen des Bundesverfassungsgerichts waren aber Rechtsmittel durch entsprechende Auslegung der Verfahrensvorschriften noch möglich. Folgt man dem nicht, ist ein Anwendungsbereich der Gegenvorstellung im Zivilprozeß durch die Aussage des Gerichts dennoch nicht ausgeschlossen. Daß die Zivilprozeßordnung keine dem § 33 a StPO entsprechende Regelung kennt, besagt nicht notwendig, daß bei letztinstanzlichen Beschlüssen keine Analogie zu § 33 a StPO gezogen werden kann, zumal die Äußerung in Zusammenhang mit Entscheidungen in Urteilsform ergangen ist. Daß das Bundesverfassungsgericht durch die oben erwähnten Beschlüsse[52] die Einsatzmöglichkeit und Relevanz der Gegenvorstellung im Zivilprozeß nicht generell verneint, wird aus einer seiner neuesten Entscheidungen[53] deutlich. Sie erging zum Problemkreis der Selbstkontrolle der Fachinstanzen bei Verstößen gegen Verfahrensgrundrechte, insbesondere zum Erfordernis der Rechtswegerschöpfung nach § 90 II 1 BVerfGG, im Verfahren der freiwilligen Gerichtsbarkeit. Wie bereits in früheren Entscheidungen[54] wird auch hier darauf hingewiesen,

---

[51] *Löwe/Rosenberg/Wendisch*, § 33 a, Rdnr. 9; (bestr.), die Subsidiarität ist wohl zu verneinen, vgl. unten § 9 II. 4. S. 97 ff der Arbeit.

[52] Siehe oben FN 49, S. 23 der Arbeit.

[53] BVerfGE 73, 322 (329).

[54] Etwa BVerfGE 70, 180 (185 f); 63, 77 (78 f); a.A. BayVerfGH BayVBl. 1977; dagegen *Bowitz*, Gegenvorstellung und Rechtswegerschöpfung, BayVBl 1977, 663; vgl.

daß vor Einlegung einer Verfassungsbeschwerde der Rechtszug auch in Form solcher Rechtsbehelfe zu durchschreiten sein wird, deren Zulässigkeit von der jeweiligen fachgerichtlichen Rechtsprechung noch nicht eindeutig geklärt ist. Ein solcher Rechtsbehelf kann die Gegenvorstellung sein. In Wiederholung einer hierzu bereits geäußerten Formulierung spricht das Gericht davon, die Zulassung der Gegenvorstellung bei offenkundigen Verletzungen des rechtlichen Gehörs liege von Verfassungs wegen nahe. Die größere Bedeutung für die vorliegende Fragestellung ist darin zu sehen, daß diese Aussage bislang nur für einzelne fachgerichtliche Rechtswege getroffen wurde[55]. Nunmehr wird bei Vorliegen solcher offenkundiger Verstöße die Zulassung der Gegenvorstellung *allgemein* als naheliegend bezeichnet. Da diese Feststellung in Zusammenhang mit einer Verfassungsbeschwerde gegen einen unanfechtbaren Beschluß eines Oberlandesgerichts in Familiensachen getroffen wurde[56], kann darauf geschlossen werden, daß das Bundesverfassungsgericht einen Anwendungsbereich der Gegenvorstellung gegen nicht beschwerdefähige zivilgerichtliche Beschwerdeentscheidungen bejaht. Allerdings kann hieraus noch nicht die Forderung des Gerichts gefolgert werden, vor Erhebung einer Verfassungsbeschwerde den Rechtsweg i.S.d. § 90 II 1 BVerfGG auch mittels Gegenvorstellung zu erschöpfen. Dies erscheint dem Gericht angesichts des gegenwärtigen Standes der fachgerichtlichen Rechtsprechung nicht möglich.

---

auch *ders.*, Gegenvorstellung im Verwaltungsprozeß, Staats- und Kommunalverwaltung 1977, 142.

[55] BVerfGE 69, 233 (242) für die Sozialgerichtsbarkeit; E 63, 77 (79) für das Strafverfahren; in einem Beschluß des Ersten Senats vom 5.11.1986 — E 74, 1 (6) — war das Gericht mangels Verstoßes des angegriffenen Beschlusses gegen Art. 103 I GG daran gehindert, für das finanzgerichtliche Verfahren die Frage einer Heilungsmöglichkeit durch Gegenvorstellung zu beantworten; in E 72 84 (88) erwägt das Gericht sogar die Möglichkeit einer Gegenvorstellung gegen ein von ihm selbst erlassenes Urteil, nimmt aber auch hier keine Verletzung des Art. 103 I GG an.

[56] Die Entscheidung (BVerfGE 73, 322) betrifft eine Verfassungsbeschwerde gegen einen auf befristete Beschwerde nach § 621 e I ZPO ergangenen Beschluß eines Oberlandesgerichts. Gegen ihn war die weitere Beschwerde nach § 621 e II ZPO unstatthaft. Er verletzte die Beschwerdeführerin in ihrem Recht aus Art. 103 I GG, da er den erstinstanzlichen Beschluß des Amtsgerichts gemäß § 621 I Nr. 2 ZPO zu ihren Lasten abänderte, ohne ihr Gelegenheit zur Stellungnahme zu geben. Vgl. auch die ausführliche Schilderung der Entscheidung oben 1. Teil, 1. Abschnitt S. 14 der Arbeit.

b) *Bundesgerichtshof*

So verwendet zwar der Bundesgerichtshof die Nichtgewährung rechtlichen Gehörs als Beurteilungskriterium für die Frage der Unanfechtbarkeit und Bindungswirkung rechtskräftiger Verweisungsbeschlüsse nach § 281 II ZPO[57]. Soweit ersichtlich, zieht er daraus aber keine Konsequenzen für die Möglichkeit einer Gegenvorstellung im Zivilprozeß[58]. Die Aufrechterhaltung der Bindungswirkung würde aber in diesen Fällen angesichts der prozessualen Bedeutung des Art. 103 I GG einen willkürlichen Rechtsverstoß bedeuten. Dem wirkt das Gericht durch die Bejahung der Abänderlichkeit entgegen. Aus dieser Rechtsprechung läßt sich also die Zulässigkeit der Abänderung von unanfechtbaren Beschlüssen zur Behebung von Verstößen gegen Verfahrensgrundrechte ableiten.

c) *Bayerisches Oberstes Landesgericht*

Auch das Bayerische Oberste Landesgericht vertritt eine solche Abänderungsmöglichkeit[59].

d) *Bundesverwaltungsgericht*

Eine deutliche Stellungnahme innerhalb der fachgerichtlichen Rechtsprechung bezüglich der vorliegenden Fragestellung gibt das Bundesverwaltungs-

---

[57] Der Bundesgerichtshof vertritt in ständiger Rechtsprechung die ausnahmsweise Durchbrechung der an sich gegebenen Unanfechtbarkeit und Bindungswirkung des § 281 II ZPO, wenn der Verweisungsbeschluß auf einem Verstoß gegen Art. 103 I GG beruht, BGHZ 71, 70 (72 ff); BGH NJW 1982, 1000 (1001); NJW 1983, 285, 1859; FamRZ 1984, 162.

[58] Daß das Gericht die Möglichkeit einer Gegenvorstellung nicht prüft, läßt sich aus dem Bestehen einer anderen Abhilfemöglichkeit erklären. Der Rechtsverstoß wird durch eine von Art. 103 I GG geleitete Auslegung der §§ 281 II und 36 Nr. 6 ZPO behoben. Das Obergericht (§ 9 EGZPO) wird als zur Abänderung nach § 36 Nr. 6 ZPO befugt angesehen, um den Verfahrensverstoß in der Fachgerichtsbarkeit zu beseitigen. Dadurch entfällt die Notwendigkeit einer innerinstanzlichen Abänderung. Auf eine Gegenvorstellung war daher in diesen Fällen nicht einzugehen. Angesichts fehlender eindeutiger Stellungnahmen kann eine Verneinung der Gegenvorstellung durch den Bundesgerichtshof nicht angenommen werden. Die fehlende Stellungnahme wird auf Grund der Subsidiarität dieses Rechtsbehelfs deutlich; zur begrifflichen Abgrenzung der Gegenvorstellung vgl. BGH VersR 1982, 598, wo das Gericht am Ende einen festumrissenen Anwendungsbereich des Rechtsbehelfs herausstellt.

[59] Vgl. etwa BayObLGZ 1985, 18 (20); MDR 1980, 583 zu § 281 II ZPO.

gericht ab[60]. Es läßt die Abänderung eines von ihm selbst erlassenen Beschlusses zu, der Art. 103 I GG verletzte. Zur Begründung weist es auf die besondere Bedeutung des Verfahrensgrundrechtes und das mangelnde Entgegenstehen allgemeiner prozessualer Regeln hin. Dies soll selbst dann gelten, wenn dem erneut zu überprüfenden Beschluß die rechtliche Wirkung eines feststellenden Urteils zukommt[61]. Das Bundesverwaltungsgericht zieht damit die Konsequenz aus der Forderung des Bundesverfassungsgerichts, durch eine "Panne" verursachte Grundrechtsverstöße im Wege der fachgerichtlichen Selbstkontrolle zu beseitigen. Es erwägt dies sogar hinsichtlich einer ausnahmsweisen Durchbrechung der Bindungswirkung des § 318 ZPO mit § 173 VwGO für revisionsinstanzliche Urteile[62].

e) Oberlandesgerichtliche Rechtsprechung

Auch ein Teil der neueren oberlandesgerichtlichen Rechtsprechung folgt der Anregung des Bundesverfassungsgerichts. Vor allem das Oberlandesgericht Düsseldorf befürwortet die ausnahmsweise Abänderung von unanfechtbaren eigenen Beschlüssen in mehreren Entscheidungen[63], etwa bei Nichtbeachtung von bereits vor der Entscheidung bei Gericht eingegangener Schriftsätze und bei schweren Verfahrensmängeln. Es nimmt dabei Bezug auf die eingangs erwähnte Entscheidung des Oberlandesgerichts Nürnberg[64] und bezeichnet diese Ausnahmen vom Grundsatz der Unabänderlichkeit als in Rechtsprechung und Lehre anerkannt. Diese Ausnahmen betreffen nach Auffassung des Gerichts nicht nur das Strafverfahren, sondern beanspruchen auch im Zivilprozeßrecht Geltung.

---

[60] BVerwG Buchholz 402-25 Nr. 1 zu § 33 AsylVfG.

[61] In der Entscheidung (oben FN 60 der Arbeit) wurde die Wirkung eines Beschlusses nach § 33 AsylVfG offengelassen; in BVerwG Buchholz 402-25 Nr. 2 zu § 33 AsylVfG nimmt das Gericht keine bindende, sondern eine rein deklaratorische Wirkung an.

[62] BVerwG DÖV 1984, 67 (68 rechte Spalte a.E.); das Gericht konnte eine endgültige Klärung der Frage offenlassen, da es keinen Verstoß des Urteils gegen Art. 103 I GG annimmt.

[63] OLG Düsseldorf MDR 1977, 235 (236 a.E.) zur Zulassung, wenn ein Schriftsatz nicht berücksichtigt wurde. Das Gericht sieht darin ein besonderes Rechtsschutzbedürfnis für eine Abänderung; MDR 1980, 335 bei schweren Verfahrensmängeln; JMBl NRW 1984, 46 (47) unter Betonung der Selbstkontrolle der Fachgerichte.

[64] OLG Nürnberg NJW 1979, 169.

Die Oberlandesgerichte Schleswig[65], Frankfurt[66] und Hamm[67] treten für eine Abänderbarkeit unter den Gesichtspunkten der Verhinderung groben prozessualen Unrechts ein, bei offenbar unrichtiger Bewertung der Zulässigkeitsvoraussetzungen eines Rechtsmittels und deshalb irrtümlicher Unterlassung sachlicher Nachprüfung[68] sowie bei Verletzung rechtlichen Gehörs[69].

2. Zulässigkeit bei Vorbringen neuer Tatsachen

Ein weiteres Kriterium für die Zulässigkeit der Gegenvorstellung stellt das Oberlandesgericht Düsseldorf auf[70]. Ein Beschluß, durch den die einstweilige Einstellung der Zwangsvollstreckung abgelehnt wurde (§§ 719, 707 ZPO), soll auf Gegenvorstellung dann abänderbar sein, wenn neue Tatsachen vor-

---

[65] OLG Schleswig NJW 1978, 1016, allerdings in Strafsachen bei Vorliegen eines Verfahrenshindernisses.

[66] OLG Frankfurt AnwBl 1980, 70, bei irrtümlicher Unterlassung sachlicher Prüfung eines Rechtsmittels; NJW 1986, 1052 bei Verletzung des rechtlichen Gehörs.

[67] OLG Hamm JurBüro 1976, 1120 (1121) zur Verletzung des rechtlichen Gehörs. Das Gericht läßt hier die Abänderung letztinstanzlicher, allerdings auf einfache Beschwerde ergangene Entscheidungen zu, auch wenn diese materiell rechtskräftig sind. Es wägt die Bedeutung des Art. 103 I GG mit dem Grundsatz der Bindung des Gerichts an seine eigene Entscheidung ab und nimmt einen Vorrang des ersteren an. Es bezieht sich dabei auf die dem § 33 a StPO zugrundeliegende Wertentscheidung. Damit ändert das Oberlandesgericht seine Auffassung, die es in der Entscheidung JR 1975, 25 ff eingenommen hat, wonach die Rechtsmittelinstanz nicht erneut auf Gegenvorstellung entscheiden kann, da sie nach einmaliger sachlicher Entscheidung ihre Zuständigkeit verliere und die Devolution ende. Dies ergebe sich aus den Grundsätzen des Rechtsmittelwesens. Zur hiermit übereinstimmenden Argumentation vgl. *Ratte,* S. 109. Auch Ratte behandelt die Frage der Abänderbarkeit oberlandesgerichtlicher Beschwerdeentscheidungen unter dem Aspekt des Rechtsmittelsystems.

[68] Die Einordnung dieses Kriteriums zum Maßstab der Verletzung von Verfahrensgrundrechten rechtfertigt sich dadurch, daß in der irrtümlichen Unterlassung der Sachprüfung auch eine Nichtgewährung rechtlichen Gehörs gesehen werden kann; BVerfGE 41, 323 (326 ff). Das OLG Frankfurt AnwBl 1980, 70 weist daher auch auf die ähnliche Situation in der Entscheidung des OLG Nürnberg NJW 1979, 169 hin. Vgl. auch OLG Bremen JurBüro 1978, 601 f, allerdings für den Fall der einfachen Beschwerde bei Nichtberücksichtigung von Parteivorbringen im angegriffenen Beschluß des Senats.

[69] Das OLG Stuttgart JurBüro 1983, 1890 und das Kammergericht FamRZ 1975, 103 (104) halten die Gegenvorstellung jedenfalls dann für unzulässig, wenn kein Verstoß gegen Art. 103 I GG vorliegt. Mangels eines Verstoßes in den jeweiligen Fällen konnten sie diese Frage offenlassen.

[70] OLG Düsseldorf FamRZ 1978, 125.

gebracht werden, die auf Grund einer veränderten Beurteilung eine andere Entscheidung rechtfertigen.

3. Unzulässigkeit auch bei Vorliegen grober Verfahrensverstöße

a) *Bundesfinanzhof*

Die Gegenposition zur Behebung von Verfahrensverstößen auf Grund einer Gegenvorstellung vertritt der Bundesfinanzhof. In einer Entscheidung[71] über die Abänderung seines Beschlusses, mit dem er eine Revision als unzulässig verworfen hatte, verneint er die Änderungsmöglichkeit. Dies soll selbst dann gelten, wenn der Beschluß auf einem groben Verfahrensfehler beruht. Zur Begründung wird auf die materielle Rechtskraft des Beschlusses verwiesen, die dazu führe, daß das Gericht entsprechend § 318 ZPO an seine Entscheidung gebunden sei. Die Bindungswirkung des § 318 ZPO sei deshalb anzunehmen, weil es sich um einen urteilsvertretenden Beschluß handle (§ 126 I FGO). Dieses Ergebnis werde auch durch das Gebot der Rechtssicherheit gestützt. Der Bundesfinanzhof bezieht sich in seiner Entscheidung auf die Parallelität der Regelung und Wertungen in der Finanzgerichtsordnung und der Zivilprozeßordnung, weshalb sie in die vorliegende Darstellung mit einzubeziehen ist[72].

b) *Bundesarbeitsgericht*

Auch das Bundesarbeitsgericht geht von der Unabänderlichkeit urteilsvertretender letztinstanzlicher Beschlüsse aus. In mehreren Entscheidungen[73] wird

---

[71] BFH AP 1980 Nr. 1 zu § 329 ZPO.

[72] Aus einem Beschluß des Ersten Senats des Bundesverfassungsgerichts vom 5.11.1986 — E 74, 1 (3) — betreffend die Verfassungsbeschwerde gegen den Beschluß des Bundesfinanzhofs vom 19.4.1985 — III R 6/81 — läßt sich entnehmen, daß der Bundesfinanzhof eine Gegenvorstellung gegen seinen Beschluß über die Zurückweisung der Revision nicht für von vornherein unzulässig hält. Der Rechtsbehelf wurde verbeschieden; es erfolgte aber keine Änderung des Beschlusses. In der Begründung legt das Gericht seine Rechtsauffassung dar, aus der sich ergibt, daß kein Verstoß gegen Art. 103 I GG angenommen wird.

[73] Bundesarbeitsgericht AP 1971 Nr. 7 zu § 519 b ZPO; in der Entscheidung wird die Aufgabe der entgegengesetzten Meinung des 1. Senats in AP 1969 Nr. 6 zu § 519

das in Zusammenhang mit einem die Berufung als unzulässig verwerfenden Beschluß nach § 519 b ZPO dargelegt. Aus Gründen der Rechtssicherheit bejaht das Gericht die analoge Anwendung des § 318 ZPO auf Beschlüsse gemäß § 519 b ZPO und auf Grund der ähnlichen Situation gemäß § 554 a ZPO. Auch hier wird die urteilsvertretende Funktion als Begründung herangezogen. Dies gilt nach Auffassung des Gerichts selbst in den Fällen, in denen der Verwerfungsbeschluß auf offensichtlich irrtümlichen Voraussetzungen beruht und jede sachliche Prüfung unterblieben ist. Daß darin möglicherweise ein Verstoß gegen das rechtliche Gehör zu sehen ist, ist dem Gericht bewußt, ändert aber nichts an seiner Rechtsauffassung. Es verweist stattdessen auf den Weg einer möglichen Verfassungsbeschwerde[74]. Eine Gegenvorstellung kann danach nur dann Erfolg haben, wenn das Gericht seinen Beschluß abändern kann. Eine solche Änderungsmöglichkeit wird auch, nach Ablauf der Frist des § 234 ZPO, für Beschlüsse verneint, durch die die Wiedereinsetzung in den vorigen Stand abgelehnt wird[75]. Sie sind rechtskraftfähig und ihre Abänderung auf Gegenvorstellung hin würde die Rechtskraft der vorgängigen Verwerfungsbeschlüsse nach § 554 a ZPO aushöhlen[76].

c) *Oberlandesgerichtliche Rechtsprechung*

Mit grundsätzlichen Erwägungen wendet sich auch das Oberlandesgericht Hamm in einer bereits erwähnten Entscheidung[77] gegen eine Änderungsmög-

---

b ZPO konstatiert. Vgl. auch die Erkenntnisse in AP 1973 Nr. 1 zu § 567 ZPO; AP 1972 Nr. 1 zu § 238 ZPO und MDR 1984, 83, in denen mit ähnlicher Argumentation eine Bindungswirkung des Gerichts an einen Beschluß, der die Wiedereinsetzung in den vorigen Stand ablehnt, und einen Beschluß, in dem die sofortige Beschwerde gemäß § 5 KSchG zurückgewiesen wird, angenommen wird.

[74] Bundesarbeitsgericht AP 1971 Nr. 7 zu § 519 b ZPO, Bl. 685, 686 (jeweils Vorderseite).

[75] Bundesarbeitsgericht AP 1973 Nr. 1 zu § 567 ZPO; AP 1972 Nr. 1 zu § 238 ZPO.

[76] Zu einem Fall, in dem das Bundesarbeitsgericht eine Gegenvorstellung für zulässig hält, siehe BAGE 27, 1, der aber einen Beschluß über die Ablehnung der Verlängerung der Frist für die Begründung der Rechtsbeschwerde betrifft (§§ 92, 94 ArbGG) und den das Gericht nicht als urteilsvertretend ansieht.

[77] OLG Hamm JR 1975, 25 (26), vgl. auch oben FN 67 der Arbeit; vgl. mit ähnlicher Argumentation auch VGH Kassel NJW 1987, 1354 für den ablehnenden Beschluß hinsichtlich des Erlasses einer einstweiligen Anordnung, wenn das Beschwerdegericht nicht Hauptsachegericht i.S.d. § 123 II VwGO ist. Für die hier interessierende Frage, ob dies auch gelte, wenn die Beschwerde zu Unrecht als unzulässig verworfen wurde und daher keine Sachentscheidung erfolgte, läßt das Gericht eine Beantwortung offen.

lichkeit rechtsmittelgerichtlicher Beschlüsse. Seine Argumentation basiert auf dem Rechtsmittelsystem. Danach fehlt es dem erkennenden Gericht nach erfolgter einmaliger Sachentscheidung an der Zuständigkeit für eine nochmalige Überprüfung des eigenen Erkenntnisses. Die Zuständigkeit als Folge der Devolution ende mit dieser Entscheidung. Die Voraussetzung für eine erneute Entscheidung wäre ein zulässiges Rechtsmittel, was die Gegenvorstellung gerade nicht sei[78]. Andernfalls könnten jederzeit neue Tatsachen vorgebracht werden, was dem Gebot der Rechtssicherheit widerspreche.

III. Anwendungsbereich in der Literatur

1. Zulässigkeit bei Verletzung des rechtlichen Gehörs

a) Die Zunahme der bejahenden Stellungnahmen und der Ausgangspunkt von Dieter Brüggemann

In der neueren Literatur[79] ist eine Zunahme der bejahenden Stellungnahmen hinsichtlich der Zulässigkeit der Gegenvorstellung zu verzeichnen[80]. Dabei sind insbesondere diejenigen Äußerungen hervorzuheben, die sich mit — auf sofortige Beschwerde ergangenen — unanfechtbaren letztinstanzlichen Beschlüssen befassen[81]. Ihre Abänderbarkeit ist stark umstritten, während die auf einfache Beschwerde ergangenen von der überwiegenden Meinung als grundsätzlich änderbar angesehen werden[82]. Ausgehend von *Dieter Brügge-*

---

[78] Vgl. in diesem Zusammenhang auch die historisch begründete Auffassung von *Kreß*, Zeitschrift für Rechtspflege in Bayern 1916, 81, der die Gegenvorstellung nur als Möglichkeit sieht, ein Rechtsmittel zu erübrigen, und daher ohne Rechtsmittel keine Gegenvorstellung zulassen will.

[79] *Hübsch*, DRiZ 1980, 140 f; *Seetzen*, Anhörungsrüge, NJW 1982, 2337 (2342 f); *Benda*, NJW 1980, 2097 (2102); *Thomas/Putzo* (14) Vorbem. § 567 II 2 a); *Rosenberg/Schwab* (14) § 60 II 1 d); *Berkemann*, JR 1980, 268 (272); *Baumbach/Lauterbach/Albers*, Üb § 567 1 C a); *Schumann*, BVerfG und Zivilprozeß VII 1 b) (3), S. 74; *ders.*, Rechtliches Gehör, NJW 1985, 1134 (1139 f); *ders.*, Buchbesprechung, NJW 1982, 1271 f; *Schneider*, Einfluß, MDR 1979, 617 (622); *Giessler*, DAVorm. 1984, 337 (343 f); *Weis*, NJW 1987, 1314 (1315); *Werner*, S. 79; *Waldner*, S. 291; *Zöller/Schneider*, § 567, Rdnr. 22, allerdings vertreten Zöller/Schneider einen breiten Anwendungsbereich der Gegenvorstellung nur für die ihrer Art nach auf einfache Beschwerde ergangene Beschlüsse; *Zuck*, JZ 1985, 921 (927); *Schönke/Kuchinke*, Zivilprozeßrecht, § 79 VI, S. 411.

[80] Vgl. etwa zum Meinungswechsel oben FN 10 und 11 , S. 16 der Arbeit.

[81] Siehe oben FN 79 der Arbeit, mit Ausnahme von Zöller/Schneider.

[82] Vgl. statt vieler *H. Schmidt*, Die Gegenvorstellung, S. 132 ff; *Waldner*, S. 290; *Thomas/Putzo* (14) Vorbem. § 567 II 2 a).

mann[83], der den in § 33 a StPO enthaltenen Rechtsgedanken auch im Zivilprozeßrecht für anwendbar hält, haben in Zusammenhang mit der Forderung des Bundesverfassungsgerichts[84] nach einer Entlastung im Bereich der Verfassungsbeschwerden wegen Verstoßes gegen Art. 103 I GG Überlegungen des Gesetzgebers zur Einführung einer sog. "Anhörungsrüge" stattgefunden[85]. Zwar liegt auch ihr das Modell der Gegenvorstellung zugrunde, doch war sie als Rechtsbehelf gegen rechtskräftige Urteile gedacht. Aus der unterlassenen Verwirklichung des Vorhabens kann also kein zwingender Schluß auf das Meinungsbild über die Änderungsmöglichkeit letztinstanzlicher Beschlüsse gezogen werden. Für solche auch auf sofortige Beschwerde hin ergangene Beschlüsse wird eine Abänderung zunehmend bejaht, wenn sie auf einer Verletzung des rechtlichen Gehörs beruhen. Als maßgebendes Kriterium wird die Innenbindung der Gerichte an ihre Entscheidung angesehen.

b) Bernhard Werner

Doch wird der Gegensatz zwischen dem Grundsatz der Rechtssicherheit und dem Richtigkeitsgebot für Beschlüsse in anderer Weise zum Ausdruck gebracht als bei Urteilen[86]. Für Urteile wird auf das Votum des Gesetzgebers zugunsten eines Vorrangs der Rechtssicherheit hingewiesen, § 318 ZPO. Dies sei hinzunehmen, da die mündliche Verhandlung die Gewähr dafür biete, daß ausreichend Gelegenheit für das rechtliche Gehör besteht.

Für Beschlüsse sei eine Abänderung jedoch gerechtfertigt, da sie in einem Verfahren ergangen seien, das mit einer geringeren Richtigkeitsgewähr ausgestattet ist. Der Grundsatz der Rechtssicherheit müsse hier hinter dem

---

[83] *Brüggemann*, JR 1969, 361 (369).

[84] Etwa *Benda*, NJW 1980, 2097 (2102).

[85] Vgl. *Schulz*, ZRP 1980, 332 (333); *Hübsch*, DRiZ 1980, 140 f; 52. Konferenz der Justizminister und -senatoren, DRiZ 1981, 422 (423); *Seetzen*, Anhörungsrüge, NJW 1982, 2337 (2338); Entwurf eines Fünften Gesetzes zur Änderung des Gesetzes über das Bundesverfassungsgericht, BT-Dr. 10/2951, S. 7; das Vorhaben wird angesichts der ablehnenden Haltung der Länder nicht verwirklicht werden; zur positiven Stellungnahme der Bundesrechtsanwaltskammer vgl. EuGRZ 1984, 524 (527); zur Anhörungsrüge siehe auch unten 3. Teil, 3. Abschnitt S. 137 ff der Arbeit.

[86] Die Abwägung Rechtssicherheit – Gerechtigkeit, als Kriterium für die Abänderung von Beschlüssen, scheint auch in der Rechtsprechung verwendet zu werden, vgl. OVG Koblenz NJW 1986, 1706 m.w.N., allerdings für den Verwaltungsprozeß; vgl. zum Bemühen, aus der unterschiedlichen Ausgestaltung von Urteils- und Beschlußverfahren eine Lösung der vorliegenden Fragestellung zu gewinnen, *Werner*, S. 73 f und 75 ff.

Gerechtigkeitsgebot zurückstehen, da auf Grund der fehlenden mündlichen Verhandlung und damit der eingeschränkten Gewähr rechtlichen Gehörs nicht in dem Maße wie bei Urteilen auf die Richtigkeit der Entscheidung vertraut werden könne. Diese geminderte Richtigkeitsgewähr im Beschlußverfahren in Zusammenhang mit einem Verstoß gegen Art. 103 I GG rechtfertigen es, als fehlerhaft erkannte Beschlüsse auch nach Abschluß des Verfahrens abzuändern, da andernfalls der betroffenen Partei die Möglichkeit genommen werde, hinsichtlich des gegnerischen Vorbringens ausreichend ihren Standpunkt darzulegen. Eine einseitige Betonung der Rechtssicherheit sei daher in diesen Fällen nicht geboten.

Zu beachten sei dabei allerdings, daß die Zivilprozeßordnung ausdrücklich bindende Beschlüsse kennt, was einer Abänderung entgegenstehen könnte. Hiergegen wird auf die Möglichkeit einer Verfassungsbeschwerde hingewiesen, die Eingriffe in die Rechtskraft von Entscheidungen erlaube. Bei Verletzung des rechtlichen Gehörs wird ein gerichtliches Erkenntnis also nicht für endgültig angesehen[87].

Diese Überlegungen zur Rechtskraft werden auf die Innenbindung der Gerichte übertragen und auch dort für anwendbar erklärt. Hinzu kommen prozeßökonomische Überlegungen, die es gebieten würden, solche Verletzungen bei Beschlüssen in der sachnäheren Instanz zu beheben, also innerinstanziell, da Beschlüssen nicht die gleiche inhaltliche Bedeutung zukomme wie Urteilen. Für eine solche innerinstanzliche Heilung biete sich der Rechtsgedanke des § 33 a StPO an[88].

---

[87] *Seetzen*, Anhörungsrüge, NJW 1982, 2337 (2343) weist in Zusammenhang mit der Rechtsprechung des Bundesverfassungsgerichts zum Sinn der Rechtskraft (BVerfGE 47, 146 (161)) darauf hin, daß der Sinn der Rechtskraft verfehlt wird, wenn die Entscheidung die Rechtslage nicht klärt. Dies ist der Fall, wenn sich die Parteien wegen der Möglichkeit einer Verfassungsbeschwerde nicht auf die Endgültigkeit der Entscheidung einstellen können. Da jeder Prozeß auf eine solche Klärung abziele und eine Rechtsgewährungspflicht der Justiz bestehe, müsse sie auch die Möglichkeit zur Behebung der Verletzung rechtlichen Gehörs haben. Zwar bezieht sich Seetzen dabei auf Entscheidungen in Urteilsform, diese Überlegungen können aber im Wege eines Schlusses a maiore ad minus auch auf Beschlüsse angewendet werden.

[88] *Waldner, S. 291; Schumann*, BVerfG und Zivilprozeß, VII 1 b) (3), S. 74; ähnliche Erwägungen finden sich auch bei *Mußgnug*, NJW 1978, 1358 (1359); *Werner*, S. 79; der von Werner als Beleg für die Zulässigkeit der Abänderung letztinstanzlicher Beschlüsse der ZPO herangezogene Beschluß des Bundesverfassungsgerichts (für das verwaltungsprozessuale Verfahren, BVerfGE 55, 1 (5)), in dem das Gericht aus allgemeinen Überlegungen zu Art. 103 I GG eine Abänderung befürwortet, findet seine Bestätigung in dem oben erwähnten Beschluß des Gerichts, vgl. FN 53 der Arbeit, in dem die allgemeine Zulassung der Gegenvorstellung angeregt wird.

c) Hubert Weis

Im Anschluß an die Entscheidung des Bundesverfassungsgerichts zur Zulässigkeit der Gegenvorstellung auch gegen zivilgerichtliche letztinstanzliche Beschlüsse[89], wird auch in der neueren Literatur als Entscheidungskriterium für die Abänderbarkeit von Beschlüssen nicht mehr auf die prozessuale Besonderheit des betroffenen Beschlusses abgestellt, sondern die Qualität des unterlaufenen Fehlers in den Vordergrund gerückt[90]. Die Abwägung Rechtssicherheit – materielle Gerechtigkeit wird dabei nur noch zur Überprüfung des gefundenen Ergebnisses herangezogen und ist nicht mehr selbst das entscheidende Kriterium. Auf den Bestand von Erkenntnissen, die unter Verstoß gegen Verfahrensgrundrechte ergangen sind, könne nicht vertraut werden.

2. Unzulässigkeit selbst bei Verletzung des rechtlichen Gehörs

a) Wolfgang Grunsky

Eine strengere Auffassung in der Literatur verneint die Zulässigkeit der Gegenvorstellung auch in solchen Fällen, in denen die Entscheidung auf einem Verstoß gegen Art. 103 I GG beruht. So betont *Grunsky*[91] den Gedanken der Rechtssicherheit und die abschließende Funktion des Rechtsmittelzugs, die durch den im Gesetz nicht vorgesehenen Rechtsbehelf der Gegenvorstellung aus den Angeln gehoben werden würde. Unanfechtbare letztinstanzliche Beschlüsse können danach auch nicht bei Verletzung von Verfahrensgrundrechten abgeändert werden, wollte man die Gegenvorstellung nicht zu einem "Superrechtsbehelf" machen. Ein solches Rechtsschutzbedürfnis für eine Abänderung sei angesichts der gesetzlichen Verneinung eines Rechtsmittels nicht gegeben.

Mit dieser Ansicht zieht *Grunsky* die Konsequenz aus seiner Meinung, daß auch die Verletzung des Rechts auf Gehör keine neue Instanz gegen unanfechtbare Entscheidungen eröffne. Er verweist auf den Weg der Verfassungsbeschwerde, räumt der Gegenmeinung aber einen Entlastungseffekt für das

---

[89] Vgl. oben FN 53 der Arbeit.

[90] *Weis*, NJW 1987, 1314 (1315) zugleich eine Anm. zu BVerfGE 73, 322 = NJW 1987, 1319.

[91] *Stein/Jonas/Grunsky*, § 567 IV 5 Rdnr. 21, § 577 IV Rdnr. 10, Allg. Einl. IV Rdnr. 44.

Bundesverfassungsgericht ein. Er läßt aber ausnahmsweise ein Rechtsmittel gegen unanfechtbare Entscheidungen zu, wenn sie jeglicher gesetzlichen Grundlage entbehren. Ein Gericht kann nach *Grunsky* also sein Erkenntnis nur ändern, wenn weder Bindungswirkung nach § 318 ZPO noch materielle Rechtskraft eingetreten ist. Aus § 571 ZPO lasse sich keine Aussage für eine freie Abänderung herleiten.

b) Theo Ratte

Noch restriktiver wird die Möglichkeit einer Gegenvorstellung durch *Ratte*[92] gesehen. Wie bereits erwähnt[93], gewinnt *Ratte* sein Ergebnis durch Überlegungen zum Rechtsmittelrecht. Er lehnt formelle und materielle Rechtskraft als Kriterien, nach denen sich die Abänderung einer letztinstanzlichen Beschwerdeentscheidung bemißt, ab. Die Unabänderlichkeit sei Voraussetzung der formellen und damit mittelbar auch der materiellen Rechtskraft, da sie ihrerseits die formelle Rechtskraft voraussetze, und nicht ihre Wirkung. Für das Kriterium der Innenbindung läßt er eine Entscheidung offen, da sie zwar in allen Rechtszügen den gleichen Inhalt und Umfang haben müsse, aber für die Frage der Abänderbarkeit von Rechtsmittelentscheidungen vom Gesichtspunkt der Zuständigkeit und Entscheidungsbefugnis der Rechtsmittelinstanz überlagert und verdrängt wird. Die Entscheidungsbefugnis gründe sich auf die Devolution als ein Kennzeichen eines Rechtsmittels. Das Rechtsmittelgericht verliere sie, wenn die Devolution ende, was im Zeitpunkt des Erlasses der Beschwerdeentscheidung eintrete.

Damit ist die Möglichkeit einer Gegenvorstellung für *Ratte* zu verneinen, und zwar sowohl für auf einfache wie auf sofortige Beschwerde ergangene Beschlüsse. Er stellt sie auch unabhängig von ihren Inhalten für unabänderbar, gleich, ob sie urteilsvertretend sind oder es sich um prozessuale Anordnungen handelt. Insbesondere für auf Verletzung des rechtlichen Gehörs beruhende Beschlüsse läßt *Ratte* keine Ausnahme zu. In Anknüpfung an die Argumentation von *Kreß*[94], "ohne Rechtsmittel - keine Gegenvorstellung", belegt *Ratte* sein Ergebnis schließlich mit einem Hinweis auf die Abhilfemöglichkeit nach § 571 ZPO. Als Teil des Beschwerdeverfahrens könne das Untergericht nur dann noch einmal entscheiden, wenn eine Beschwerde gegen

---

[92] *Ratte*, S. 89 ff, insbesondere S. 109 f; ihm zustimmend *Fenn*, ZZP 90 (1977), 111 (114); vgl. auch die Besprechung von *Kirberger*, Rpfleger 1976, 339.

[93] Oben FN 67 der Arbeit.

[94] *Kreß*, Zeitschrift für Rechtspflege in Bayern 1916, 81.

den anzufechtenden Beschluß statthaft sei. Auf Grund des § 567 III ZPO kann ein oberlandesgerichtlicher Beschluß daher nicht mehr in Anwendung des § 571 ZPO abgeändert werden.

c) *Holger Schmidt*

In seiner grundlegenden Arbeit wendet sich auch *Holger Schmidt*[95] gegen das Kriterium der Qualität des Fehlers, auf dem ein Beschluß beruht. Er trennt seine Untersuchung hinsichtlich Beschlüsse, die ihrer Art nach der sofortigen Beschwerde unterliegen, und solche, die auf einfache Beschwerde ergangen sind. Für die vorliegende Fragestellung interessieren vor allem seine Aussagen zur ersteren Art von Beschlüssen. Er beschäftigt sich zwar nicht ausdrücklich mit solchen, die auf einer Verletzung des Rechts auf Gehör beruhen, doch muß er infolge seiner grundsätzlichen Ergebnisse als zur verneinenden Meinung gehörend behandelt werden. Entscheidender Maßstab für die Abänderlichkeit letztinstanzlicher Beschlüsse im Beschwerdeverfahren ist für *Holger Schmidt* die Innenbindung nach § 577 III ZPO und das Bedürfnis nach Rechtssicherheit und Rechtsfrieden. § 577 III ZPO sei entgegen eines möglichen Wortlautverständnisses auf Grund einer teleologischen Auslegung auch auf letztinstanzliche Beschlüsse anwendbar. Hier steht vor allem das Bedürfnis nach Rechtssicherheit im Vordergrund. § 577 III ZPO müsse sowohl für Instanz- als auch Beschwerdegerichte gelten, um uneinheitliche Ergebnisse zu vermeiden. Die Funktion der Unabänderlichkeit wird weder von der formellen noch der materiellen Rechtskraft nach Erlaß des Beschlusses übernommen, da sie einen unterschiedlichen Wirkungsbereich haben und vom Gesetzgeber verschieden ausgestaltet wurden. Allenfalls lassen sich von der formellen Rechtskraft von Beschlüssen Rückschlüsse auf ihre Unabänderlichkeit ziehen, da nach *Holger Schmidt* alle unabänderlichen Beschlüsse auch in formelle Rechtskraft erwachsen. Er belegt sein Ergebnis anhand zahlreicher Einzeluntersuchungen entsprechender Beschlüsse[96]. Vom Grundsatz der Unabänderlichkeit läßt er keine Ausnahme zu, auch nicht bei offensichtlich unrichtigen Beschlüssen. Nur bei Vorliegen von Wiederaufnahmegründen kann dieses Abänderungsverbot durchbrochen werden.

---

[95] *H. Schmidt,* Die Gegenvorstellung, insbesondere S. 126; vgl. auch *ders.*, Innenbindungswirkung, Rpfleger 1974, 177 ff; Zulässigkeit der Gegenvorstellung, Jur Büro 1975, 1311 ff.

[96] *H. Schmidt,* oben FN 95, S. 77 ff und S. 98 ff.

Demgegenüber tritt er bei auf einfache Beschwerde hin ergangenen Beschlüssen für ihre Änderbarkeit ein. Für sie verneint er die direkte wie entsprechende Anwendung des § 318 ZPO mangels einer Regelungslücke. Dies ergebe sich aus § 571 ZPO, der auch für letztinstanzliche Beschlüsse gelte (die Innenbindung müsse einheitlich für erst- und letztinstanzliche Beschlüsse eintreten), und einem Umkehrschluß aus § 577 III ZPO, der auf der einfachen Beschwerde unterliegende Beschlüsse nicht anwendbar sei. Auch dieses Ergebnis wird anhand von Einzeluntersuchungen verifiziert[97]. *Holger Schmidt* stellt also für die Frage nach einer Abänderung nicht auf einen Verstoß gegen Verfahrensgrundrechte ab, sondern auf das Vorliegen einer Innenbindung.

Auch eine Reihe weiterer Autoren[98] verneint die Relevanz einer Verletzung des Rechts auf Gehör und die Eignung einer entsprechenden Anwendung der §§ 33 a, 311 a StPO im Zivilprozeß zur Entlastung des Bundesverfassungsgerichts, allerdings ohne nähere Begründung.

IV. Kurze Zusammenfassung

Während die Gegenvorstellung im Gemeinen Recht ihren Anwendungsbereich bei noch eröffnetem Instanzenzug fand, als Alternative zur und bei Verletzung des Rechts auf Gehör als Voraussetzung der Beschwerde, hat sich ihr Einsatzbereich nach heutigem Verständnis gewandelt. Sie ist nun statthaft bei Beschlüssen, die nicht mit Beschwerde angefochten werden können, also vor allem bei letztinstanzlichen Beschwerdeentscheidungen[99]. Sie wird als form- und fristloser, gesetzlich nicht geregelter Rechtsbehelf angesehen, der in der Praxis entwickelt wurde.

Die Beurteilung ihrer Zulässigkeit ist unterschiedlich, wobei eine Reihe verschiedener Kriterien diskutiert werden. Ihr gemeinsamer Ansatzpunkt ist die Frage nach der Abänderungsmöglichkeit eines Beschlusses. Wird sie bejaht, bestehen gegen die Statthaftigkeit der Gegenvorstellung keine Bedenken. Die Kriterien der formellen und materiellen Rechtskraft treten dabei zunehmend

---

[97] *H. Schmidt*, oben FN 95, S. 134 ff.

[98] *Wieczorek*, § 567 F I a 7; unklar *Zeiss*, Zivilprozeß, § 84 II 2 b); *Deubner*, Verfassungsbeschwerde, NJW 1980, 263 (267) hält die entsprechende Anwendung des § 33 a StPO nur bei manifesten Verstößen gegen Art. 103 I GG für geeignet; bei Nichtberücksichtigung von Vorbringen aus Rechtsgründen müsse eine eventuelle Verletzung des rechtlichen Gehörs durch eine übergeordnete Instanz kontrolliert werden.

[99] *H. Schmidt*, Die Gegenvorstellung, S. 11 ff; *Thomas/Putzo* (14), Vorbem. § 567 III 2 a).

zugunsten des Maßstabes der Innenbindung in den Hintergrund. Neben der Abwägung Gerechtigkeit – Rechtssicherheit ist eine Tendenz zu verzeichnen, die die Beurteilung nach der Qualität des unterlaufenen Fehlers treffen will[100]. Dieser Tendenz folgend, soll die Möglichkeit geprüft werden, den Rechtsgedanken der §§ 33 a, 311 a StPO auch im Zivilprozeß nutzbar zu machen.

[100] *Weis*, NJW 1987, 1314 f mit Nachweisen aus der Rechtsprechung.

2. Teil

Existenz eines Abänderungsverbots in der Zivilprozeßordnung?

1. Abschnitt

Abänderungsverbot aus § 577 III ZPO?

Die analoge Anwendung einer Norm, hier der §§ 33 a, 311 a StPO, setzt zunächst das Vorliegen einer Regelungslücke voraus[101]. Die Frage der Abänderbarkeit nicht beschwerdefähiger Entscheidungen (also letztinstanzliche oder etwa solche, die die Beschwerdesumme nicht erreichen), die auf sofortige Beschwerde hin ergangen sind, wird von einem Teil der Literatur und Rechtsprechung als geregelt angesehen[102]. Dabei wird primär auf die Vorschrift des § 577 III ZPO abgestellt.

§ 3 Unanfechtbarkeit und Unabänderlichkeit – Endgültige Regelungsbedürftigkeit –

I. Helmut Pieper

Ausgehend von seiner durch Untersuchung von Rechtsprechung und Schrifttum gewonnenen Erkenntnis eines Zusammenhangs von Unanfechtbarkeit von Beschlüssen und deren Unabänderbarkeit, gelangt *Helmut Pieper* zum Ergebnis einer Ausdehnung des Abänderungsverbots des § 577 III ZPO auch auf nicht beschwerdefähige Beschlüsse[103]. Er will die Frage der Abänderung

---

[101] Vgl. *Larenz*, S. 365 ff.

[102] *H. Schmidt*, Die Gegenvorstellung, S. 56 ff (58) m.w.N.; *Pieper*, S. 67 ff; *Stein/Jonas/Grunsky*, § 577 IV Rdnr. 10; *Wieczorek*, § 577 B IV; *Werner*, S. 56 ff hält zwar eine ausdehnende Auslegung des § 577 III ZPO auf letztinstanzliche Beschlüsse für geboten, befürwortet aber gleichzeitig die Abänderbarkeit bei Verletzung des rechtlichen Gehörs, S. 69 ff, 72 ff (75).

[103] *Pieper*, S. 67 ff (75 ff).

von Beschlüssen, die nicht mehr mit sofortiger Beschwerde angegriffen werden können, "ihrer Art nach" dieser aber unterliegen, nicht durch deren isolierte Betrachtung beantworten. Vielmehr setzt er sie in Relation zu den erstinstanzlichen Beschlüssen, auf die sie sich beziehen. Damit tritt er einer Meinung[104] entgegen, die die Relevanz der Gesichtspunkte für eine Bindung der Instanzgerichte bei Beschwerdegerichten verneint. Das Abänderungsverbot für erstinstanzliche Beschlüsse verfolgt nach *Helmut Pieper* den Zweck, die Untergerichte daran zu hindern, die rasche Herbeiführung einer endgültigen Entscheidung über solche Streitfragen zu verzögern, deren Entscheidung eine Grundlage für das weitere Verfahren bildet, und nicht lediglich prozeßleitenden Inhalt haben.

Aus den Materialien der CPO[105] versucht *Pieper* nachzuweisen, daß die gesetzgeberischen Vorstellungen für eine Begrenzung der Anfechtbarkeit von Entscheidungen, die mit der sofortigen Beschwerde angegriffen werden können, etwa durch die Setzung einer kurzen Notfrist, auch Auswirkungen auf die Frage der Abänderungsbefugnis haben. Ausweislich der Motive stimmen die Fälle der sofortigen Beschwerde darin überein, daß die anzugreifenden Entscheidungen auf Rechte des Gegners oder eines Dritten einwirken. Es heißt dort[106] weiter:

> "Diese Entscheidungen erscheinen daher einer Rechtskraft fähig, und es ist deren baldiger Eintritt für den ungestörten Fortgang des Verfahrens und für das entgegenstehende Interesse der Betheiligten nothwendig."

Die Befristung der sofortigen Beschwerde hat nach Auffassung von *Pieper* demnach die Aufgabe, endgültige Klarheit über umstrittene Fragen herbeizuführen und damit für eine sichere Grundlage für das weitere Verfahren zu sorgen. Der Zweck des Abänderungsverbots für das Instanzgericht wirke sich also im Ziel einer raschen, beständigen Entscheidung des Beschwerdegerichts aus, da es der dargestellten Argumentation zufolge "widersinnig" wäre, die Parteien erst zu nötigen, eine Entscheidung der obersten Instanz herbeizuführen und der obsiegenden Partei durch die Befugnis der Abänderbarkeit den Erfolg wieder zu nehmen und so neue Ungewißheit zu schaffen. Der Zusammenhang zwischen Unanfechtbarkeit und Unabänderlichkeit besteht für *Pieper* also darin, daß Befristung der Anfechtbarkeit mit sofortiger Beschwer-

---

[104] Vgl. KG JW 1931, 3566; *Schneider*, Wiederholung, DRiZ 1965, 288 (291) weist darauf hin, daß mit der Diskussion um § 577 III ZPO, also einer Norm, die sich an das Erstgericht wende, das Bestehen einer Gesetzeslücke verdeckt werde; vgl. zu dieser Meinung auch unten § 4 und 4. Teil, 1. Abschnitt S. 43 ff und S. 143 ff der Arbeit.

[105] Vgl. *Hahn*, Materialien, II. 1., S. 377.

[106] *Hahn*, Materialien, II. 1., S. 377.

de den Willen des Gesetzgebers verdeutliche, über bestimmte Streitfragen baldige und endgültige Klarheit erlangen zu können. Dabei soll es keinen Unterschied machen, ob die Unanfechtbarkeit auf Ablauf der Beschwerdefrist oder Erschöpfung des Instanzenweges beruhe.

In diesem Zusammenhang sei die Vorschrift des § 577 II 3 ZPO zu beachten, die bei Vorliegen der Erfordernisse der Nichtigkeits- oder Restitutionsklage anordnet, daß die Beschwerde auch nach Ablauf der Notfrist, innerhalb der für diese Klage geltenden Notfrist, erhoben werden kann. Diese Norm sei nur dann sinnvoll, wenn eine Wiederaufrollung des erledigten Streits, etwa durch die nachträgliche Abänderung, grundsätzlich nicht mehr möglich ist.

II. Holger Schmidt und Bernhard Werner

Entgegen dem Wortlaut des § 577 III ZPO, der ein Abänderungsverbot für Entscheidungen statuiert, die der sofortigen Beschwerde unterliegen, führen *Holger Schmidt*[107] und *Bernhard Werner*[108] im Anschluß an *Helmut Pieper* eine historisch-teleologische Auslegung an. Sie betonen die Zielsetzung des Gesetzgebers, mit den Verfahrensregelungen der sofortigen Beschwerde rasch zu einer endgültigen letztinstanzlichen Entscheidung zu gelangen. Die Anordnung einer kurzen Notfrist sei ein Anzeichen für die Notwendigkeit, den Fortgang des Verfahrens durch die Gewinnung einer unveränderlichen Entscheidung zu sichern, auf deren Bestand sich die Parteien verlassen können. Andernfalls wäre die Konsequenz ein prozessuales "Kreiselspiel", also die Befürchtung einer jeweils entgegengesetzten abgeänderten Entscheidung, was den Grundsätzen der Rechtssicherheit entgegenstehen würde. Schließlich wird auf das nicht wünschenswerte Ergebnis hingewiesen, daß bei Zulassung einer einengenden Auslegung des § 577 III ZPO zwar das Beschwerdegericht, nicht aber das Instanzgericht zu einer Änderung seiner eigenen Entscheidung befugt sei. Inhalt und Umfang der Innenbindung müsse aber in allen Rechtszügen gleich sein[109]. Dem Abänderungsverbot des § 577 III ZPO unterliege also auch das Beschwerdegericht.

---

[107] *H. Schmidt*, s. oben FN 102 der Arbeit, S. 57 f.

[108] *Werner*, s. oben FN 102 der Arbeit , S. 58.

[109] Eine Begründung für diese Konformität wird nicht gegeben; vgl. zu dieser Ansicht auch *Ratte*, S. 104.

III. Rechtsprechung

Auch in der Rechtsprechung wird von mehreren Oberlandesgerichten die Meinung vertreten, § 577 III ZPO wende sich mit dem dort angeordneten Abänderungsverbot auch an letztinstanzliche, nicht mehr beschwerdefähige Entscheidungen.

1. So entschied das Oberlandesgericht Breslau in zwei Entscheidungen[110], § 577 III ZPO unterscheide nicht, ob im Einzelfall Beschwerde eingelegt werden kann oder etwa infolge Erschöpfung des Rechtsmittelzugs ausgeschlossen sei. Ursächlich hierfür sei die formelle Rechtskraft, in die ein auf sofortige Beschwerde hin ergangener Beschluß eines Oberlandesgerichts erwachsen sei. Dies unterscheide sie von Beschlüssen, die auf einfache Beschwerde hin ergehen. Das Abänderungsverbot, das § 577 III ZPO für das Instanzgericht anordnet, müsse auch für das Gericht gelten, das in letzter Instanz endgültig entscheide. Andernfalls käme das abgeschlossene Verfahren niemals zur Ruhe. Auch das Oberlandesgericht Breslau argumentiert vom Ergebnis her und bezeichnet dieses als "befremdlich", wenn das Instanzgericht an seine Entscheidung, wenn kein Rechtsmittel eingelegt ist oder dieses unzulässig ist, gebunden ist, das Oberlandesgericht dagegen seine eigene Entscheidung nachträglich ändern könnte. Es rückt vor allem den Gesichtspunkt der endgültigen Regelung in den Vordergrund, wonach das Verfahren des § 577 ZPO dränge, und betont das Bedürfnis nach Rechtssicherheit, womit ein jederzeitiges erneutes Aufgreifen des Rechtsstreits durch das Gericht letzter Instanz mit entsprechender Änderungsmöglichkeit unvereinbar wäre.

2. Auch das Oberlandesgericht Düsseldorf ist in früheren Entscheidungen[111] der Ansicht, nach Ausschöpfung des Rechtsmittelzuges sei der materiellen Gerechtigkeit Genüge getan und es sei zur Aufrechterhaltung des Rechtsfriedens notwendig, das gerichtliche Verfahren zu einem endgültigen Abschluß zu bringen. Durch die Fülle der im deutschen Rechtssystem zur Verfügung gestellten Rechtsmittel werde die Möglichkeit einer gerechten Lösung von Konflikten gewährleistet. Nach Beendigung des Rechtsweges sei es daher gerechtfertigt, das Bedürfnis nach Rechtssicherheit gegenüber der materiellen Gerechtigkeit stärker zu betonen. Auch das Oberlandesgericht Düsseldorf bedient sich also bei der Auslegung des § 577 III ZPO des Arguments der endgültigen Regelungsbedürftigkeit.

---

[110] OLG Breslau, Rspr. 42 (1922), 15 f; HRR 1933 Nr. 254.

[111] OLG Düsseldorf NJW 1958, 1931 f, MDR 1961, 773; das Gericht ist in neueren Entscheidungen (s. oben § 2 II.1.e), S. 27 dieser Arbeit) nunmehr für eine Ausnahme bei Verletzung des rechtlichen Gehörs.

§ 4 Anfechtbarkeit und Unabänderlichkeit – Verfahrensbeschleunigung –

Die dargestellte ausdehnende Interpretation des § 577 III ZPO ist in Schrifttum und Rechtsprechung nicht unbestritten geblieben. Ein nicht unerheblicher Teil der Meinungsäußerungen zur vorliegenden Problematik tritt für eine Reduktion des Abänderungsverbots bei der sofortigen Beschwerde ein.

I. Otto Gündner

So bezeichnen Unanfechtbarkeit und Unabänderlichkeit nach *Otto Gündner*[112] den Geltungsschutz einer gerichtlichen Entscheidung nach zwei verschiedenen Richtungen. Zum einen wird durch die Unanfechtbarkeit erreicht, daß der Bestand einer Entscheidung von außen her, also durch die Parteien, nicht mehr gefährdet werden kann. Die Unabänderlichkeit hingegen schütze sie vor einer Veränderung des erkennenden Gerichts selbst, das nachträglich zu einer anderen Ansicht gelangt ist. Von der Unanfechtbarkeit sei daher nicht notwendig auf die Unabänderlichkeit zu schließen, vielmehr sei je nach der gesetzgeberischen Regelung möglich, eine unanfechtbare Entscheidung abänderlich zu stellen und eine anfechtbare für den erlassenden Richter unabänderlich.

Als einschlägige gesetzliche Regelung untersucht *Gündner* die Reichweite des § 577 III ZPO[113]. Der Wortlaut der Vorschrift, wonach eine Änderung "der Beschwerde unterliegenden" Entscheidungen untersagt ist, lege es bei unbefangener Auslegung nahe, nur solche Beschlüsse dem Abänderungsverbot zu unterstellen, die mit der Beschwerde in concreto angegriffen werden können. *Gündner* belegt diese Wortlautinterpretation mit dem Wandel der Vorschrift, den sie durch die Novelle von 1909[114] erhalten habe. Die Formulierung "der Beschwerde unterliegenden" Entscheidungen wurde in Abweichung zur ursprünglichen Fassung der Vorschrift[115], wonach lediglich "durch Beschwerde angegriffene(n)" Verfügungen unabänderlich sein sollten, eingeführt, um einen in der Praxis entstandenen Streit, ab wann das Abänderungsverbot für das Untergericht eintrete, beizulegen. Die Novelle von 1909 sollte klarstellen, daß die Abänderungsbefugnis des Untergerichts in Fällen der sofortigen Beschwerde schon vor Einlegung der Beschwerde ausgeschlossen sei[116]

[112] *Gündner*, S. 10.
[113] *Gündner*, S. 13 f.
[114] RGBl. 1909, 475 (488).
[115] RGBl. 1877, 83 (179), dort noch § 540 III CPO.
[116] Vgl. Materialien zum Gesetz vom 1. Juni 1909, S. 23 f.

und nicht erst ab dem Zeitpunkt, in dem das Rechtsmittel auch tatsächlich eingelegt wird. Während der Geltungsdauer der Fassung von 1877, wonach eine Änderung "durch Beschwerde angegriffener" Verfügungen untersagt war, traten nach *Gündner* in der Praxis keinerlei Zweifel auf, daß lediglich solche Erkenntnisse unabänderlich seien, gegen die eine Beschwerde konkret noch eingelegt werden konnte. Da die Novellierung von 1909 lediglich die Diskussion über den Zeitpunkt des Abänderungsverbots beenden wollte und keine von der Fassung des Jahres 1877 verschiedene Aussage über den Adressaten dieses Verbots macht, schließt *Gündner* daraus, der Wirkungsbereich des § 577 III ZPO erfasse lediglich beschwerdefähige Entscheidungen und nicht Beschlüsse, die mangels Erreichen der Beschwerdesumme (§ 567 II ZPO) oder Erschöpfung des Instanzenzuges unanfechtbar sind.

Auch der Zweck der Vorschrift erfordere keine ausdehnende Auslegung des § 577 III ZPO, da mit der zeitlichen Begrenzung der Anfechtbarkeit eine rasche Erreichung der formellen Rechtskraft und damit eine Weiterführung der Hauptverhandlung ermöglicht werden soll. Ein Abänderungsverbot für das letztinstanzliche Gericht oder das Erstgericht nach Ablauf der Beschwerdefrist werde durch diesen Zweck nicht gefordert. Auf Grund der Entstehungsgeschichte und des Zwecks der Vorschrift vertritt *Gündner* also eine dem eigentlichen Wortlaut des § 577 III ZPO entsprechende enge Auslegung.

II. Seuffert/Walsmann

Auch *Seuffert/Walsmann*[117] anerkennen einen Zusammenhang zwischen Unabänderlichkeit und Anfechtbarkeit eines Beschlusses. Entgegen *Pieper*[118] schließen sie aber nicht von der Unanfechtbarkeit auf die Unabänderlichkeit. Sie bezeichnen es als zweifelhaft, ob Entscheidungen unabänderlich sind, die ihrer Art nach der sofortigen Beschwerde unterliegen, aber wegen Erschöpfung des Instanzenzuges oder Nichterreichen der Beschwerdesumme nicht angefochten werden können. Sie wollen diese Frage verneinen, da die Unabänderlichkeit doch mit der Anfechtbarkeit durch die Beschwerde zusammenhänge.

Damit interpretieren *Seuffert/Walsmann* die Vorschrift des § 577 III ZPO als Sonderregelung gegenüber § 571 ZPO[119]. Dort richtet sich die Abhilfebe-

---

[117] *Seuffert/Walsmann*, § 577 Anm. 3 a), S. 122.
[118] *Pieper*, S. 73 ff.
[119] Dies erkennt auch *Pieper*, S. 56, an. Er kommt allerdings zu einem anderen Ergebnis.

fugnis an den judex a quo, der seine Entscheidung abändern darf und eine Anrufung des Beschwerdegerichts überflüssig macht. Dies soll ihm in den Fällen der sofortigen Beschwerde nicht gestattet sein. § 577 III ZPO betrifft nach dieser Ansicht also lediglich die Konstellation, in der eine Beschlußentscheidung noch mit Beschwerde angreifbar ist.

III. Sydow/Busch

Diese Meinung vertreten auch *Sydow/Busch*[120]. Die Fassung des § 577 III ZPO sei durch die Novelle von 1909[121] inhaltlich zur entsprechenden Vorschrift der Zivilprozeßordnung von 1877 zurückgekehrt[122]. Dadurch werde klargestellt, daß die Abänderung auch schon vor Einlegung der Beschwerde unzulässig sei. Das Oberlandesgericht hingegen könne seinen Beschluß auf Vorstellung der Partei abändern. Zur Begründung wird darauf hingewiesen, daß der Beschluß des Oberlandesgerichts einer weiteren Beschwerde nicht unterliege. Auch hier wird das Abänderungsverbot also von der noch bestehenden Anfechtungsmöglichkeit abhängig gemacht.

IV. Rechtsprechung

Für eine einengende Auslegung des § 577 III ZPO lassen sich auch in der Rechtsprechung Belege finden. So betonen mehrere Oberlandesgerichte[123], daß nach Wortlaut und Sinn der Vorschrift nicht mehr beschwerdefähige Entscheidungen dem Abänderungsverbot nicht unterfallen. Eine Änderung sei durch das Gesetz ausdrücklich nur in jenen Fällen ausgeschlossen, in denen die Entscheidung der sofortigen Beschwerde unterliege. Dies sei bei den vom Oberlandesgericht erlassenen Beschlüssen gerade nicht gegeben. Einem darüber hinausgehenden Zusammenhang zwischen Unabänderlichkeit und Unanfechtbarkeit ließen sich nach Auffassung der Gerichte[124] keine zwingenden Argumente entnehmen. Voraussetzung und Inhalt der formellen Rechtskraft sei auf die Frage der Anfechtbarkeit der ergangenen Entscheidung durch die Parteien gerichtet. Davon sei die Frage der Abänderung durch das Gericht

---

[120] *Sydow/Busch,* § 577 Anm. 11, S. 699.

[121] RGBl. 1909, 475 (488).

[122] RGBl. 1877, 83 (179), dort § 540 III CPO.

[123] OLG Kassel Rspr. 37 (1917), 154; OLG Naumburg JW 1926, 1609; KG JW 1931, 3566; OLG Köln JMBl NRW 1949, 137; OLG Braunschweig MDR 1950, 557.

[124] Vgl. vor allem KG JW 1931, 5566.

selbst zu unterscheiden. Auch der Gesetzeszweck bestätige den Wortlaut der Vorschrift. Er wird vor allem in der Beschleunigung des Verfahrens erblickt. Den unteren Gerichten soll in Fällen, in denen die sofortige Beschwerde gegeben ist, eine Änderung ihrer Entscheidung, im Gegensatz zu der sonstigen Abhilfemöglichkeit nach § 571 ZPO, nicht gestattet sein. Eine möglicherweise mehrfache Änderung durch diese Gerichte würde dem Ziel einer raschen Herbeiführung einer letztinstanzlichen Entscheidung entgegenstehen, was durch § 577 III ZPO in diesen — meist einer besonderen Beschleunigung des Verfahrens bedürftigen — Fällen erreicht werden soll. Diesem Gesichtspunkt der Beschleunigung komme aber bei der letztinstanzlichen Entscheidung des Verfahrens der sofortigen Beschwerde keine Bedeutung mehr zu.

Das Oberlandesgericht Braunschweig spricht in seiner Entscheidung[125] in Zusammenhang mit seiner Meinung davon, diese werde in der Rechtsprechung einhellig und in der Literatur überwiegend vertreten. Dies ist angesichts der oben geschilderten Gegenmeinung zwar nicht der Fall, bildet aber ein Indiz dafür, daß die Auslegung des § 577 III ZPO nicht von in der Norm nicht in erster Linie angelegten Erwägungen der Rechtskraft und der Rechtssicherheit geleitet sein sollte[126].

§ 5 Auseinandersetzung mit diesen Meinungen

Ausgangspunkt und Grenze der Auslegung ist der Wortsinn einer Vorschrift[127].

I. Bei der Untersuchung des Wirkungsbereichs des § 577 III ZPO ist demnach zunächst von dessen Wortlaut auszugehen. Die Norm hat seit der Einführung der Zivilprozeßordnung vom 30.1.1877 drei verschiedene Fassungen erhalten.

1. § 540 III CPO von 1877[128] (heute § 577 III ZPO) lautete:

"Das Gericht ist zu einer Abänderung seiner durch Beschwerde angegriffenen Verfügung nicht befugt."

2. Durch das Gesetz betreffend Aenderungen der Civilprozeßordnung vom 17. Mai 1898[129] wurde § 540 III CPO wie folgt umgestaltet:

---

[125] OLG Braunschweig MDR 1950, 557.

[126] Vgl. *Schneider*, Wiederholung, DRiZ 1965, 288 (291) mit dem Hinweis auf das Vorliegen einer Gesetzeslücke; ebenso *Planck*, § 79 a II., S. 475.

[127] Vgl. *Larenz*, S. 329.

[128] RGBl. 1877, S. 83 (179).

"Das Gericht darf nur in den Fällen des § 97 a I (103 I n.F.) und des § 99 IV (105 IV n.F.) seine Entscheidung gemäß der Vorschrift des § 534 (heute § 571 ZPO; Anm. d. Verf.) abändern; zu einer weiteren Aenderung der auf Grund dieser Vorschrift erlassenen Entscheidung ist es nicht befugt."

Die Novelle modifizierte die sofortige Beschwerde im Kostenfestsetzungsverfahren insoweit, als sie dem Gericht die Befugnis beilegte, auf Beschwerde hin seine eigene Entscheidung zu ändern. Zur Begründung wird in den Materialien[130] ausgeführt, daß auf Grund von Anregungen aus der Praxis die Anwendbarkeit des § 540 III CPO ausgeschlossen werden sollte. Bei der Kostenfestsetzung werden häufig durch den Beschluß einzelne Posten gestrichen, die sich erst nachträglich als erstattungsfähig erweisen. In solchen Fällen sollte das Gericht erster Instanz aus Zweckmäßigkeitserwägungen eine Änderung vornehmen dürfen. Eine Entscheidung des Beschwerdegerichts sei nicht notwendig.

Bedeutender für die vorliegende Fragestellung ist die weitere Begründung, daß die Novellierung auch erfolgte, um in der Praxis aufgetretene Zweifel[131] zu beseitigen, ob das Gericht seine Verfügung vor Einlegung der sofortigen Beschwerde abändern dürfe. Die Gesetzesänderung sollte klarstellen, daß das Abänderungsverbot auch schon vor Einlegung der sofortigen Beschwerde Geltung beansprucht.

Aus dem Zusammenhang beider Begründungen läßt sich entnehmen, daß sich das Abänderungsverbot an das Instanzgericht richtete und nicht an das Beschwerdegericht, da die Formulierung: "zu einer weiteren Aenderung"... "ist es nicht befugt" in Zusammenhang mit der Begründung zur Abänderungsbefugnis im Kostenfestsetzungsverfahren erkennen läßt, daß auch der zweite Halbsatz des § 540 III CPO von 1898 lediglich das Instanzgericht in Bezug nimmt.

3. Durch das Gesetz betreffend Änderungen der Zivilprozeßordnung vom 1. Juni 1909[132] erhielt § 577 III ZPO seine heute noch gültige Fassung. Das Gesetz beseitigte die Ausnahmeregelung bezüglich des Kostenfestsetzungsverfahrens, um sie an dessen geänderte Bestimmungen anzupassen. Eine dar-

---

[129] RGBl. 1898, S. 256 (280).

[130] *Hahn/Mugdan*, Materialien, 8. Bd., S. 117.

[131] Vgl. zur damaligen Diskussion über den Zeitpunkt des Abänderungsverbots: für eine Abänderungsbefugnis bis zur Einlegung der Beschwerde: v. *Seuffert*, Civilprozeßordnung, § 540 Anm. 3, S. 666 f; *Wach*, S. 128; *Gaupp*, II., S. 130; *R. Schmidt*, § 99 a), S. 435; dagegen: *Altvater*, AcP 64 (1881), 408 (409); *Petersen*, § 577 Anm. 2, S. 110.

[132] RGBl. 1909, S. 475 (488).

über hinausgehende inhaltliche Veränderung läßt sich den Materialien[133] nicht entnehmen. Es ist also der Schluß gerechtfertigt, daß durch die Novellierung von 1909 wie in der Fassung von 1898 lediglich das Instanzgericht angesprochen ist. Daß der Wortlaut der Vorschrift eher für die letztgenannte Auffassung spricht, räumt auch *Holger Schmidt* ein[134].

Eine Entscheidung, mit der der Rechtsmittelzug erschöpft ist, die die Beschwerdesumme nicht erreicht oder nach der auf die sofortige Beschwerde verzichtet wird, unterliegt eben gerade der Beschwerde nicht mehr. Nur wenn sie aber der Beschwerde unterliegt, spricht § 577 III ZPO ein Abänderungsverbot aus. Daß die Formulierung "seiner der Beschwerde unterliegenden Entscheidung" auch solche Fälle meint, die ihrer Art nach der sofortigen Beschwerde unterliegen, überzeugt auch *Holger Schmidt*[135] nicht.

II. Ein solcher enger Anwendungsbereich des § 577 III ZPO ist aber erst dann gerechtfertigt, wenn er durch andere Auslegungsmethoden bestätigt wird. Die systematische Betrachtung der Vorschrift zeigt, daß sie als Ausnahmenorm gegenüber der sonstigen Abhilfebefugnis bei der einfachen Beschwerde nach § 571 ZPO ausgestaltet ist.

Nach § 571 ZPO ist der judex a quo berechtigt und verpflichtet, einer für begründet erachteten[136] Beschwerde abzuhelfen. Diese Befugnis bedeutet, daß sich die einfache Beschwerde für das Untergericht als Gegenvorstellung erweist[137] und eine Entscheidung des Beschwerdegerichts überflüssig macht. § 571 ZPO wendet sich also ausschließlich an den judex a quo[138]. Diese Möglichkeit der Selbstkorrektur bei der einfachen Beschwerde soll in Fällen der sofortigen Beschwerde ausgeschlossen sein. Für die sofortige Beschwerde gelten besondere Vorschriften, § 577 I ZPO. § 577 III ZPO stellt sich daher als Ausnahme von der Grundregel des § 571 ZPO dar[139].

---

[133] Vgl. Materialien zum Gesetz vom 1. Juni 1909, S. 23 f.

[134] *H. Schmidt*, Die Gegenvorstellung, S. 57.

[135] *H. Schmidt*, Die Gegenvorstellung, S. 57.

[136] Auf den Streit, ob die eingelegte Beschwerde zulässig sein muß — die h.M. verneint dies — , vgl. *Bettermann*, ZZP 88 (1975), S. 365 (410), ist hier nicht näher einzugehen.

[137] *Kunz*, S. 135.

[138] Statt aller *Baumgärtel*, Grenzen der Gegenvorstellung, MDR 1968, 970 (971); *Wieczorek*, § 571 A.

[139] *Kunz*, S. 144;*Wilmowski/Levy*, § 540 Anm. 6), S. 629; dies sieht auch *Pieper*, S. 56, kommt aber zu einem anderen Ergebnis.

Dieses Verhältnis der beiden Vorschriften zueinander wird auch durch die Protokolle bestätigt[140]. Zwar betreffen sie die Beratungen zur Strafprozeßordnung, doch erscheint es legitim, sie zur Untersuchung der vorliegenden Fragestellung heranzuziehen[141], da sie ausdrücklich auf einen engen Bezug zwischen Straf- und Zivilprozeßordnung hinweisen[142]. In Zusammenhang mit der Möglichkeit, die sofortige Beschwerde in dringenden Fällen auch beim Beschwerdegericht und nicht nur beim judex a quo einlegen zu können, befürwortete dies ein Regierungsvertreter mit einem Hinweis auf die unterschiedliche Abhilfebefugnis bei einfacher und sofortiger Beschwerde. Er führt dazu aus[143]:

"Bei der sofortigen Beschwerde liege die Sache deshalb anders, weil das *Untergericht* (Hervorhebung durch den Verf.) zu einer Abänderung der von ihm erlassenen Verfügung nicht befugt sei."

Hieraus läßt sich zum einen entnehmen, daß auch bei der sofortigen Beschwerde das Abänderungsverbot nur für den judex a quo gelten sollte. Zum anderen wurde der Unterschied zwischen einfacher und sofortiger Beschwerde in diesem Bereich eben in der fehlenden Abänderungsbefugnis gesehen, was die Annahme einer Ausnahmeregelung für die sofortige Beschwerde stützt. Wenn § 577 III ZPO aber eine Ausnahme zu § 571 ZPO statuiert, so bezieht er sich auch auf dessen Wirkungsbereich. Dieser ist aber ausschließlich auf das Untergericht beschränkt. Auch die systematische Betrachtung legt also den Schluß nahe, in § 577 III ZPO sei lediglich der judex a quo angesprochen.

III. Entgegen der Ansicht *Piepers*[144] läßt sich auch aus einer sinnorientierten Auslegung des § 577 III ZPO die hier vertretene Reduktion der Vorschrift begründen. Aus den Materialien[145] zu § 577 III ZPO ergibt sich, daß die der sofortigen Beschwerde unterliegenden Entscheidungen rechtskräftig werden können und deren baldiger Eintritt für einen ungestörten Fortgang des Ver-

---

[140] Protokolle der Justizkommission, S. 1007 f.

[141] Daß eine unterstützende Heranziehung insoweit gestattet sei, befürwortet auch *Altvater*, AcP 64 (1881), 408 (419).

[142] In der heutigen Strafprozeßlehre ist der Geltungsbereich des § 311 III 1 StPO, der dem § 577 III ZPO vergleichbar ist, nach allgemeiner Ansicht auf den judex a quo beschränkt; *Löwe/Rosenberg/Gollwitzer*, § 311 Rdnr. 10; KMR- *Paulus*, § 311 Rdnr. 14; KK-*Engelhardt* § 311 Rdnr. 6; *Kleinknecht/ Meyer*, § 311 Rdnr. 5; *Schlüchter*, Rdnr. 666; *Henkel*, § 97 II, S. 370; *Roxin*, § 54 D I, S. 371; *Seier*, S. 129; eine Ausnahme vom Abänderungsverbot für den judex a quo sieht § 311 III S 2 bei Verletzung des rechtlichen Gehörs vor. Auch aus § 311 III 2 StPO läßt sich schließen, daß § 311 III 1 StPO lediglich den judex a quo anspricht.

[143] Protokolle der Justizkommission, S. 1008.

[144] *Pieper*, S. 74 ff.

[145] *Hahn*, Materialien, II. 1., S. 377.

fahrens notwendig ist. Ziel ist hier also in erster Linie der rasche Eintritt der Unanfechtbarkeit. Sie soll durch die Versagung der bei der einfachen Beschwerde möglichen Abhilfebefugnis des judex a quo erreicht werden. Sinn der Ausnahmevorschrift des § 577 III ZPO ist also eine Verfahrensbeschleunigung. Diese Verfahrensbeschleunigung hat ihren Zweck bei nicht mehr beschwerdefähiger Entscheidung bereits erreicht. Die Frage der Abänderungsbefugnis des Beschwerdegerichts ist in den Materialien folgerichtig nicht angesprochen. Es heißt dort[146] weiter:

> "Das Gericht ist zu einer Abänderung seiner durch Beschwerde angegriffenen Verfügung nicht befugt; bezüglich des Beschwerdegegenstandes hat die Thätigkeit des *Instanzgerichts* (Hervorhebung durch den Verf.) mit Erlaß der angegriffenen Verfügung ihr Ende erreicht."

Pieper[147] will hieraus für die vorliegende Fragestellung nichts entnehmen, da damit unzweideutig die Instanzgerichte gemeint seien, deren Beschlüsse im konkreten Fall anfechtbar und angefochten seien. Ihm ist entgegenzuhalten, daß einzelne Begründungselemente der Materialien nicht aus ihrem Zusammenhang gelöst werden dürfen, sondern eine Gesamtschau vorzunehmen ist. Wird dem gefolgt, so ist zu erkennen, daß die Begründung zu § 577 III ZPO sich in der raschen Erreichung der Unanfechtbarkeit durch die Versagung der Abhilfebefugnis der Instanzgerichte erschöpft. Eine weitergehende Aussage über die Abänderbarkeit bei den Gerichten, die nicht Instanzgerichte sind, läßt sich nicht gewinnen. Auf diese Fallkonstellation gehen die Materialien nicht ein. Daraus ist aber nicht die Folgerung *Piepers* zu ziehen, sondern der Schluß gerechtfertigt, daß von § 577 III ZPO diese Fälle nicht erfaßt werden[148]. Das Argument der endgültigen Regelungsbedürftigkeit kann aus den Materialien also nicht hergeleitet werden.

So ist auch *Kunz*[149], in Zusammenhang mit der Fassung, die § 577 III ZPO durch die Novelle von 1898[150] erhalten hat, der Ansicht, das Abhilfeverbot in den Fällen der sofortigen Beschwerde sei kein Prinzip, das sich zwingend aus der Natur der Sache herleiten läßt. Dies sei auch nicht aus dem Wesen der befristet anfechtbaren Entscheidungen, ihrer Urteilsähnlichkeit oder ihrer Fähigkeit zur materiellen Rechtskraft möglich. Zur Begründung weist er darauf hin, daß solche Erwägungen auch der Abhilfebefugnis im Kostenfestsetzungs-

---

[146] *Hahn*, Materialien, II. 1., S. 378.

[147] *Pieper*, S. 76, FN 1).

[148] Ob der historische Gesetzgeber die Regelungsbedürftigkeit übersehen hat oder keine Regelung treffen wollte, kann hier offen bleiben. Deutlich wird immerhin die Lückenhaftigkeit der Regelung.

[149] *Kunz*, S. 183.

[150] Vgl. oben Seite 46 f der Arbeit.

verfahren[151], die § 540 III CPO von 1898 gestattete, entgegengestanden haben müßten.

Das Abhilfeverbot des § 577 III ZPO ist demnach eine vom Ziel der Verfahrensbeschleunigung beeinflußte gesetzgeberische Entscheidung, die unter Zweckmäßigkeitsgesichtspunkten[152] auch durchbrochen werden kann und die Kompetenzverteilung zwischen judex a quo und judex ad quem betrifft.

Piepers Meinung ist die Konsequenz seiner Auffassung des Zusammenhangs zwischen Unanfechtbarkeit und Unabänderlichkeit. Er zieht also Rückschlüsse von der Unanfechtbarkeit auf die Unabänderlichkeit. Dies läßt sich jedenfalls aus § 577 III ZPO aber nicht herleiten.

Die Befürchtung *Werners*[153], die Konsequenz der hier vertretenen Auffassung sei ein prozessuales "Kreiselspiel", also eine Folge jeweils entgegengesetzter abändernder Entscheidungen mit Gefahren für die Rechtssicherheit, ist mit *Kunz*[154] als sehr theoretischer Natur zu bezeichnen.

§ 577 II 3 ZPO kann, entgegen der Annahme *Piepers*[155], kein Argument gegen die Abänderbarkeit letztinstanzlicher Beschwerdeentscheidungen entnommen werden, da es sich dabei nicht um eine Wiederaufnahme i.e.S. handelt und die Vorschrift nicht auf Beschlüsse letzter Instanz anwendbar ist[156].

Daß § 577 III ZPO keine Aussage hinsichtlich nicht mehr beschwerdefähiger Entscheidungen trifft, erklärt auch die Verfahrensweise mancher Gerichte[157], die bei Prüfung der vorliegenden Fragestellung sogleich auf eine Analogie oder einen Umkehrschluß zu § 318 ZPO eingehen, ohne § 577 III ZPO zu erwähnen[158].

Die hier vertretene Ansicht kommt also wie *Gündner*[159] zum Ergebnis, daß sich § 577 III ZPO keine zwingenden Argumente für die Unabänderlichkeit nicht mehr beschwerdefähiger Beschlüsse entnehmen lassen. Die Vorschrift spricht vielmehr allein die Fallgestaltung an, in der instanzgerichtliche Be-

---

[151] Zur Rechtskraftfähigkeit von Kostenfeststellungsbeschlüssen vgl. *Zöller/Schneider*, § 103, 104, Rdnr. 21, Stichwort: Rechtskraft.

[152] Vgl. oben S. 47 der Arbeit.

[153] *Werner*, S. 58.

[154] *Kunz*, S. 184.

[155] *Pieper*, S. 76 (vgl. oben § 3 I. a.E. S. 41 der Arbeit).

[156] *Stein/Jonas/Grunsky*, § 577 Rdnr. 9.

[157] Vgl. etwa OLG Düsseldorf MDR 1950, 491.

[158] Die Frage einer Analogie zu § 318 ZPO oder einer sachnäheren Analogie wird in § 8 III. S. 67 ff der Arbeit behandelt werden.

[159] *Gündner*, S. 13 ff.

schlüsse noch mit sofortiger Beschwerde angegriffen werden können[160]. Sie läßt vor dem Hintergrund der Verfahrensbeschleunigung lediglich einen Zusammenhang zwischen Anfechtbarkeit und Unabänderlichkeit und nicht zwischen Unanfechtbarkeit und Unabänderlichkeit erkennen. Damit ist § 577 III ZPO nicht geeignet, die Frage nach der Zulässigkeit einer Gegenvorstellung gegen nicht mehr beschwerdefähige Beschlußentscheidungen zu beantworten[161]. Die Lösung dieser Fragestellung ist vielmehr aus anderen Wertungen und Rechtsgrundsätzen zu gewinnen.

Um Mißverständnissen vorzubeugen, sei hinzugefügt, daß die hier vertretene Meinung kein Postulat der Unabänderlichkeit im Falle der Anfechtbarkeit einer Entscheidung aufstellen will. Ob die Abänderungsmöglichkeit einer Entscheidung allein von der formellen Tatsache ihrer Anfechtbarkeit abhängig gemacht werden kann, ist zumindest fraglich.

Immerhin zeigt die Untersuchung des § 577 III ZPO, daß die Frage der Änderungsmöglichkeit auch unter Zweckmäßigkeitsgesichtspunkten betrachtet werden kann und kein — Ausnahmen nicht zulassendes — Prinzip darstellt.

2. Abschnitt

Die innerprozessuale Bindungswirkung des § 318 ZPO

Eine weitere Vorschrift in der Zivilprozeßordnung, die von einer Bindung des Gerichts an seine eigene Entscheidung spricht, findet sich in § 318 ZPO. Der Versuch in Literatur und Rechtsprechung[162], aus ihr Wertungen für die Frage der Abänderbarkeit von nicht mehr beschwerdefähigen Beschlußentscheidungen zu gewinnen, ist daher naheliegend. Ob solche Wertungen auch Beschlüsse erfassen oder auf sie übertragen werden können, bedingt zunächst, den Begriff der Innenbindung darzulegen und seinen Regelungsinhalt aufzuzeigen. Erst danach wird die Frage zu beantworten sein, inwieweit § 318 ZPO

[160] Dieser Meinung folgen im Ergebnis auch, vor allem mit dem Hinweis auf eine Regelungslücke, *Seetzen*, Anhörungsrüge, NJW 1982, 2337 (2343); *Weis*, NJW 1987, 1314; *Planck*, S. 475; *Zöller/Schneider*, § 577 Rdnr. 34; BVerfGE 73, 322 (326 f); BVerwG NVwZ 1984, 450 f.

[161] Mit dieser Fragestellung wird zugleich die Ansicht *H. Schmidts* abgelehnt, der die Innenbindung nach § 577 III ZPO als entscheidendes Kriterium der Unabänderlichkeit nicht mehr beschwerdefähiger Beschlußentscheidungen, die auf sofortige Beschwerde hin ergangen sind, ansieht. Aus diesem Grund verneint er auch die Möglichkeit einer Gegenvorstellung im Bereich der sofortigen Beschwerde.

[162] Vgl. etwa *Schneider*, Wiederholung, DRiZ 1965, 288 (291); OLG Düsseldorf MDR 1950, 491.

direkt oder in Analogie anwendbar ist oder vielmehr ein argumentum e contrario angemessen erscheint oder ob auch § 318 ZPO für die vorliegende Problematik keine eindeutige Lösung bietet.

§ 6 Innenbindung und Rechtskraft

I. Innenbindung und formelle Rechtskraft

Von der Innenbindung unterscheidet sich die formelle Rechtskraft dadurch, daß der Bestand einer gerichtlichen Entscheidung gegen den erneuten Angriff mit Einspruch oder Rechtsmitteln gesichert wird, § 705 ZPO. Sie bedeutet also Unanfechtbarkeit, aber nicht Unabänderlichkeit schlechthin, sondern lediglich Schutz der Entscheidung vor ihrer Abänderung durch höhere Instanzen[163].

Die in dieser Abgrenzung zum Ausdruck kommende Gleichsetzung von formeller oder äußerer Rechtskraft mit dem Begriff der Unanfechtbarkeit entspricht der herrschenden Meinung[164]. Daneben sieht eine Mindermeinung[165] im Anschluß an *Gottfried Baumgärtel*[166] und *Holger Schmidt*[167] die befristete Anfechtbarkeit als Kriterium der formellen Rechtskraft an. Nach ihr erwachsen nur diejenigen gerichtlichen Entscheidungen in formelle Rechtskraft, die mit einem befristeten Rechtsmittel angefochten werden können: bei Urteilen also mit Einspruch, Berufung und Revision; bei Beschlüssen solche, bei denen die Beschwerde ausnahmsweise an eine Notfrist gebunden ist, § 577 II 1 ZPO. Zur Begründung wird auf die §§ 705, 706 II ZPO, § 19 II EGZPO verwiesen. Neben diesen gerichtlichen Entscheidungen sollten nur solche formell rechtskräftig werden, die von Anfang an auf Grund gesetzlicher Regelung unanfechtbar sind[168]. Entscheidungen, die auf Grund von Rechtsmittelverzicht, Rechtsmittelverwirkung oder Erschöpfung des Instanzenzugs nicht mehr angefochten werden können, sollen danach nicht der formellen Rechtskraft fähig sein, insbesondere also alle Beschlüsse, die der einfachen unbefristeten Beschwerde unterliegen.

---

163 *Rosenberg/Schwab*, § 150 I, S. 964.

164 *Rosenberg/Schwab*, § 150 I, S. 964; *Zöller/Stöber*, § 705 Rdnr. 2, 3; *Pieper*, S. 13; *J. Blomeyer*, S. 122; *Bruns*, § 42 Rdnr. 219 a, S. 347.

165 *Thomas/Putzo*, § 705 Anm. 1 a) b); *Baumbach/Lauterbach/Hartmann*, § 705 Anm. 1) A.

166 *Baumgärtel*, Wiederholung, JZ 1959, 437.

167 *H. Schmidt*, Die Gegenvorstellung, S. 65 f.

168 Vgl. *H. Schmidt*, Die Gegenvorstellung, S. 66, der auf den Zeitpunkt des Eintritts der formellen Rechtskraft abstellt und sie daher etwa bei Verwirkung des Beschwerderechts ablehnt, mangels genauer Möglichkeit ihre weiteren Rechtsfolgen zeitlich festzulegen.

Diese begriffliche Trennung wirkt sich bei Urteilen nicht aus, da sie lediglich mit befristeten Rechtsmitteln angefochten werden können und somit nach Ausschöpfung des Instanzenzugs formell rechtskräftig und damit unanfechtbar werden. Anders hingegen bei Entscheidungen in Beschlußform. Formell rechtskräftige Beschlüsse bewirken das endgültige äußere Ende des Verfahrens, das danach nicht erneut aufgerollt werden kann[169,170]. Demgegenüber erlaube die Unanfechtbarkeit im Sinne, daß kein Rechtsmittel mehr eingelegt werden kann, durchaus etwa die Wiederholung der Beschwerde zum Gericht erster Instanz auch dann, wenn eine beschwerdegerichtliche Entscheidung bereits vorliegt[171].

In Zusammenhang mit der Frage der Abgrenzung zwischen Innenbindung und formeller Rechtskraft ist dieser Meinungsunterschied aber nicht zu entscheiden. Es entspricht wohl einhelliger Meinung[172], zu der Anhänger beider Auffassungen zählen, daß die prozessuale Innenbindung des § 318 ZPO wesensmäßig verschieden von der formellen Rechtskraft ist. Dies ergibt sich schon daraus, daß § 318 ZPO die Unabänderlichkeit unabhängig von der Frage der Anfechtbarkeit bereits ab dem Zeitpunkt des Erlasses, also der Verkündung der Entscheidung, § 310 ZPO, anordnet[173].

Unabhängig von der Umstrittenheit der Begriffe 'formelle Rechtskraft und Unanfechtbarkeit' kann daher festgestellt werden: Innenbindung und formelle Rechtskraft beziehen sich zwar beide auf die Frage der Angreifbarkeit einer Entscheidung im ursprünglichen Verfahren. Während die Innenbindung jedoch verhindert, daß die Entscheidung in der bereits entschiedenen Instanz noch einmal angefochten wird, ist Aufgabe der formellen Rechtskraft, einen Angriff

---

169 *H. Schmidt*, Innenbindungswirkung, Rpfleger 1974, 177 (180), bezeichnet die formelle Rechtskraft als "die das äußere Ende des Verfahrens bestimmende Kraft der Entscheidung".

170 Ausgenommen hiervon sind Fälle der Rechtskraftdurchbrechung, etwa nach §§ 579, 580, 577 II 3 ZPO.

171 Vgl. auch *Baumgärtel*, Wiederholung, JZ 1959, 437.

172 *Rosenberg/Schwab*, § 150 I, S. 964; *Thomas/Putzo*, § 318 Anm. 2 d); *Baumbach/Lauterbach/Hartmann*, § 318 Anm. 1) A a); *Stein/Jonas/Leipold*, § 318 Anm. I 1; *Ratte*, S. 100 f; *J. Blomeyer*, S. 122; *Werner*, S. 32 f, er weist aber auf Grund des Automatismus, daß kein Urteil formell rechtskräftig wird, das nicht der Innenbindung unterliegt, auf die Zusammengehörigkeit beider Rechtsinstitute hin; im Sinne einer vom Gesetzgeber gewollten umfassenden Absicherung einer gerichtlichen Entscheidung; *H. Schmidt*, Die Gegenvorstellung, S. 46 ff; er will aber vom Eintritt der formellen Rechtskraft auf das Vorliegen einer Innenbindung rückschließen, S. 63 ff, was aber die Aussage der getrennten Wirkungsbereiche beider Institute nicht einschränkt; vgl. auch *ders.*, Innenbindungswirkung, Rpfleger 1974, 177 (181); *A. Blomeyer*, § 89 I 1, 2.

173 Die Funktion der Innenbindung wird auch nicht nach dem Eintritt der formellen Rechtskraft von dieser übernommen, *H. Schmidt*, Die Gegenvorstellung, S. 46 ff.

auf sie im Rahmen des Rechtsmittelsystems, also in einer neuen Instanz, zu unterbinden.

Jürgen Blomeyer[174] gebraucht das Bild, die Innenbindung verbiete dem Beschwerdeführer, die beendete Instanz "zurückzurollen" und die formelle Rechtskraft hindere ihn daran, das Verfahren in eine neue Instanz "weiterzurollen". Die Innenbindung wird damit als "Instanzenverbrauch" charakterisiert.

II. Innenbindung und materielle Rechtskraft

Die Differenzierung der beiden Rechtsinstitute prozessuale Innenbindung, § 318 ZPO, und materielle Rechtskraft, § 322 ZPO, ist nicht lediglich "theoretische Spielerei"[175]. Beide kennzeichnen Wirkungen einer gerichtlichen Entscheidung, die zwar wesensähnlich[176], aber dennoch verschiedenen Bereichen zugeordnet sind. Für die hier vorzunehmende Abgrenzung genügt eine allgemeine Begriffsdefinition der materiellen Rechtskraft. Es bedarf nicht einer eingehenden Darlegung und Entscheidung des Streits um der zu folgenden Rechtskrafttheorie; ob nun materiellrechtliche, prozeßrechtliche oder vermittelnde Theorien die Natur der Rechtskraft zutreffend kennzeichnen[177,178]. Demnach kann materielle Rechtskraft gekennzeichnet werden als inhaltliche Maßgeblichkeit der ergangenen gerichtlichen Entscheidung hinsichtlich späterer Verfahren, in denen die Rechtsfolge erneut strittig ist[179].

Während die Innenbindung die Frage einer Abänderung oder eines Widerrufs der bereits getroffenen Entscheidung durch das erkennende Gericht betrifft, verhindert die materielle Rechtskraft zu befürchtende Widersprüche in einem neuen Verfahren durch ein anderes Gericht. Geltungsdauer des gerichtlichen Aktes und Rechtskraftwirkung sind demnach streng zu scheiden[180]. Neben dem von *Jürgen Blomeyer*[181] und *Bernhard Werner*[182] betonten Unterschied hinsichtlich der Wirkungsräume der Institute, also der inner– bzw. au-

---

[174] *J. Blomeyer*, S. 122.

[175] *Jauernig*, JZ 1982, 286.

[176] *Götz*, JZ 1959, 681 (685).

[177] Vgl. hierzu die detaillierte Erörterung von *Koussoulis*, S. 22 ff.

[178] Dabei wird die Bedeutung der Rechtskraftdiskussion nicht verkannt; es handelt sich dabei um eine Frage, die "auf einer Stufe mit den Bemühungen um das Wesen des Rechts überhaupt" steht, *Stein/Jonas/Leipold*, § 322 III 3.

[179] Vgl. *Rosenberg/Schwab*, § 150 II.

[180] Für eine deutliche Trennung der beiden Institute *Bötticher*, S. 75.

[181] *J. Blomeyer*, S. 114.

[182] *Werner*, S. 34.

ßerprozessualen Bindung, ist darauf hinzuweisen, daß sich dieser nicht in den differenzierenden Gerichten erschöpft. Maßgebend ist also nicht allein, daß die innerprozessuale Bindungswirkung das erkennende Gericht selbst und die materielle Rechtskraft ein anderes Gericht im nachfolgenden Prozeß betrifft. Hinzu kommt, daß unter Innenbindung der geltungsmäßige Bestand der Entscheidung selbst zu verstehen ist, während die materielle Rechtskraft die Widerspruchsfreiheit für die Zukunft sichern will.

Mit *Eduard Bötticher*[183] ist die Abgrenzung also dahingehend vorzunehmen, daß zum einen der Widerruf der ergangenen und zum anderen der Widerspruch einer etwaigen späteren Entscheidung abgeschnitten werden soll. Dabei ist die Möglichkeit einer widersprüchlichen Entscheidung in zweifacher Weise denkbar. Ein späteres Gericht kann sowohl der Hauptfragen– als auch der Vorfragenbindung (sog. Präjudizialität) unterliegen. In beiden Fällen ist der Richter in einem erneut anhängigen Verfahren, das denselben Streitgegenstand betrifft, an das Erstjudiz gebunden[184]. Für die hier zu treffende Abgrenzung kann also gesagt werden, daß die materielle Rechtskraft neben der Innenbindung und der formellen Rechtskraft die dritte Komponente eines umfassenden Bestandsschutzes gerichtlicher Entscheidungen darstellt.

Die zu Beginn angesprochene Wesensähnlichkeit zwischen Innenbindung und materieller Rechtskraft erklärt sich aus der zweifachen Schutzwirkung des § 318 ZPO, der zum einen in negativer Hinsicht ein Abänderungsverbot und in positiver Hinsicht ein Abweichungsverbot statuiert. Diese Doppelwirkung, die mit den beiden in § 318 ZPO angesprochenen Entscheidungen (End– und Zwischenurteile) deutlich wird, und durch die sprachliche Fassung der Norm, daß das Gericht an die Entscheidungen, die in den von ihm erlassenen Urteilen enthalten ist, gebunden sei, verdeckt wird, soll im folgenden näher dargestellt werden.

Für die primäre Abgrenzungsfrage kann jedoch festgestellt werden, daß es nahezu einhelliger Meinung entspricht, den §§ 318 und 322 ZPO einen getrennten Wirkungsbereich und verschiedene Funktionen im aufgezeigten Sinn zuzuweisen[185].

---

[183] *Bötticher*, S. 76.

[184] *Koussoulis*, S. 197 f, erklärt dies mit der "Drittwirkung der Rechtskraft" und stellt ihr die "Selbstbindung" des § 318 ZPO gegenüber.

[185] *Stein/Jonas/Leipold*, § 322 II 1, 2; *J. Blomeyer*, S. 114 m.w.N.; *Werner*, S. 33; *H. Schmidt*, Die Gegenvorstellung, S. 49 ff; *Ratte*, S. 101 ff; *Bötticher*, S. 72 ff; *Pieper*, S. 98 ff; *Götz*, JZ 1959, 681 (685); *Jauernig*, JZ 1982, 286; *Goldschmidt*, Zivilprozeßrecht, § 51, 7, S. 164; *Thomas/Putzo*, § 318 Anm. 2 d); *Koussoulis*, S. 198; *Tiedtke*, ZZP 89 (1976), 64 (73).

§ 7 Der Regelungsinhalt des § 318 ZPO

Die Möglichkeit eines Gerichts, seine eigene Entscheidung auf Gegenvorstellung hin noch einmal zu überprüfen, hängt entscheidend davon ab, ob eine einmal erlassene gerichtliche Entscheidung abgeändert werden darf. Akzeptiert man diese Prämisse, so setzt die Zulässigkeit des Rechtsbehelfs "Gegenvorstellung" also das Fehlen eines Abänderungsverbots voraus.

Bei dieser Ausgangsposition und einer unbefangenen Betrachtung des § 318 ZPO erscheint die grundsätzliche Frage, ob die Norm überhaupt Aussagen für die vorliegende Problematik trifft, ob es sich also um die "richtige" Norm handelt, durchaus gerechtfertigt[186]. Nach § 318 ZPO, dessen Wortlaut unverändert dem der Zivilprozeßordnung von 1877 entspricht[187], ist das Gericht an die Entscheidung, die in den von ihm erlassenen End- und Zwischenurteilen enthalten ist, gebunden. Die Vorschrift statuiert also zwar eine Bindung des Gerichts[188], bezeichnet aber als Gegenstand dieser Bindung die in den Urteilen enthaltene Entscheidung und damit den Entscheidungsinhalt. Wenn aber nur der Entscheidungsinhalt Bindungswirkung erzeugt und nicht die Entscheidung selbst — als gerichtlicher Akt — einer "Bindung" unterliegt, könnte das Bedenken *Karl Kormanns*[189] berechtigt sein und § 318 ZPO über die Abänderbarkeit einer Entscheidung selbst keine Aussagen treffen. Die Funktion des § 318 ZPO wäre dann auf die Frage der Maßgeblichkeit einer getroffenen Entscheidung für den weiteren Ablauf innerhalb der Instanz beschränkt.

Dieser Aspekt der innerprozessualen Bindungswirkung ist es, der viele Autoren[190] veranlaßt zu sagen, die Bindung des § 318 ZPO bedeute innerhalb

---

[186] So meint *Kormann*, S. 305, es stehe weder in der ZPO noch in der StPO mit ausdrücklichen Worten, daß ein Richter ein Urteil nicht von Amts wegen ändern dürfe. Dies sei nur mittelbar in § 319 ZPO, anläßlich der Wortberichtigung von Amts wegen, ausgesprochen.

[187] RGBl. 1877, 83 (134), damals § 289 CPO.

[188] Die in § 318 ZPO statuierte Bindung des Gerichts wird seit *Bötticher*, S. 74, und *Pieper*, S. 1, "innerprozessuale Bindungswirkung" bzw. "Innenbindung" genannt. *J. Blomeyer*, S. 113, 115 f, fügt dem noch den Terminus "Instanzenverbrauch" hinzu, meint damit aber nur den Teilaspekt der innerprozessualen Bindungswirkung, der sich nicht auf die Maßgeblichkeit des Entscheidungsinhalts bezieht. Dazu im folgenden Text. Für die vorliegende Arbeit sollen lediglich die Begriffe von Bötticher und Pieper in ihrem umfassenden Sinn gebraucht werden.

[189] *Kormann*, S. 305.

[190] *Stein/Jonas/Leipold*, § 318 I 1; *Thomas/Putzo*, § 318 Anm. 2 d); *Götz*, JZ 1959, 681 (685); *H. Schmidt*, Die Gegenvorstellung, S. 49 f; *Baumbach/Lauterbach/Hartmann*, § 318 Anm. 1) A a).

der Instanz das gleiche, was die sog. materielle Rechtskraft für den Richter eines weiteren Prozesses bedeutet, von einer Ähnlichkeit der Auswirkungen zu sprechen, eine Wesensgleichheit von materieller Rechtskraft und Bindungswirkung anzunehmen und eine Verwandtschaft beider Institute zu statuieren. Dies mag dazu führen, daß aus der materiellen Rechtskraft ein Abänderungsverbot für gerichtliche Entscheidungen abgeleitet wird[191]. Hiergegen ist aber zumindest der oben dargelegte unterschiedliche Wirkungsbereich zwischen Bindungswirkung und materieller Rechtskraft einzuwenden sowie die Tatsache der vom Gesetzgeber gewollten normativen Trennung, die sich in § 318 ZPO und § 322 ZPO manifestiert und die wohl kaum allein durch die zeitliche Differenz zwischen Erlaß einer Entscheidung und dem Eintritt ihrer materiellen Rechtskraft gerechtfertigt wäre[192]. Es bleibt also zu klären, was der Gesetzgeber unter Bindung des Gerichts im Sinne des § 318 ZPO verstanden wissen will.

I. Das Abweichungsverbot

Aus den Materialien[193] zur Zivilprozeßordnung läßt sich für den Inhalt der Bindungswirkung wenig entnehmen. Dort wird lediglich eine Abgrenzung nach dem Objekt der Bindung vorgenommen und dargelegt, daß Beschlüsse und Verfügungen prozeßleitender Natur keine bindende Kraft entfalten[194].

Vom Wortlaut der Vorschrift beeinflußt, wird in den frühen Kommentierungen[195] zu § 318 ZPO (§ 279 bzw. § 289 CPO a.F.) die hauptsächliche Bedeutung der Norm in der bindenden Kraft der Zwischenurteile gesehen. Die Bedeutung der Unabänderlichkeit der Urteile für die Instanz bestehe vor allem darin, daß das Gericht an sein eigenes Urteil im ferneren Verlaufe des Verfahrens gebunden sei.

So beschreibt auch *Bernhard Wieczorek*[196] in einer neueren Kommentierung den Umfang der Bindungswirkung in entsprechender Weise wie die materiel-

---

[191] Vgl. etwa *Baumgärtel*, Grenzen der Gegenvorstellung, MDR 1968, 970 (971), zumindest für solche letztinstanzlichen Beschlüsse, die einen rechtskraftfähigen Inhalt haben.

[192] Zumal die materielle Rechtskraft nach ihrem Eintritt die Funktion der Innenbindung nicht übernimmt, *H. Schmidt*, Die Gegenvorstellung, S. 51.

[193] *Hahn*, Materialien, II 1, S. 288 zu § 279 (a.F.).

[194] Zur Anwendbarkeit des § 318 ZPO auf Beschlüsse siehe nachfolgend § 8 S. 66 ff der Arbeit.

[195] *Struckmann/Koch*, § 289, S. 338; *Hellmann*, A, S. 323; *Petersen*, II, § 318 Anm. 2), S. 638.

[196] *Wieczorek*, § 318 B.

le Rechtskraftwirkung. Sie erstrecke sich auf die weiteren Entscheidungen im Prozeß, nur daß diese Bindung nicht über das Verfahren hinausreiche. Das Abweichungsverbot des § 318 ZPO bedeutet demnach, daß der Inhalt etwa eines Zwischenurteils für die weiteren Entscheidungen des Gerichts in der Instanz maßgebend ist, daß es den Entscheidungsinhalt allen weiteren zugrunde zu legen hat. Das Gericht ist in diesem Sinne gebunden, unabhängig, ob es die frühere Entscheidung nun für richtig oder falsch hält. Neues Vorbringen zu den bereits entschiedenen Fragen ist in Konsequenz der Bindungswirkung vom Gericht nicht zuzulassen. Die innerprozessuale Bindungswirkung des § 318 ZPO enthält nach *Holger Schmidt*[197] demnach ein Gebot an das Gericht, die einmal getroffene Entscheidung im folgenden zu respektieren. Dieser Aspekt wird daher auch Widerspruchsverbot, Maßgeblichkeit oder positive Funktion genannt.

Für die Frage der Zulässigkeit einer Gegenvorstellung ist diese Komponente aber nicht aussagekräftig. Unabhängig von dem noch zu prüfenden Problem einer Übertragbarkeit der Wertungen des § 318 ZPO[198] auf Beschlußentscheidungen kann bereits hier festgestellt werden, daß das dargestellte Abweichungsverbot lediglich auf den Entscheidungsinhalt abstellt und den Bestandsschutz der Entscheidung selbst außer acht läßt. Die Möglichkeit der Gegenvorstellung ist, wie oben geschildert, für ein Gericht aber nur dann eröffnet, wenn es die einmal getroffene Entscheidung selbst abändern oder widerrufen kann. Diese Konstellation wird durch ein Abweichungsverbot aber nicht angesprochen. Es will den Bestandsschutz des Urteils vielmehr im Wege der Verhinderung einer widersprüchlichen erneuten Entscheidung erreichen. Insoweit steht § 318 ZPO einer Gegenvorstellung im Zivilprozeß nicht entgegen.

II. Das Abänderungsverbot

1. Existenz eines Abänderungsverbots

Wäre mit diesem Abweichungsverbot der Regelungsinhalt des § 318 ZPO erschöpft, so erübrigte sich eine weitere Prüfung hinsichtlich der Übertragbarkeit einer Innenbindung auf nicht mehr beschwerdefähige Beschlußentscheidungen. Zwar besteht schon, entgegen *Jürgen Blomeyer*[199], vom Wortlaut her

---

[197] *H. Schmidt*, Die Gegenvorstellung, S. 38.

[198] Siehe hierzu im folgenden § 8 III. S. 67 ff der Arbeit.

[199] Nach *J. Blomeyer*,S. 114, soll schon der Wortlaut der §§ 318 und 577 III ZPO, die übereinstimmend von eigenen Akten des Gerichts sprechen, für einen gleichen Wirkungskreis hinsichtlich eines Abänderungsverbots Beleg sein.

ein Unterschied zwischen § 318 ZPO und § 577 III ZPO; zum einen wird der Entscheidungsinhalt und zum anderen die Entscheidung selbst angesprochen. Dies allein genügt zur Abgrenzung des Regelungsinhalts der prozessualen Innenbindung aber nicht.

So findet sich bereits in den einschlägigen Kommentierungen[200] im ersten Drittel des Jahrhunderts eine weitere Komponente, die zur Bindung des Gerichts gezählt wird. Danach ist es dem Gericht untersagt, die einmal getroffene Entscheidung wieder aufzuheben oder abzuändern[201]. Diese Wirkung wird als Abänderungs- oder Widerrufsverbot bezeichnet. Ein Verstoß gegen sie soll sowohl bei ausdrücklichem Widerruf der Verkündung als auch durch eine neue Entscheidung in Form der ursprünglichen möglich sein[202,203]. *Eduard Bötticher*[204] spricht sich für eine scharfe Trennung eines so verstandenen Abänderungsverbots vom Abweichungsverbot des § 318 ZPO aus. Nach ihm ist die in § 318 ZPO angeordnete rechtskraftgleiche Bindung des Gerichts an seine im Laufe des Verfahrens vorweggenommenen Entscheidungen nicht im Interesse der Geltungsdauer der Vorentscheidung, sondern einzig und allein im Interesse eines entsprechenden Ausfalls der Endentscheidung statuiert. Dem Abänderungsverbot des § 318 ZPO wird damit lediglich eine formelle Funktion zugewiesen[205], die im Dienst eines höherrangigen Interesses steht. Dieses höherrangige Interesse besteht nach *Jürgen Blomeyer*[206] darin, daß im Laufe des Prozesses entschiedene wesentliche Vorfragen als wertvolles Entscheidungssubstrat für die Entscheidung der Hauptfrage des Prozesses erhalten werden sollen.

---

[200] *Förster/Kann*, § 318 Anm. 1 a), S. 833; *Seuffert/Walsmann*, § 318 1 a), S. 523; *Sydow/Busch*, § 318 , 2, S. 440.

[201] Ausdrücklich werden hiervon die Fälle des zulässigen Einspruchs (§ 343 ZPO) und der Wiederaufnahmeklagen ausgenommen.

[202] *Stein/Jonas/Leipold*, § 318 II.

[203] *Werner*, S. 13 FN 49), rechnet beide Verletzungsmöglichkeiten dem Abänderungsverbot zu und wendet sich zutreffend gegen *Pieper*, S. 66 ff, der aus dieser unterschiedlichen Angriffsart weitergehend schließt, daß auch die positive und negative Funktion des § 318 ZPO im Ergebnis untrennbar miteinander verzahnt ist, da eine Entscheidung auch durch den Erlaß einer sie formell nicht berührenden, aber ihr inhaltlich widersprechenden Entscheidung entkräftet wird.
Dem hält Werner entgegen, daß es einen Unterschied mache, ob die Abänderung in einer neuen Entscheidung gleicher Natur wie die ursprüngliche erfolgt oder ob die primäre Entscheidung bei der sich anschließenden Endentscheidung, die anderer Art ist als die erste, nicht zugrunde gelegt wird.

[204] *Bötticher*, S. 75, 77.

[205] Dies anerkennt auch *Pieper*, S. 58; er spricht sogar von einer "formalen Funktion".

[206] *J. Blomeyer*, S. 115.

Daß dieses Abänderungsverbot aber immerhin als eigenständige Funktion der innerprozessualen Bindungswirkung besteht, legt der Wortlaut der Vorschrift nahe. § 318 ZPO spricht ja nicht nur von einer Bindung des Gerichts an die in seinen Zwischenurteilen enthaltene Entscheidung, sondern erwähnt auch die Endurteile. Nach Erlaß eines solchen Endurteils ist das Gericht aber nicht mehr mit der Entscheidung der Hauptfrage befaßt[207], so daß eine inner-

---

[207] Dies bedeutet nicht, daß das Gericht nach Erlaß eines Endurteils und vor Einlegung eines Rechtsmittels seine Entscheidungszuständigkeit generell verliert. Vielmehr ist das Gericht unterer Ordnung weiterhin für solche Anträge zuständig, die mit der Entscheidung über den Hauptanspruch nicht in Verbindung stehen, vgl. RGZ 68, 247 (253) (VZS). Dafür, daß die Instanz auch über den Zeitpunkt der Verkündung der Entscheidung fortdauert, BGH NJW 1957, 713 (714).
Bezüglich letztinstanzlicher Beschlüsse wird nun gefolgert, mangels der Möglichkeit, ein weiteres Rechtsmittel einzulegen, ende die Instanz nicht mit einer solchen Einlegung, sondern bereits mit dem Erlaß der Entscheidung, da damit die Devolutionswirkung ende, *Ratte*, S. 107 ff.
Dem ist entgegenzuhalten, daß die Unabänderlichkeit keine Frage der Zuständigkeit oder des "mit der Sache befaßt seins" ist, sondern umgekehrt die Zuständigkeit des Gerichts so lange besteht, als eine Entscheidung abgeändert werden kann, vgl. *H. Schmidt*, Die Gegenvorstellung, S. 194 m.w.N.; *Kirberger*, Rpfleger 1976, 339, hält Ratte entgegen, ob man nicht ebenso selbstverständlich ein Wiederaufleben der Entscheidungsbefugnis der Rechtsmittelinstanz annehmen kann, falls man zuvor die grundsätzliche Frage zugunsten der Abänderbarkeit derartiger Beschlüsse bejaht hat.
Ratte lehnt die Abänderung nicht mehr beschwerdefähiger Beschlüsse ab, weil sich auf Grund der weggefallenen Entscheidungszuständigkeit kein anderes zuständiges Gericht mehr finden lasse. Diese Meinung erscheint formell, da es bei der Gegenvorstellung gerade um die Frage der Abänderungsfähigkeit letztinstanzlicher Beschlüsse geht und damit erst als Folge der jeweiligen Beantwortung dieser Frage die Zuständigkeit des Beschwerdegerichts bejaht oder verneint werden kann. Gegen ihn auch *Werner*, S. 21 ff.
Wenn § 318 ZPO also das Gericht auch an die Entscheidung bindet, die in den von ihm erlassenen Endurteilen enthalten ist, so geschieht dies im Interesse der nach dem Erlaß für Fragen des Hauptanspruchs eingetretenen Zuständigkeit des Rechtsmittelgerichts, vgl. zur insoweit geteilten Zuständigkeit des unteren Gerichts RGZ 68, 247 (253); auch *Rosenberg/Schwab*, § 31 III 1 b), spricht in Zusammenhang mit der Zuständigkeitsverteilung von judex a quo und judex ad quem davon, daß das Gericht nach Erlaß des Urteils nur noch solche Prozeßhandlungen vornehmen kann, die sich mit der Entscheidung nicht in Widerspruch setzen. Er weist dabei auf § 318 ZPO hin.
Daraus ist zu entnehmen, daß die Norm auch bei Endurteilen ein Abänderungsverbot nur in Hinblick auf das weitergehende Ziel einer Überprüfung der Hauptsache durch das Rechtsmittelgericht statuiert.
Diese Auffassung ist unabhängig vom Streit um den Zeitpunkt des "Endes" der Instanz. Ob nun die Rechtsmitteleinlegung, vgl. etwa *Schwab*, FS für v. Carolsfeld, S. 445 (447 ff) oder die Zustellung des Urteils, vgl. etwa *A. Blomeyer*, § 5 II 2 a), S. 28, das Verfahren beendet, nach beiden Auffassungen bleiben der unteren Instanz nach dem Erlaß der Entscheidung noch besondere Aufgaben erhalten (etwa die Protokollierung eines Prozeßvergleichs in erneuter mündlicher Verhandlung oder die Entgegennahme einer Klagerücknahme); h.M., vgl. *Gilles*, Anschließung, ZZP 91 (1978), 128 (164) m.w.N.

prozessuale Berücksichtigung oder ein entsprechendes Fortwirken in einer abschließenden Entscheidung für das Endurteil nicht in Betracht zu ziehen ist, da es selbst diese abschließende Entscheidung darstellt[208]. Hinsichtlich der Endurteile rückt damit das Abänderungsverbot in den Vordergrund, mangels der Möglichkeit, Maßgeblichkeit für weitere Hauptsacheentscheidungen im innerprozessualen Raum zu entfalten. *Jürgen Blomeyer*[209] charakterisiert dieses Abänderungsverbot als Instanzenverbrauch in dem Sinne, daß jede Instanz grundsätzlich nur einmal entscheide.

2. Charakter des Abänderungsverbots

Für die hier interessierende Problematik eines Anwendungsbereichs der Gegenvorstellung ist — nach der Feststellung eines in § 318 ZPO enthaltenen Abänderungsverbots — die Frage nach der Qualität dieses Widerrufsverbots zu stellen. Erkenntnisse darüber lassen sich durch eine Untersuchung der Frage, unter welchen Umständen die Bindungswirkung nicht eintritt, gewinnen. Es soll also versucht werden, von den Ursachen eines Wegfalls der Bindung Rückschlüsse auf dessen Wesen zu ziehen.

Dazu erscheint das Beispiel eines unzulässigen Zwischenurteils geeignet. Nach ständiger Rechtsprechung des Reichsgerichts[210] ist das erkennende Gericht an ein von ihm erlassenes prozeßordnungswidriges Zwischenurteil nicht gebunden. Der Bundesgerichtshof[211] sah sich nicht veranlaßt, von dieser Rechtsprechungslinie abzuweichen. Auch er verneint die Bindung gemäß § 318 ZPO, wenn ein unzulässiges Zwischenurteil ergangen ist. Unzulässig ist es dann, wenn es entgegen § 303 ZPO nicht lediglich über prozessuale Fragen entscheidet, sondern auch eine Sachentscheidung trifft. Ein Zwischenurteil nach

---

§ 318 ZPO bezweckt also auch bei Endurteilen ein Abweichungsverbot, vgl. *Gilles*, Anschließung, ZZP 91 (1978), 128 (165). Da allerdings der Bestandsschutz eines Urteils auch gegen einen Widerruf und nicht nur gegen einen Widerspruch geschützt werden soll, umfaßt die Vorschrift auch ein Abänderungsverbot. Bei Endurteilen tritt diese Funktion deutlicher hervor als bei Zwischenurteilen, ist entgegen *H. Schmidt*, Die Gegenvorstellung, S. 51, aber nicht die einzige Komponente. Welchen Charakter dieses Abänderungsverbot hat, vgl. nachfolgend im Text.

[208] *Götz*, JZ 1959, 681 FN 7); ihm folgend *H. Schmidt*, Die Gegenvorstellung, S. 50 f.

[209] *J. Blomeyer*, S. 115 f.

[210] RG Gruch 57 (1913), 170 (172); RG Warn 1914 Nr. 66; RG JW 1927, 1637 (1638); RG JW 1931, 3548 (3549); RGZ 82, 206 (210); RG Warn 1912 Nr. 459; RG Warn 1913 Nr. 121.

[211] BGHZ 3, 244 (247); 8, 383 (385); 10, 361 (362); BGH LM Nr. 6 zu § 578 ZPO.

§ 304 ZPO ist unzulässig, wenn es auch über Teile entscheidet, die dem Betragsverfahren vorbehalten sind. Daß die Unzulässigkeit und damit der Wegfall der Bindungswirkung nicht in erster Linie von der im Urteil getroffenen materiellen Regelung abhängt, sondern hierfür primär der prozeßordnungswidrige Erlaß des Zwischenurteils verantwortlich ist, läßt sich an der Rechtsprechung des Reichsgerichts aufzeigen. In mehreren Entscheidungen[212] des Gerichts vor 1924 verneinte es die Bindung, wenn zwar über ein Angriffs- oder Verteidigungsmittel entschieden wurde, dieses aber nicht selbständig war. Durch die Verordnung über das Verfahren in bürgerlichen Rechtsstreitigkeiten, Art. II Nr. 32 vom 13.02.1924[213] , erhielt § 303 ZPO seine noch heute gültige Fassung. Über Angriffs- und Verteidigungsmittel durfte nun nicht mehr durch Zwischenurteil entschieden werden. Dabei war die Frage der Selbständigkeit unerheblich geworden, da Sachentscheidungen generell unzulässig wurden[214]. Dies zeigt, daß nicht darauf abzustellen ist, ob oder welche materiellen Regelungen durch Zwischenurteil getroffen werden dürfen, sondern daß für die Bindung des § 318 ZPO allein der prozeßordnungsgemäße Erlaß des Urteils entscheidend ist. Auch in der Lehre[215] wird dem unzulässigen Zwischenurteil keine Innenbindung beigemessen[216].

Welche Folgen dies innerhalb der Instanz hat, wird in Rechtsprechung und Lehre nicht immer deutlich ausgesprochen. Dies mag daran liegen, daß nicht genau zwischen der negativen und positiven Wirkung der Innenbindung unterschieden wird. In der Rechtsprechung[217] wird mitunter das Abweichungs-

---

[212] RG Gruch 57 (1913), 170 (172); RG Warn 1912 Nr. 459; RG Warn 1913 Nr. 121.

[213] RGBl. 1924 Teil I, 135 (139).

[214] Vgl. RG JW 1931, 3548 (3549).

[215] *Stein/Jonas/Leipold*, § 303 III 2; *Rosenberg/Schwab*, § 58 III 1 c), S. 330; *Wieczorek*, § 303 A II a 2; *Baumbach/Lauterbach/Hartmann*, § 303 Anm. 3); *Schönke*, Anm. zu BGH NJW 1953, 702; *Tiedtke*, ZZP 89 (1976), 64 (73); *Zöller/Vollkommer*, § 303 Rdnr. 10.

[216] *Tiedtke*, ZZP 89 (1976), 64 (73 f), versucht dies mit einer Wertungsparallele zur materiellen Rechtskraft zu begründen. Auf Grund der Wesensähnlichkeit beider Institute verneint er die Innenbindung, weil die Rechtsordnung einem Urteil, das es nicht vorgesehen habe, keine Wirkung beilege. Da ein Urteil, das mit dem Inhalt, den es hat, nicht hätte ergehen dürfen, keine materielle Rechtskraft wirkt, soll es auch keine Bindungswirkung entfalten. Tiedtkes Begründung stellt auf das Abweichungsverbot des § 318 ZPO ab und kann dessen Wegfall erklären. Für das hier interessierende Abänderungsverbot ist seine Erklärung aber wenig hilfreich, weil insoweit nicht mit einer Parallele zur materiellen Rechtskraft gearbeitet werden kann. Deutlich wird durch seine Begründung aber erneut, daß § 318 ZPO primär im Interesse der Maßgeblichkeit eines Ergebnisses für nachfolgende Entscheidungen geschaffen wurde.

[217] RGZ 82, 206 (210); RG Warn 1913 Nr. 66; BGHZ 3, 244 (247).

verbot des § 318 ZPO betont. Dies erklärt sich aber daraus, daß bei Zwischenurteilen diese Komponente der Innenbindung eher anschaulich ist. Die Unzulässigkeit des Zwischenurteils bewirke eine Entscheidungsfreiheit des Gerichts im Endurteil. Dem Zwischenerkenntnis wird die Maßgeblichkeit für weitere gerichtliche Entscheidungen abgesprochen. Es bestehe keine Bindungswirkung. In mehreren Entscheidungen wird die Innenbindung generell verneint[218] und vereinzelt[219] auch die Abänderungsbefugnis hinsichtlich des prozeßordnungswidrig erlassenen Zwischenurteils angesprochen.

Hieraus wird zweierlei deutlich. Zum einen, daß dem unzulässigen Zwischenurteil die Wirkung des § 318 ZPO in seinen beiden Erscheinungsformen zu versagen ist. Denn es macht wenig Sinn, ihm zwar keine Maßgeblichkeit beimessen zu wollen, aber seinen Bestand selbst für unantastbar zu halten. Zum anderen ist erkennbar, welchen Zweck § 318 ZPO mit seiner Bindungswirkung verfolgt. Es geht primär um den Bestand des Entscheidungsinhalts. Wurde er auf unzulässigem Wege gewonnen, so wird ihm für weitere Entscheidungen keine Bedeutung eingeräumt, da etwa die Nichtanhörung der Parteien die Basis für die Richtigkeit einer Entscheidung schmälert[220]. Die weitaus überwiegende Funktion der Norm liegt also in seinem Abweichungsverbot. Daß eine Entscheidung, die materiell keine Wirkung zeitigt, auch als formelle Hülle nicht aufrechterhalten wird, erscheint demgegenüber zweitrangig[221].

Diese Feststellung ist nicht auf den Bereich der Zwischenurteile beschränkt. Entgegen *Holger Schmidt*[222] ist, wie bereits dargelegt[223], die Bindungswirkung des § 318 ZPO auch bei Endurteilen nicht im Interesse ihres formellen Bestandsschutzes angeordnet. Ihr Sinn besteht vielmehr darin, nach Erlaß des Endurteils bis zur Rechtsmitteleinlegung eine widersprechende Entscheidung des Untergerichts zu verhindern, da die Hauptsachenzuständigkeit auf das im Instanzenzug höhere Gericht übergegangen ist.

Diese Aufgabe der Bindungswirkung scheint bei letztinstanzlichen Entscheidungen fraglich zu werden, da ihre positive Komponente mangels übergeordnetem Gericht keinen Wirkungsbereich mehr hat. Verfehlt wäre es aber, deshalb auf die negative Funktion zurückzugreifen und aus ihr die Begründung für die Endgültigkeit der getroffenen Entscheidung abzuleiten. Die Frage,

---

218 RG Warn 1912 Nr. 459; RG JW 1931, 3548 (3549); BGH LM Nr. 6 zu § 578 ZPO.

219 RG JW 1927, 1637 (1638 a.E.).

220 Vgl. auch *Hanack*, Rechtliches Gehör, JZ 1966, 48.

221 Auch *Pieper*, S. 58, weist § 318 ZPO eine materielle und eine "formale Funktion" zu.

222 *H. Schmidt*, Die Gegenvorstellung, S. 50 f.

223 Siehe oben § 7 FN 207 der Arbeit.

welche Kriterien für die Unabänderlichkeit oder Abänderlichkeit einer gerichtlichen Entscheidung verantwortlich sind, sollte nicht mit Hilfe einer formellen Hilfsfunktion wie der negativen Bindungswirkung des § 318 ZPO beantwortet werden.

Im Ergebnis wird dem hier behandelten Abänderungsverbot also eine formelle Qualität zugewiesen, deren Tauglichkeit, die Zulässigkeit einer Gegenvorstellung zu erklären oder auszuschließen, zu bezweifeln ist.

Diesem Ergebnis kann auch nicht mittels eines argumentum a maiore ad minus entgegengehalten werden; wenn § 318 ZPO ein Abweichungsverbot enthalte, dann müsse er den Bestandsschutz einer gerichtlichen Entscheidung erst recht durch ein Abänderungsverbot sicherstellen. Einem solchen Schluß ist aus zwei Gründen zu widersprechen. Zum einen ist er auf letztinstanzliche Endentscheidungen nicht anwendbar. Denn die Aufgabe der Bindungswirkung, inhaltlich widersprechende Erkenntnisse einer Instanz zu verhindern, ist hier hinfällig, da sie mangels übergeordneten Gerichts keinen Wirkungsbereich mehr hat. Wie festgestellt, soll das Abweichungsverbot bei Endurteilen ja verhindern, daß nach seinem Erlaß ein widersprechendes Judiz des Untergerichts erfolgt. Bei letztinstanzlichen Endurteilen fehlt es also an einem Widerspruchsverbot, von dem auf ein Abänderungsverbot geschlossen werden kann. Diese Konstellation ist deshalb zu beachten, weil sich die vorliegende Untersuchung gerade mit der Abänderbarkeit nicht mehr beschwerdefähiger Beschlüsse befaßt.

Zum anderen ist ein argumentum a maiore ad minus abzulehnen, da dies voraussetzen würde, daß die ratio legis des Widerspruchsverbots in noch höherem Maße für das Widerrufsverbot zutrifft und es sich insoweit um rechtsähnliche Tatbestände handelt[224]. Beide Regelungsinhalte des § 318 ZPO haben aber unterschiedliche Aufgaben. Das Abweichungsverbot soll verhindern, daß die primäre Entscheidung bei dem sich anschließenden Enderkenntnis, das anderer Art ist als die erste, nicht zugrunde gelegt wird. Demgegenüber verfolgt das Widerrufsverbot den Zweck, einer Abänderung in einer neuen Entscheidung gleicher Natur wie die ursprüngliche entgegenzuwirken. Auch wenn beide Komponenten einen Beitrag zum Bestandsschutz gerichtlicher Erkenntnisse leisten, fehlt es doch an einem rechtsähnlichen Tatbestand, der einen Erst-recht-Schluß zuließe. Denn ihr Ansatzpunkt und Objekt differieren. Zum einen ist es der Entscheidungsinhalt und zum anderen die Entscheidung selbst.

---

[224] Zu dieser Voraussetzung des argumentum a maiore ad minus vgl. *Larenz*, S. 373.

§ 8 Anwendbarkeit des § 318 ZPO auf Beschlüsse?

Mit dieser Aussage kann man sich aber nicht begnügen. Die Schwierigkeiten, Kriterien für oder gegen die Abänderbarkeit von nicht mehr beschwerdefähigen Beschlüssen zu finden, erlaubt es nicht, ein in der Zivilprozeßordnung statuiertes Abänderungsverbot zu ignorieren. Vielmehr zwingt seine bloße Existenz dazu, die Eignung seiner Wertungen in bezug auf Beschlußentscheidungen zu prüfen. In einem dritten Schritt soll also untersucht werden, ob § 318 ZPO auch auf Beschlüsse anwendbar ist.

I. Möglichkeit einer direkten Anwendung?

Eine unmittelbare Anwendung des § 318 ZPO auf Beschlüsse wird von der überwiegenden Meinung[225] abgelehnt. Für die Abänderbarkeit von Beschlüssen ist in der Zivilprozeßordnung keine allgemeine Regelung getroffen. § 318 ZPO spricht von der Bindung des Gerichts an seine Entscheidungen, die in den von ihm erlassenen End- und Zwischenurteilen enthalten ist. Die Vorschrift spricht also von Urteilen. Akzeptiert man den Wortsinn einer Norm als Grenze der Auslegung[226] und weiter, daß das Gesetz bewußt zwischen Entscheidungen in Urteils- und Beschlußform differenziert[227], so scheidet eine direkte Anwendung des § 318 ZPO auf Beschlüsse aus[228]. Mit der überwiegenden Meinung wird die unmittelbare Heranziehung der Norm also verneint.

---

[225] *H. Schmidt*, Die Gegenvorstellung, S. 51 f; *Rosenberg/Schwab*, § 60 II 2, S. 358; *Stein/Jonas/Schumann*, § 329 II 1; *Werner*, S. 52 ff; *Waldner*, S. 293; a.A. *Baumgärtel*, Anm. zu OVG Hamburg JZ 1958, 67 (69).

[226] Vgl. *Larenz*, S. 329.

[227] Vgl. *Stein/Jonas/Leipold*, vor § 300 III 3; zur unterschiedlichen Wertigkeit zwischen Beschluß- und Urteilsform s. *Werner*, S. 75 ff. Damit ist aber nicht gemeint, daß sich allein aus dem Sprachgebrauch der Zivilprozeßordnung Rückschlüsse auf den Entscheidungsinhalt ziehen lassen. Vielmehr ist dieser Sprachgebrauch nicht immer streng geschlossen. Vgl. etwa zur Ungeeignetheit, aus dem Begriff der "Entscheidung" die notwendige Gewährung des rechtlichen Gehörs ableiten zu können, *Kunz*, S. 110 ff (112).

[228] Auch *Baumgärtel*, Grenzen der Gegenvorstellung, MDR 1968, 970 (971 f), spricht von analoger Anwendung des § 318 ZPO auf "urteilsähnliche" Beschlüsse. Seine gegenteilige Äußerung in Anm. zu OVG Hamburg JZ 1958, 67 (69), in der er für eine unmittelbare Anwendung plädiert, basiert auf der Gleichstellung bestimmter Beschlüsse (z.B. in § 700 ZPO) mit Urteilen.
Dem ist entgegenzuhalten, daß auch darin bereits das Argument der Urteilsähnlichkeit dieser Beschlüsse durch gesetzliche Wertung zum Ausdruck kommt, also auch hier nur eine Analogie vorgenommen wird. Hinzu kommt, daß § 700 ZPO eine Gleichstellung mit einem Versäumnisurteil anordnet. Von dem Abänderungsverbot des § 318 ZPO ist der Fall des Einspruchs, § 338 ZPO, aber gerade ausgenommen, *Stein/Jonas/Leipold*, § 318 II; *Thomas/Putzo*, § 318 Anm. 1 b).

II. Möglichkeit eines Umkehrschlusses?

Vereinzelt blieb eine Meinung[229], die eine Abänderungsbefugnis des Gerichts hinsichtlich Beschlüsse aus einem argumentum e contrario zu § 318 ZPO ableiten will. Dies erscheint fraglich, da die Anwendbarkeit der Vorschriften über Urteile auf Beschlüsse allgemein vom Wesen dieser Beschlüsse abhängig gemacht und manchen dieser Normen ein verallgemeinerungsfähiger Rechtsgedanke zugesprochen wird. So ist etwa anerkannt[230], daß § 319 ZPO auch für Beschlüsse gilt, obwohl auch er nur von Urteilen spricht.

Auch ein Umkehrschluß aus § 329 I 2 ZPO erscheint für die vorliegende Fragestellung nicht geeignet. Zwar ist § 318 ZPO in der Aufzählung des § 329 I 2 ZPO, die Urteilsvorschriften über Verkündung, Zustellung und Erteilung von Ausfertigungen für anwendbar erklärt, nicht enthalten. Hieraus kann aber nicht geschlossen werden, andere Normen über Urteile seien deshalb in ihrem Geltungsbereich auf eben diese beschränkt. Es entspricht allgemeiner Auffassung[231], daß § 329 I 2 ZPO keine abschließende Aufzählung enthält und daher einem argumentum e contrario nicht zugänglich ist. Auch die hier vertretene Auffassung hält die Frage der Abänderlichkeit nicht mehr beschwerdefähiger Beschlüsse nicht mit konstruktiven Umkehrschlüssen für beantwortbar, sondern versucht, eine Lösung durch die Prüfung der Qualität des Abänderungsverbots und dessen Geeignetheit für Beschlußentscheidungen zu finden. Mit der allgemeinen Auffassung wird die sinnvolle Möglichkeit eines Umkehrschlusses daher verneint.

III. Möglichkeit einer sinnvollen Analogie?

Die Auffassungen über die Möglichkeit einer Analogie des § 318 ZPO auf nicht mehr beschwerdefähige Beschlüsse sind geteilt. *Holger Schmidt*[232] verneint eine Analogie, da die hierzu erforderliche Regelungslücke fehle. Für ihn wird die Funktion des § 318 ZPO zumindest bei der sofortigen Beschwerde unterliegenden Beschlüssen durch die Vorschrift des § 577 III ZPO

---

[229] *v. Seuffert*, Verweisung, ZZP 42 (1912), 243 (253).

[230] *Zöller/Vollkommer*, § 319 Rdnr. 3; *Stein/Jonas/Schumann*, § 329 II 2 a); *Baumbach/Lauterbach/Hartmann*, § 319 1) A; *Thomas/Putzo*, § 319 Anm. 1.

[231] Statt vieler: *Stein/Jonas/Schumann*, § 329 I; *H. Schmidt*, Innenbindungswirkung, Rpfleger 1974, 177 (178); *Zöller/Vollkommer*, § 329 Rdnr. 4; *Baumbach/Lauterbach/Hartmann*, § 329 Anm. 3); er spricht von einem "berüchtigten" Umkehrschluß; *Werner*, S. 53.

[232] *H. Schmidt*, Die Gegenvorstellung, S. 53 ff.

übernommen. Dieser Ansicht ist, wie oben ausgeführt[233], mangels eines entsprechenden Anwendungsbereichs des § 577 III ZPO nicht zu folgen.

Bernhard Werner[234] hält eine Analogie wegen der unterschiedlichen Regelungsgegenstände von Urteilen und Beschlüssen für nicht möglich. Inwieweit dies zutrifft, bleibt nachfolgend zu klären.

Für *Theo Ratte*[235] schließlich wird die prozessuale Innenbindung vom Aspekt des Wegfalls der Entscheidungszuständigkeit und damit des Devolutiveffekts überlagert und verdrängt. Dem wurde oben[236] bereits entgegengehalten, daß die Unabänderlichkeit keine Frage der Zuständigkeit oder des "mit der Sache befaßt seins" ist, sondern umgekehrt die Zuständigkeit des Gerichts so lange besteht, als eine Entscheidung abgeändert werden kann.

Demgegenüber wird etwa von *Gottfried Baumgärtel*[237] entscheidendes Gewicht auf den "urteilsähnlichen" Charakter mancher Beschlüsse gelegt, weshalb eine analoge Anwendung des § 318 ZPO gerechtfertigt erscheine. Inwieweit auf die Kriterien eines "urteilsähnlichen" oder "urteilsvertretenden" Beschlusses zurückgegriffen werden kann, bleibt ebenfalls im folgenden zu prüfen[238].

1. Für die Frage einer Anwendbarkeit des § 318 ZPO auf Beschlüsse bieten die historischen Kommentierungen[239] zu § 279 CPO a.F. (später § 289 CPO a.F., dann § 318 ZPO) ein nahezu einheitliches Bild. Ausgehend von den Materialien zur Civilprozeßordnung[240], in denen ausgeführt wird:

> "Daß umgekehrt (im Gegensatz zu Urteilen, Z.d.V.) Beschlüsse und Verfügungen prozeßleitender Natur für das Gericht keine bindende Kraft haben, ist von dem Entwurf" ... "als selbstverständlich weggelassen",

besteht in diesen Kommentierungen Übereinstimmung in drei Punkten. Zum einen werden, wie in den Materialien dargestellt, Beschlüsse und Verfügun-

---

[233] Siehe oben § 5 S. 46 ff ((52) FN 161) der Arbeit.

[234] *Werner*, S. 53.

[235] *Ratte*, S. 104 ff.

[236] Siehe oben § 7 FN 207 der Arbeit.

[237] *Baumgärtel*, Grenzen der Gegenvorstellung, MDR 1968, 970 (971 ff).

[238] *Baumbach/Lauterbach/Hartmann*, § 329 Anm. 3) B zu § 318 ZPO, halten diese Kriterien für wenig brauchbar und unnötig; diese Kriterien werden aber auch in der Rechtsprechung herangezogen, OLG Düsseldorf MDR 1950, 491; Bundesfinanzhof DB 1979, 2467.

[239] *Wilmowski/Levy*, § 289 Anm. 3); *Struckmann/Koch*, § 289 Anm. 1); *Gaupp*, I, 2, § 289 Anm. II und vor § 272 Anm. IV; *Petersen*, § 318 Anm. 4); *Förster/Kann*, § 329 Anm. 2 k); *Sydow/Busch*, § 318 Anm. 2; *Seuffert/ Walsmann*, vor § 300 Anm. 1 a.E.

[240] *Hahn*, Materialien, II, 1, S. 288 zu § 279 CPO.

gen mit lediglich prozeßleitendem Inhalt als frei abänderbar angesehen. Zum anderen wird die Gruppe derjenigen Beschlüsse, die der sofortigen Beschwerde unterliegen, unter Hinweis auf § 540 III CPO a.F. (§ 577 III ZPO n.F.), für unabänderlich gehalten. Unklar dabei ist, ob dieses Ergebnis allein auf § 577 III ZPO gestützt wird oder ob daneben auch eine Analogie zu § 318 ZPO gezogen wird. Schließlich werden die — die Revision nach § 554 a ZPO verwerfenden — Beschlüsse als unabänderlich betrachtet.

Was Punkt eins betrifft, so besteht darüber auch heute noch Einigkeit[241]. Dem kann gefolgt werden. Eine analoge Anwendung des § 318 ZPO kann daher insoweit verneint werden. Für nicht mehr beschwerdefähige Beschlüsse wurde der Geltungsbereich des § 577 III ZPO bereits oben[242] abgelehnt. Eine analoge Anwendung läßt sich mit einem Hinweis auf das Abänderungsverbot des § 577 III ZPO für die hier interessierende Fragestellung also nicht begründen. Fraglich erscheint dies bei Beschlüssen nach § 554 a ZPO. Für ihre Unabänderlichkeit wird in den historischen Kommentierungen zwar keine deutliche Begründung gegeben[243], doch ist das Argument des urteilsvertretenden Beschlusses indiziert. In späteren Entscheidungen der Rechtsprechung[244] wird dies deutlich. Die Zulässigkeit eines Rechtsmittels verwerfende Beschlüsse, etwa nach §§ 519 b, 554 a ZPO oder § 126 I FGO werden häufig mit Gegenvorstellung angegriffen und als urteilsvertretende oder ein Verfahren abschließende Beschlüsse für unabänderlich gehalten. Die Zulässigkeit der Gegenvorstellung wird daher verneint[245]. Angesichts dieser typischen Situation sollen sie im folgenden für die Frage einer sinnvollen Analogie zu § 318 ZPO als Beispiel herausgegriffen werden.

2. Für die hier vorzunehmende Prüfung wird in Zusammenhang mit der Frage nach der Abänderung nicht mehr beschwerdefähiger Beschlüsse speziell auf die die Zulässigkeit eines Rechtsmittels nach § 519 b ZPO (allerdings lediglich die landgerichtlichen, da sie nicht mehr angefochten werden können)

---

[241] Statt vieler: *Stein/Jonas/Schumann*, § 329 II 1 a).

[242] Vgl. oben § 5 S. 46 ff der Arbeit.

[243] Vgl. *Förster/Kann*, § 329 Anm. 2 k); RG Recht 16 (1912) Nr. 1222 m.w.N.; die Norm wurde durch die Novelle vom 5.6.1905 eingeführt und bislang nicht geändert, RGBl. 1905, 536 (537).

[244] BAG AP 1971 Nr. 7 zu § 519 b ZPO; BFH AP 1980 Nr. 1 zu § 329 ZPO; BFH DB 1979, 2467; vgl. auch die Rechtsprechungsdarstellung in § 2 II.3.a) b) S. 29 f der Arbeit.

[245] Auch in der Literatur wird für diese Beschlüsse Unabänderlichkeit angenommen, *Stein/Jonas/Schumann*, § 329 II 1 b); *Zöller/Vollkommer*, § 318 Rdnr. 9; *Baumbach/Lauterbach/Albers*, § 519 b Anm. 2 D m.w.N.; *Thomas/Putzo*, § 329 Anm. 4 d); a.A. *Schultzenstein*, ZZP 35 (1906), 302 (304 ff), der mit praktischen Argumenten die Gegenvorstellung bejaht.

und nach § 554 a ZPO verwerfenden Beschlüsse eingegangen. Ihnen ist neben der "urteilsvertretenden Funktion" gemeinsam, daß sie die Gewährung des rechtlichen Gehörs erfordern[246]. Bei einer Verletzung des Art. 103 I GG würden sie also prozeßordnungswidrig ergehen.

Nach der hier vertretenen Auffassung sprechen überwiegende Gründe dafür, solche fehlerhafte Beschlüsse einem unzulässigen Zwischenurteil in der rechtlichen Behandlung gleichzustellen, und weniger dafür, auf die verfahrensbeendende Wirkung eines Endurteils abzustellen. Wie oben[247] dargestellt, ist allein der prozeßordnungswidrige Erlaß eines Zwischenurteils für den Wegfall dessen Bindungswirkung nach § 318 ZPO verantwortlich. Ein solches Zwischenurteil, etwa nach § 303 ZPO, entscheidet lediglich über verfahrensrechtliche Fragen[248]. Ein Anwendungsfall ist das Zwischenurteil über die Zulässigkeit eines Rechtsmittels[249]. Ergeht es in einer der Prozeßordnung nicht entsprechenden Weise, so wird seine Bindungswirkung für das erlassende Gericht verneint. Ein Abände- rungsverbot besteht damit nicht. Diese Situation ist vergleichbar mit einer solchen, in der Beschlüsse nach §§ 554 a oder 519 b ZPO unter Verletzung des für ihren Erlaß erforderlichen rechtlichen Gehörs ergehen und daher keine ausreichende Grundlage für eine zutreffende Entscheidung über die Zulässigkeit eines Rechtsmittels gegeben ist. Entscheidend für die Frage der Bindungswirkung scheint daher der verfahrensrechtlich korrekte Erlaß eines Erkenntnisses zu sein[250]. Das Argument des urteilsvertretenden Beschlusses und das Abstellen auf die verfahrensbeendende Wirkung erklärt demgegenüber den inneren Grund für ein Bestehen oder den Wegfall der Bindungswirkung nicht. Dies umso weniger, als die Aufgabe der Bindungswirkung des § 318 ZPO beim letztinstanzlichen Endurteil i.S. eines Abweichungsverbots nicht mehr zum Tragen kommt und das Wesen des Abänderungsverbots als Hilfsfunktion zum Widerspruchsverbot[251] für die Klärung der Frage nach einer Bindungswirkung nicht mehr beschwerdefähiger Beschlüsse als nicht aussagekräftig erscheint.

Im Ergebnis ist nach der hier vertretenen Auffassung daher eine sinnvolle Analogie des § 318 ZPO, vor allem seines — hier primär interessierenden

---

[246] *Thomas/Putzo*, § 519 b Anm. 2 b) bb)); BGH VersR 1975, 899; *Zöller/Schneider*, § 554 a Rdnr. 2.

[247] Vgl. oben § 7 II.2. S. 62 ff der Arbeit.

[248] *Tiedtke*, ZZP 89 (1976), 64 (72); *Zöller/Vollkommer*, § 303 Rdnr. 4-6; *Baumbach/Lauterbach/Hartmann*, § 303 Anm. 2.

[249] *Stein/Jonas/Leipold*, § 303 II; *Baumbach/Lauterbach/Hartmann*, § 303 Anm. 2.

[250] Vgl. BVerfGE 73, 322 (329), mit Anmerkung von *Weis*, NJW 1987, 1314 (1315); zum Einfluß des Art. 103 I GG auf das Beschlußverfahren des § 519 b ZPO vgl. auch BVerfGE 74, 220 (224 ff).

[251] Vgl. zu beidem oben § 7 II. 2. S. 62 ff der Arbeit.

— Abänderungsverbots zu verneinen. Die Vorschrift des § 318 ZPO berücksichtigt nicht die Besonderheiten verfahrensfehlerhaft ergangener Beschlüsse. Eine Analogie zu ihr vermag die Frage nach der Bindungswirkung solcher Beschlüsse nicht zufriedenstellend zu beantworten. Auch der von *Bernhard Werner*[252] statuierte Unterschied zwischen Urteils- und Beschlußverfahren findet seinen Ansatzpunkt in einer generellen Betrachtung und läßt die hier zu untersuchende spezifische Situation außer Betracht. Im weiteren Gang der Untersuchung ist damit die Frage nach einer sachnäheren Analogie zu stellen.

3. Abschnitt

Zwischenergebnis

Die Untersuchung im 2. Teil der Arbeit hat gezeigt, daß die beiden Normen der Zivilprozeßordnung, die von einer Bindung des Gerichts an die von ihm erlassene Entscheidung sprechen, für die Frage der Abänderbarkeit nicht mehr beschwerdefähiger Beschlüsse keine oder keine zufriedenstellende Regelung treffen. Insbesondere für Beschlüsse, die auf einem Verstoß gegen Verfahrensgrundrechte beruhen, lassen sich hieraus keine ausreichenden Wertungen gewinnen.

§ 577 III ZPO betrifft das Verfahrensstadium der unanfechtbaren Beschlüsse nicht. Er bestimmt als Sonderregelung zu § 571 ZPO lediglich ein Abänderungsverbot für noch anfechtbare Beschlüsse. Die Befürworter einer ausdehnenden Auslegung implizieren Erwägungen von Rechtssicherheit und Rechtsfrieden in die Norm, die ihr als Instrument der Verfahrensbeschleunigung nicht immanent sind. Immerhin zeigt sich dadurch, daß das Gesetz für die Frage der Abänderbarkeit von Beschlüssen keine generelle Regelung getroffen hat und sie aus allgemeinen prozessualen Grundsätzen beantwortet wird[253], soweit sie nicht in Einzelvorschriften positiv geregelt ist. Dies ist in § 577 III ZPO für die hier interessierende Verfahrenssituation aber nicht erfolgt.

Auch aus § 318 ZPO läßt sich keine eindeutige Lösung für oder gegen eine Abänderungsbefugnis nicht mehr beschwerdefähiger Beschlüsse gewinnen. Zwar wurde gezeigt, daß die Vorschrift ein Abänderungsverbot enthält. Gleichzeitig wurde aber dessen Hilfsfunktion in bezug auf das Abweichungsverbot erkennbar, in dem die vorwiegende Bedeutung der Norm liegt. Das Abänderungsverbot ist lediglich im Dienste höherrangiger Interessen statuiert,

---

[252] Vgl. *Werner*, S. 53.
[253] Vgl. *Stein/Jonas/Schumann*, § 329 II 1.

wie etwa der Verhinderung widersprüchlicher Entscheidungen bei bereits übergegangener Hauptsachenkompetenz oder der Erhaltung eines wichtigen Zwischenergebnisses für die Endentscheidung eines Prozesses. Dieser Charakter des Abänderungsverbots entspricht nicht seiner Aufwertung hinsichtlich letztinstanzlicher Endurteile, bei denen das Abweichungsverbot keinen Wirkungsbereich mehr findet. Das in Zusammenhang mit dieser Aufwertung gebrauchte Argument der sog. urteilsvertretenden Beschlüsse, das zur Begründung einer Analogie zu § 318 ZPO herangezogen wird, enthält keine hinreichenden Kriterien für eine Lösung der Behandlung verfahrensfehlerhafter Beschlüsse. Hier bietet die Parallele zum prozeßordnungswidrig erlassenen Zwischenurteil einen sachnäheren Ansatzpunkt. Damit ist ein Indiz für einen Zusammenhang zwischen Bindungswirkung einer Entscheidung und deren prozeßordnungsgemäßem Erlaß gegeben.

Die Zivilprozeßordnung weist damit für die Frage einer Abänderungsbefugnis nicht mehr beschwerdefähiger Beschlüsse eine Regelungslücke auf. Sie sollte nicht primär mit allgemeinen Erwägungen der Rechtssicherheit und des Rechtsfriedens geschlossen werden. Vielmehr erscheint die Suche nach einer in der Rechtsordnung vorhandenen sachgerechten Regelung erfolgversprechender.

3. Teil

Die Regelung in der Strafprozeßordnung

Die Strafprozeßordnung vom 01.02.1877[254] regelt die Gegenvorstellung als besonderen Rechtsbehelf ebensowenig, wie die Zivilprozeßordnung vom 30.01.1877[255]. Mit Recht konnte *Woesner*[256] daher feststellen, bei der Gegenvorstellung handle es sich um das "Stiefkind" unter den Rechtsbehelfen, in den Verfahrensgesetzen nicht geregelt, in Rechtsprechung und Rechtslehre nur unvollständig behandelt, dessen ungeachtet aber im allgemeinen Rechtsleben eine vertraute und im Strafverfahren eine häufige Erscheinung. Die Lückenhaftigkeit der Auseinandersetzung mit diesem Rechtsbehelf im strafprozessualen Schrifttum betont auch *Karlheinz Meyer*[257].

Dies erstaunt um so mehr, als die Gegenvorstellung im Strafverfahren einen breiteren Anwendungsbereich zu haben scheint, als ihr im Zivilprozeßrecht eingeräumt wird[258]. So ist ihre Zulässigkeit im Zivilprozeß vor allem bei nicht mehr beschwerdefähigen Beschlußentscheidungen von Relevanz, während ihre Zulässigkeit im Strafverfahren auch dann befürwortet wird, wenn dem Betroffenen Beschwerde und Gegenvorstellung zur Wahl stehen[259]. Aus Gründen der Prozeßökonomie soll die Anrufung des judex a quo trotz Möglichkeit der Beschwerde gestattet sein, um den weiteren Fortgang des Verfahrens nicht durch Einschaltung des Rechtsmittelgerichts aufzuhalten[260].

Die Statthaftigkeit der Gegenvorstellung im Strafprozeß findet ihre Bestätigung primär durch einen Beschluß des Bundesverfassungsgerichts[261]. Dort statuiert das Gericht die Pflicht eines Oberlandesgerichts als Beschwerdeinstanz, seine eigene Entscheidung über den Erlaß eines ohne vorherige

---

[254] RGBl. 1877, 253.

[255] RGBl. 1877, 83.

[256] *Woesner*, NJW 1960, 2129.

[257] *Meyer*, Kleinknecht-FS, 267 (282).

[258] Vgl. *Löwe/Rosenberg/Gollwitzer*, vor § 296 Rdnr. 12, FN 17); a.A. *Meyer*, Kleinknecht-FS, 267 (282).

[259] *Löwe/Rosenberg/Gollwitzer*, vor § 296 Rdnr. 12, FN 17); *Ellersiek*, S. 30 f.

[260] Anders für den Zivilprozeß, vgl. *H. Schmidt*, Die Gegenvorstellung, S. 213.

[261] BVerfGE 9, 89 (106 f).

Anhörung des Betroffenen ergangenen Haftbefehls auf nachträgliche Gegenvorstellung noch einmal zu überprüfen. Dieser Rechtsbehelf sei die notwendige Folgerung aus dem Grundsatz des rechtlichen Gehörs. Nach § 115 StPO muß der Betroffene über sein Recht auf Gegenvorstellung belehrt werden.

Angesichts dieser Rechtsprechung und der nach *Gollwitzer*[262] keinesfalls seltenen Anwendung in der Praxis wundert die geringe Auseinandersetzung mit diesem Rechtsinstitut. So wird etwa das Regelungsmodell der §§ 33 a, 311 a StPO nicht in Zusammenhang mit den Darstellungen zur Gegenvorstellung erörtert[263], sondern getrennt bei den Kommentierungen der entsprechenden Normen, wobei der sachliche Zusammenhang nicht deutlich herausgestellt wird.

Daß ein solcher sachlicher Zusammenhang besteht, zeigt *Meyer*[264] auf, wenn er als bereits vorhandene Möglichkeit zur Entlastung des Bundesverfassungsgerichts von Verfassungsbeschwerden auf die §§ 33 a, 311 a StPO hinweist und ausführt, daß keine Verfassungsbeschwerde eingelegt werden könne, wenn nicht zuvor bei dem Strafgericht Gegenvorstellungen erhoben wurden, da der Antrag nach § 33 a StPO zur Rechtswegerschöpfung i.S.d. § 90 II 1 BVerfGG gehöre[265,266]. Für ihn liegt darin ein einfacher Weg zur Heilung von Grundrechtsverletzungen durch die Strafgerichte. Wie dieser Weg ausgestaltet ist, soll im folgenden untersucht werden.

1. Abschnitt
Das Modell der Gegenvorstellung in § 33 a StPO

§ 9 Entstehungsgeschichte und verfahrensrechtliche Ausgangssituation für die Nachholung des rechtlichen Gehörs

I. Art. 8 Nr. 2 StPÄG 1964 als Reaktion auf BVerfGE 9, 89

Für das Verständnis der Zielsetzung und Reichweite des § 33 a StPO ist die Beschäftigung mit seiner Entstehungsgeschichte lohnenswert. Bereits gegen

---

262 *Löwe/Rosenberg/Gollwitzer*, vor § 296 Rdnr. 8.

263 Statt vieler: KK-*Ruß*, vor § 296 Rdnr. 4; vgl. auch *Ellersiek*, S. 29 ff, 56 ff, 67 ff, 143, 186.

264 *Meyer*, Kleinknecht-FS, 267 (280).

265 H.M., vgl. *Kleinknecht/Meyer*, § 33 a Rdnr. 1; KMR-*Paulus*, § 33 a Rdnr. 23; KK-*Maul*, § 33 a Rdnr. 16; BVerfGE 42, 243; E 74, 358 (380); vgl. auch für den Rechtsweg i.S.d. Art. 47 II 1 VerfGHG, BayVerfGH NStZ 1987, 36 (37).

266 *Henkel*, § 95 I, S. 363, FN 1), weist in Zusammenhang mit der Gegenvorstellung "insbesonders" auf die §§ 33 a, 311 a StPO hin; *Löwe/Rosenberg/Gollwitzer*, vor § 296 Rdnr. 9, erwähnen sie nur kurz.

Ende der dritten Wahlperiode des Deutschen Bundestages findet sich ein Entwurf eines Gesetzes zur Änderung der Strafprozeßordnung und des Gerichtsverfassungsgesetzes (StPÄG). Der Entwurf wurde am 17. August 1960 von der Bundesregierung dem Deutschen Bundestag zur Beschlußfassung übersandt[267]. Seine Zielsetzung wurde mit einer auf einzelne Rechtskomplexe beschränkte Reformbestrebung des Strafprozesses angegeben. Der hier vor allem interessierende Artikel 8 des Entwurfes wurde mit der Sicherung des rechtlichen Gehörs durch die Strafgerichte begründet[268]. Im Rahmen der beabsichtigten kleinen Strafprozeßreform sollte das verfassungsrechtlich verbürgte Grundrecht des Art. 103 I GG einfachgesetzlich in die Strafprozeßordnung eingefügt werden, da deren bisherige Ausgestaltung, insbesondere in § 33 StPO, als hinter diesem Grundrecht zurückbleibend empfunden wurde (zumindest für Entscheidungen außerhalb der Hauptverhandlung).

Durch das Ende der dritten Wahlperiode des Deutschen Bundestages bedingt, wurde dieser erste Entwurf von dessen Rechtsausschuß aber nicht mehr beraten (Grundsatz der materiellen Diskontinuität bezüglich der Erledigung noch nicht beschlossener Gesetzesvorlagen und der personellen Diskontinuität hinsichtlich der Beendigung der Existenz der vom Bundestag gebildeten Unterorgane). Erst in der anschließenden vierten Wahlperiode, nachdem von den Fraktionen des Deutschen Bundestages[269] und von der Bundesregierung[270] inhaltlich nahezu mit dem ersten Entwurf übereinstimmende erneute Vorlagen eingebracht wurden, erfolgte eine intensive Beratung der Gesetzesvorlagen durch den Rechtsausschuß des Deutschen Bundestages[271] (der Zwang, unerledigte Gegenstände erneut einbringen zu müssen, ist Folge der Diskontinuität).

In den Gesetzesentwürfen und den entsprechenden Beratungen findet sich durchgehend, als entscheidendes Motiv der Reform, der Hinweis auf die Rechtsprechung des Bundesverfassungsgerichts zur notwendigen Ausgestaltung des rechtlichen Gehörs im Strafprozeß[272]. Diese Rechtsprechung wurde als Auf-

---

[267] BT-Drucksache III, 2037.

[268] Vgl. BT-Drucksache III, 2037, S. 18 und 40 f.

[269] BT-Drucksache IV, 63.

[270] BT-Drucksache IV, 178.

[271] Vgl. etwa Protokolle des Rechtsausschusses IV, Nr. 16 und 41; im Laufe dieser Beratungen wurde § 33 a StPO auf Initiative des Rechtsausschusses in Art. 8 StPÄG aufgenommen; zur Reformgeschichte allgemein vgl. auch *Rieß*, Reform, S. 373 (388 ff).

[272] Statt vieler siehe den Schriftlichen Bericht des Rechtsausschusses zum Entwurf der Bundesregierung, zu BT-Drucksache IV, 1020, S. 5, in dem zu § 33 a StPO ausgeführt wird:
"Diese Vorschrift wurde vom Ausschuß eingefügt, weil ohne sie von unserem Strafverfahrensrecht behauptet werden könnte, das rechtliche Gehör sei in ihm, der Vor-

forderung an den Gesetzgeber verstanden und zielte, neben der grundgesetzgemäßen Ausgestaltung der Strafprozeßordnung, auch auf eine Entlastung des Bundesverfassungsgerichts im Bereich der Verfassungsbeschwerden gegen Verletzungen des Rechts auf Gehör ab[273]. Vor allem der oben bereits erwähnte Beschluß des Gerichts vom 08. Januar 1959[274] wies auf die mangelhafte Berücksichtigung des rechtlichen Gehörs in der Strafprozeßordnung hin. Da er eine zentrale Stellung in den Motiven der Reformgesetzgebung einnahm und namentlich ein Recht des Beschuldigten zu Gegenvorstellungen forderte, soll auf ihn hier näher eingegangen werden.

Das Bundesverfassungsgericht hatte sich mit einer Verfassungsbeschwerde eines Beschuldigten gegen die in einem Verstoß gegen § 308 I StPO a.F. (ohne § 308 I 2 StPO n.F.) liegende Verletzung des Rechts auf Gehör (Art. 103 I GG) zu beschäftigen. Im Ermittlungsverfahren gegen den Beschwerdeführer erließ das zuständige Amtsgericht gegen ihn Haftbefehl, der auf seine Beschwerde (§ 304 I StPO) hin vom Landgericht wegen Fehlens entsprechender Haftgründe aufgehoben wurde. Hiergegen legte die Staatsanwaltschaft weitere Beschwerde nach § 310 I StPO zum Oberlandesgericht ein, das den Beschluß des Landgerichts daraufhin aufhob und den Haftbefehl des Amtsgerichts aufrechterhielt. In dem Verfahren vor dem Oberlandesgericht war dem Beschuldigten die Beschwerde entgegen § 308 I StPO a.F. nicht zur Gegenerklärung mitgeteilt worden. Darin erblickte er eine Verletzung seines Rechts auf Gehör.

Das Gericht nahm die Verfassungsbeschwerde des Beschuldigten zum Anlaß, grundsätzliche Ausführungen zum rechtlichen Gehör des Beschuldigten im Haftverfahren der Strafprozeßordnung zu machen. Es diskutiert das Problem einer restriktiven Auslegung des § 308 I StPO a.F. im Interesse einer wirkungsvollen Strafverfolgung. Hierbei räumt es dem Beschwerdegericht die gleiche Prüfungsbefugnis wie dem Erstrichter ein und erklärt die vorgängige Nichtanhörung des Beschuldigten bei unabweislicher Gefährdung des Haftzweckes für zulässig. Diesem Zweck müsse der Vertrauensschutz des Beschwerdegegners auf den Bestand des ihm günstigen Erstjudizes nachstehen. Die Nichtanhörung im Einzelfall liege insoweit im richterlichen Ermessen.

Da § 308 I StPO a.F. aber das Recht aus Art. 103 I GG verwirklichen sollte, habe die Entscheidung ohne Gewährung des Rechts auf Gehör nur vorläufigen Charakter. Das Beschwerdegericht müsse das rechtliche Gehör daher nachträglich gewähren. Als geeigneten Rechtsbehelf hierzu räumt das Gericht dem Beschuldigten ein Recht auf Gegenvorstellungen ein, auf das er analog § 115 IV StPO hinzuweisen ist. Begründet wird dies damit, daß die Einlegung der einfachen Beschwerde durch die Staatsanwaltschaft gegen die Ablehnung des Haftbefehls zunächst zu einer möglichen Ab-

---

schrift des Artikel 6 der Konvention zum Schutze der Menschenrechte und Grundfreiheiten vom 4. November 1950 (BGBl. 1952 II S. 686) zuwider, nicht hinreichend lückenlos gesichert."
Siehe auch die Bezugnahme auf die Rechtsprechung des Bundesverfassungsgerichts in den Protokollen des Rechtsausschusses IV, Nr. 16, S. 30 und 32 f.

[273] Die Bestrebungen, die Subsidiarität der Verfassungsbeschwerde in diesem Bereich zu verdeutlichen, wurden vom Gesetzgeber auch anerkannt und gebilligt, vgl. BT-Drucksache III, 2037, S. 40; vgl. auch Protokolle des Rechtsausschusses IV, Nr. 16, S. 32.

[274] BVerfGE 9, 89 (106 f).

hilfeentscheidung des erkennenden Gerichts selbst führe, § 306 II StPO. Bei Beschwerdeentscheidungen durch das Oberlandesgericht sei daher sinngemäß eine Gegenvorstellung zulässig, da eine weitere Beschwerde nicht mehr möglich sei. Dieser Rechtsbehelf sei die notwendige Folgerung aus dem Grundsatz des rechtlichen Gehörs.

Die in der Entscheidung zum Ausdruck kommenden Grundsätze einer zwingend gebotenen nachträglichen Anhörung im Haftverfahren der Strafprozeßordnung erschöpfen aber Artikel 8 des Gesetzesentwurfes nicht. Er ging vielmehr darüber hinaus mit der Zielsetzung, nicht nur zulässigerweise unterlassene Anhörungen zu erfassen, sondern auch Fälle, in denen die vorherige Anhörung in fehlerhafter Weise nicht erfolgte[275]. Es sollten also alle Verletzungen des rechtlichen Gehörs durch Beschlußentscheidungen der Gerichte noch während des anhängigen Strafverfahrens behoben werden, um etwaige Verfassungsbeschwerden zu vermeiden[276]. Bei der rechtstechnischen Lösung dieses Problems wurde zwar ursprünglich auch erwogen, bei Verletzungen des Art. 103 I GG im Bereich der einfachen wie der sofortigen Beschwerde die weitere Beschwerde zuzulassen; dies wurde aber wegen der dadurch bedingten Verzögerung wieder verworfen[277]. Man entschied sich also, nicht zuletzt aus Praktikabilitätsgründen, gegen die Erweiterung des Rechtsmittelzuges und für ein Modell der erneuten Entscheidung des erkennenden Gerichts mit Nachholung der unterlassenen Gewährung rechtlichen Gehörs.

Da dieser Lösungsansatz auch die Fälle der sofortigen Beschwerde erfassen sollte, eröffnete sich der Konflikt zwischen dem Erfordernis der Endgültigkeit dieser Entscheidungen und der Bedeutung des Art. 103 I GG. Er wurde zugunsten des letzteren entschieden. Dies läßt sich durch die Diskussion im Rechtsausschuß um die geplante Ausnahmevorschrift des § 33 a II StPO belegen. Gemäß einer Formulierungshilfe des Bundesjustizministeriums[278] sollte dem § 33 a StPO ein Absatz 2 mit folgendem Wortlaut angefügt werden:

> "Absatz 1 gilt nicht, wenn durch den Beschluß über eine Berufung oder Revision entschieden worden ist."

Gegen die Befürworter dieser Ausnahme — im Interesse der Rechtssicherheit, Endgültigkeit und damit Unabänderlichkeit — setzte sich die Auffassung durch, eine solche Ausnahme nicht zuzulassen. Andernfalls wäre eine Abschneidung des rechtlichen Gehörs in diesem Bereich die Folge mit der Konsequenz, daß dann erneut wieder nur der Weg einer Verfassungsbeschwer-

---

[275] Vgl. Protokolle des Rechtsausschusses IV, Nr. 16, S. 30 und 35.

[276] Protokolle des Rechtsausschusses IV, Nr. 41, S. 16; zu diesem "überholten" Streit s. auch OLG Karlsruhe NJW 1972, 653.

[277] Protokolle des Rechtsausschusses IV, Nr. 16, S. 36.

[278] Siehe Protokolle des Rechtsausschusses IV, Nr. 41, S. 16 f und Anlage 4.

de bliebe[279]. Gerade dies sei aber gegen die Intention des Gesetzesentwurfes. Der geplante § 33 a II StPO und auf Grund der gleichen Problemlage der gleichlautende § 311 a II StPO (des Entwurfes) wurden daraufhin von der Ausschußmehrheit abgelehnt.

An dieser Stelle sei bereits kurz auf die Diskussion um die Regelungsbedürftigkeit der Abänderungsbefugnis des Gerichts bei der sofortigen Beschwerde gemäß § 311 III 2 StPO hingewiesen[280]. Sie verdeutlicht die Beschränkung des Regelungsbereichs des § 311 III 1 StPO auf den judex a quo sowie erneut das Bestreben, der "Aushöhlung" der Rechtskraft von der sofortigen Beschwerde unterliegenden Entscheidungen entgegenzuwirken.

Im Ergebnis zeigt die Betrachtung der Entstehungsgeschichte des § 33 a StPO, daß die ihn betreffende kleine Strafprozeßreform eine Reaktion des Gesetzgebers auf die — durch die Rechtsprechung des Bundesverfassungsgerichts aufgezeigte — mangelhafte Berücksichtigung des Art. 103 I GG war. Interessant ist vor allem, daß diese Anstoßwirkung zum Anlaß genommen wurde, einen geeigneten Rechtsbehelf zu schaffen, der nicht nur spezielle Fälle der Verletzung des rechtlichen Gehörs betrifft, sondern generell auf "Pannen" in diesem Bereich zugeschnitten ist. Bereits darin wird der verallgemeinerungsfähige Rechtsgedanke des § 33 a StPO erkennbar[281], der nicht nur ein Detailproblem gerade des Strafverfahrens regelt. Ein solches gab nur den Anlaß zu einer umfassenderen Regelung.

Wie nun die verfahrensrechtliche Ausgangssituation beschaffen sein muß, um den Anwendungsbereich des § 33 a StPO zu eröffnen, ist im folgenden näher zu betrachten.

---

[279] Zu beachten ist hier die vergleichbare Problemlage im Zivilprozeß- und Strafverfahrensrecht. Wie oben, § 8 III.1. und 2. S. 68 f und 69 ff der Arbeit, bereits behandelt, liegt hier ein Kernbereich der Diskussion um die Abänderbarkeit von Beschlußentscheidungen vor. Daß sich die innere Rechtfertigung ihrer Endgültigkeit aus dem Argument der "urteilsvertretenden" Funktion nicht ableiten läßt, wurde bereits dargelegt. Hier wird deutlich, daß sich auch aus dem Bestreben einer effizienten Behebung von Grundrechtsverstößen ihre Abänderbarkeit begründen läßt. Das weitverbreitete Dogma, Beschlußentscheidungen, die nur befristet anfechtbar sind, seien in allen Verfahrensordnungen ihrem Wesen nach auf Unabänderbarkeit hin angelegt, sollte nach der hier vertretenen Auffassung sowohl in dogmatischer als auch in pragmatischer Hinsicht überprüft werden. Dies insbesondere, wenn die Endgültigkeit mit verfassungsrechtlichen Grundsätzen kollidiert.

[280] Vgl. Protokolle des Rechtsausschusses IV, Nr. 16, S. 31 und 34. Hierauf wird im weiteren Verlauf der Arbeit noch näher einzugehen sein; vgl. unten § 9 II.4. S. 100 f der Arbeit.

[281] Für eine solche Verallgemeinerung auch *Brüggemann*, JR 1969, 361 (369); a.A. wohl *H. Schmidt*, Die Gegenvorstellung, S. 15.

II. Die fehlerbehaftete Prozeßlage als Ausgangssituation des Nachholungsverfahrens

1. Die Nichtanhörung der Beteiligten

a) Geltungsbereich

Obwohl der Zweck des § 33 a StPO auf Grund der dargelegten Ausschußberatungen deutlich mit der Beseitigung von Verletzungen des Rechts auf Gehör angegeben werden kann, ist sein Geltungsbereich nicht unumstritten. Fest steht nur, daß die Norm in Zusammenhang mit § 33 StPO zu sehen ist[282]. Unklar ist dabei, welches Verfahrensstadium sie betrifft. So vertritt *Kleinknecht/Meyer*[283] die Auffassung, die Nichtanhörung der Beteiligten müsse sich in einem Beschluß außerhalb der Hauptverhandlung manifestieren. *Paulus*[284] hingegen interpretiert die Beschlüsse i.S.v. § 33 a StPO wie den Begriff der Entscheidungen in § 33 I-III StPO. Er erweitert den Geltungsbereich also auch auf Beschlüsse, die in der Hauptverhandlung ergehen. Aus den Beratungen zu Artikel 8 StPÄG[285] läßt sich hierzu lediglich entnehmen, daß die Nachholung des rechtlichen Gehörs nicht nur in den Fällen des § 33 IV StPO, also bei zulässiger vorheriger Nichtgewährung, geboten ist, sondern darüber hinaus auch gerade die fehlerhaft unterlassene Anhörung ausgeglichen werden sollte. Beschlüsse i.S.d. § 33 a StPO sind demnach auch die Anordnungen i.S.d. § 33 IV StPO[286]. Der Anwendungsbereich des § 33 a StPO sollte aber über diesen Sonderfall, der wesentlich zu seiner Entstehung beigetragen hat, hinausgehen. *Eberhard Schmidt*[287] schließt aus der Hervorhebung des Verwertungsverbots in § 33 a StPO auf einen engen sachlichen Zusammenhang mit § 33 III StPO und verneint die Anwendung im Fall des § 33 II StPO. Unklar ist dabei allerdings, ob er damit lediglich die Nichtanhörung der Staatsanwaltschaft aus dem Anwendungsbereich des § 33 a StPO ausschließen will oder darüberhinaus auch für eine Beschränkung auf Beschlüsse außerhalb der Hauptverhandlung eintritt. Denn § 33 III StPO spricht ja durch seine Verwei-

---

[282] Dies wurde schon in den Begründungen zum StPÄG angesprochen, siehe BT-Drucksache III, 2037, S. 18, 40 f; statt vieler auch *Löwe/Rosenberg/Wendisch*, § 33 a Rdnr. 4.

[283] *Kleinknecht/Meyer*, § 33 a Rdnr. 3.

[284] KMR-*Paulus*, § 33 a Rdnr. 3.

[285] Protokolle des Rechtsausschusses IV, Nr. 16, S. 30 und 35.

[286] Zur positiven Beurteilung des StPÄG 1964 in diesem Punkt siehe *Rieß*, FS für Kleinknecht, S. 355 (372); vgl. auch *Kaiser/Uhse*, S. 70; zur Rechtslage vor dem StPÄG 1964 siehe *Bröll*, S. 44 ff.

[287] *E. Schmidt*, Lehrkommentar, Nachtragsband I, § 33 a Rdnr. 5.

sung auf § 33 II StPO lediglich diese Verfahrenssituation an. Seine Kommentierung zu § 33 III StPO[288] deutet eher auf die zweite Möglichkeit hin.

In der Rechtsprechung wurden, soweit ersichtlich, lediglich solche Beschlüsse behandelt, die außerhalb der Hauptverhandlung ergehen.

aa) Zu nennen sind hier vor allem Beschlüsse, die einen Widerruf der Strafaussetzung zur Bewährung (§ 453 I 1 StPO) enthalten[289].

bb) Die Revision gemäß § 349 II StPO verwerfende Beschlüsse[290].

cc) Bußgeldbescheide im Bußgeldverfahren nach § 72 OWiG[291].

dd) Eröffnungsbeschlüsse nach §§ 203, 207 StPO[292].

Hieraus ist aber nicht notwendig auf einen insoweit beschränkten Anwendungsbereich des § 33 a StPO zu schließen, da die dargestellte Aufzählung keinen Anspruch auf Vollständigkeit erhebt und die Ursache der "einseitigen" Beschäftigung der Gerichte auch darin liegen kann, daß auf Grund des § 33 I StPO in der Hauptverhandlung das rechtliche Gehör gewährt wird. Verletzungen des Art. 103 I GG im Laufe der Hauptverhandlung können in der Regel durch die ständig gegebene Äußerungsmöglichkeit der von einem Gerichtsbeschluß nachteilig Betroffenen vermieden werden. Die Häufigkeit

---

[288] *E. Schmidt*, Lehrkommentar, Nachtragsband I, § 33 Rdnr. 18.

[289] Auf sie wendet die h.M. § 33 a StPO entsprechend an, wenn die an sich gebotene vorherige Anhörung nach § 453 I 2 StPO nicht möglich ist, auch dann, wenn die Frist zur Einlegung der sofortigen Beschwerde nach § 453 II StPO schuldhaft versäumt wurde; BGHSt 26, 127; OLG Celle JR 1974, 112; LG Krefeld NJW 1977, 642; OLG Koblenz NJW 1976, 598; OLG Karlsruhe MDR 1974, 685 f; LG Flensburg NJW 1977, 1698 f; a.A. OLG Frankfurt NJW 1972, 1095 (es befürwortet eine Anwendung des § 44 StPO auch bei Nichtvorliegen seiner Voraussetzungen).

[290] Allerdings nur insofern, als bezüglich des Vortrags von Verfahrensrügen der Grundsatz des rechtlichen Gehörs verletzt worden ist; BGH MDR 1979, 108; OLG Köln MDR 1979, 603; anders, wenn gerügt wird, dem Beschwerdeführer sei nach Ablauf der Revisionsbegründungsfrist keine weitere Gelegenheit zu Ausführungen bezüglich der Sachrüge gegeben worden, vgl. BGHSt 23, 102 f; zur Rechtslage vor der Einführung des § 33 a StPO vgl. *Rud. Schmitt*, JZ 1961, 15 (16).

[291] OLG Frankfurt MDR 1978, 513; BayObLGSt 1973, 42.

[292] OLG Karlsruhe Justiz 1977, 277; OLG Hamburg NJW 1965, 2417, wobei die Verletzung des Art. 103 I GG auf einem Verstoß gegen § 201 I StPO beruht. Vgl. auch die Aufhebung des Eröffnungsbeschlusses im sog. "KOMM-Prozeß", LG Nürnberg-Fürth JR 1983, 257, wegen nicht mehr gegebenen hinreichenden Tatverdachts nach § 33 a StPO analog. Die Entscheidung ist in der Literatur — zu Recht — auf Ablehnung gestoßen, *Meyer*, Urteilsanmerkung, JR 1983, 257 ff; *Rieß*, Eröffnungsentscheidung, NStZ 1983, 247 ff. Die analoge Anwendung des § 33 a StPO scheitert m.E. zum einen mangels einer Regelungslücke und zum anderen an den nicht rechtsähnlichen Fallkonstellationen.

solcher Verstöße wird also wesentlich geringer sein als bei Beschlüssen außerhalb der Hauptverhandlung. Es ist demnach einzuräumen, daß die vorwiegende Bedeutung des § 33 a StPO im Zusammenspiel mit der Generalklausel des § 33 III StPO liegt[293]. Die Quantität der zu beurteilenden Beschlüsse sollte aber nicht dazu führen, § 33 a StPO entgegen seiner gesetzgeberischen Zwecksetzung restriktiv zu interpretieren. Die bereits erwähnte[294] Begründung des Rechtsausschusses zur Einführung der Vorschrift läßt deren Aufgabe erkennen, Lücken in der strafprozessualen Gewährung rechtlichen Gehörs zu schließen. Auch ihre Auslegung durch die Rechtsprechung des Bundesverfassungsgerichts[295] führt zu keinem anderen Ergebnis, da hiernach jeder Verstoß gegen Art. 103 I GG in strafprozessualen Beschlußverfahren erfaßt werden soll.

Daß dem Nachverfahren gemäß § 33 a StPO auch Beschlüsse, die im Laufe der Hauptverhandlung ergehen, unterliegen, läßt sich am Beispiel der Entscheidungen der erkennenden Gerichte i.S.d. § 305 Satz 1 StPO belegen (etwa die Ablehnung eines Beweisantrages nach § 244 III, IV StPO). Solche Entscheidungen sind nicht beschwerdefähig, wenn sie der Vorbereitung des Urteils dienen und zusammen mit ihm angefochten werden können[296]. Den Beteiligten i.S.d. § 33 a StPO steht also gegen sie weder die Beschwerde noch ein anderer Rechtsbehelf zu, da die Urteilsanfechtung darunter nicht zu verstehen ist[297].

Aus den Materialien[298] zur Strafprozeßordnung ist zu entnehmen, daß Sinn des Ausschlusses der Beschwerde die Verhinderung von Verfahrensverzögerungen in der unteren Instanz war. Die Hauptverhandlung sollte nicht schon vor Urteilsfällung durch eine isolierte Anfechtung von Beschlüssen vor einem höheren Gericht beeinträchtigt werden. Diesem Gesetzeszweck widerspricht eine Nachholung des rechtlichen Gehörs nach § 33 a StPO nicht, da hier das entscheidende Gericht selbst tätig wird und nicht eine höhere, bisher mit der Sache noch nicht befaßte Instanz[299].

---

[293] *Herzog*, S. 136.

[294] Siehe oben FN 272 der Arbeit (BT-Drucksache IV, 1020, S. 5).

[295] BVerfGE 42, 243.

[296] *Amelung*, Grundrechtseingriffe, S. 20; *Ellersiek*, S. 123.

[297] *Kleinknecht/Meyer*, § 33 a Rdnr. 4; KK-*Maul*, § 33 a Rdnr. 6; KMR-*Paulus*, § 33 a Rdnr. 13.

[298] *Hahn*, Materialien zur Strafprozeßordnung, S. 247; vgl. auch *Ellersiek*, S. 123 f.

[299] *Löwe/Rosenberg/Wendisch*, § 33 a Rdnr. 12; KMR-*Sax*, (6. Auflage) § 33 a Anm. 2 c); im Ergebnis wohl auch *Wittschier*, S. 174; er differenziert nicht nach dem jeweiligen Verfahrensstadium, sondern hält es für unerheblich für die Anwendung des § 33 a StPO, aus welchen Gründen es nicht zu der nach § 33 StPO erforderlichen Anhörung des Beteiligten gekommen ist.

Festzuhalten ist damit zunächst die Anwendbarkeit des Nachverfahrens auf unanfechtbare[300] Beschlüsse sowohl in als auch außerhalb der Hauptverhandlung. Eine solche extensive Auslegung entspricht nach der hier vertretenen Meinung der Vorgabe des Gesetzgebers zur lückenlosen Gewährung des rechtlichen Gehörs. Beschlüsse i.S.d. § 33 a StPO sind also i.S. von Entscheidungen und Anordnungen des § 33 I, III, IV StPO auszulegen[301].

Aus dem Entscheidungsbegriff des § 33 StPO sind hinsichtlich des Nachverfahrens aber die Urteile auszunehmen[302]. Dies folgt für eine direkte Anwendung des § 33 a StPO schon aus dessen Wortlaut. Aber auch eine entsprechende Anwendung auf Urteile ist abzulehnen, da es an einem gleich zu bewertenden ähnlichen Tatbestand fehlt. Urteile ergehen auf Grund einer mündlichen Verhandlung mit ausreichendem Äußerungsrecht der Beteiligten. Vor allem sind hier aber Anfechtungsmöglichkeiten gegeben. Im Falle der Abwesenheit von der Hauptverhandlung nach §§ 235 Satz 1; 329 III StPO, ansonsten die Revision gemäß § 337 StPO.

Entsprechend seiner Zwecksetzung erstreckt sich der Anwendungsbereich des § 33 a StPO auch auf das Berufungs-, Revisions- und Beschwerdeverfahren unter Einschluß von prozeßbeendenden Beschlüssen[303]. Die Rechtskraft von Beschlüssen ist dabei kein begrenzender Faktor, vielmehr wurde die Norm auch zu dem Zweck der Abänderungsmöglichkeit rechtskräftiger Entscheidungen geschaffen[304]. Als Ergebnis kann also festgehalten werden, daß das Nachverfahren immer dann eröffnet ist, wenn ein Beschluß in oder außerhalb der Hauptverhandlung, unabhängig vom jeweiligen Verfahrensstadium, auf einem Verstoß gegen Art. 103 I GG beruht. Entscheidend ist damit die bisher

---

[300] Hierzu siehe unten § 9 II.4. S. 97 ff der Arbeit.

[301] *Löwe/Rosenberg/Wendisch*, § 33 a Rdnr. 4; KMR-*Paulus*, § 33 a Rdnr. 3; zum Entscheidungsbegriff des § 33 StPO siehe *Dahs* jun., S. 60 ff; für eine analoge Anwendung des § 33 a StPO bei einem Verstoß gegen § 257 I StPO *Kindhäuser*, NStZ 1987, 529 (534).

[302] Dies entspricht der h.M., KK-*Maul*, § 33 a Rdnr. 2; KMR-*Paulus*, § 33 a Rdnr. 3; *Kleinknecht/Meyer*, § 33 a Rdnr. 3; *Wittschier*, S. 174; *Herzog*, S. 136; *Löwe/Rosenberg/Wendisch*, § 33 a Rdnr. 4; für rechtskräftige Endurteile wurde vom Gesetzgeber, zumindest im Zivilprozeß, die Einführung des Rechtsbehelfs der sog. "Anhörungsrüge" erwogen, vgl. oben § 2 III.1.a) S. 32 und unten 3. Teil, 3. Abschnitt S. 137 ff der Arbeit, sowie *Schulz*, ZRP 1980, 332 (333); das Vorhaben wurde aber inzwischen aufgegeben.

[303] KMR-*Paulus*, § 33 a Rdnr. 3; *Geppert*, GA 1972, 165 (176 f); *Kleinknecht/Meyer*, § 33 a Rdnr. 1; BGH MDR 1979, 108; OLG Köln MDR 1979, 603.

[304] *Herzog*, S. 137; *E. Schmidt*, Lehrkommentar, Nachtragsband I, § 33 a Rdnr. 9; *Geppert*, GA 1972, 165 (176), meint auch, die Rechtskraft einer (Sach-)Entscheidung beschränke die Geltung des § 33 a StPO nicht; Protokolle des Rechtsausschusses IV, Nr. 16, S. 32.

unterlassene, nach § 33 StPO verfahrensrechtlich aber gebotene Anhörung eines Beteiligten[305]. Ausgangssituation des Nachholungsverfahrens ist demnach die wegen Nichtanhörung fehlerbehaftete Prozeßlage.

b) Die Beteiligten des Nachholungsverfahrens

Als Zweck des § 33 a StPO kann also die Nachholung des rechtlichen Gehörs herausgestellt werden. Die Vorschrift wird als unmittelbare Ausprägung des verfassungsrechtlich garantierten Anspruchs auf rechtliches Gehör begriffen[306]. Damit stellt sich die Frage, zu wessen Gunsten sie eingeführt worden ist. Mit anderen Worten, wer Beteiligter des Nachholungsverfahrens sein kann.

aa) Staatsanwaltschaft?

Der oben herausgestellte Zusammenhang mit § 33 StPO könnte auf eine Parallele der Beteiligtenbegriffe beider Normen hinweisen. Dies um so mehr, als nach der hier vertretenen Überzeugung das Nachverfahren auch Entscheidungen in der Hauptverhandlung, also auch die Fälle des § 33 I StPO betrifft. Im Wege eines Erst- recht-Schlusses von § 33 II StPO auf seinen Absatz 1 läßt sich der Kreis der Beteiligten scheinbar auf die Staatsanwaltschaft ausdehnen. Denn wenn sie schon bei Entscheidungen außerhalb der Hauptverhandlung gehört werden muß, dann um so mehr bei solchen, die im Laufe der Hauptverhandlung ergehen.

In der Tat bildet die Frage nach einer Einbeziehung der Staatsanwaltschaft den Schwerpunkt der Diskussion um den Beteiligtenbegriff des § 33 a StPO. Sie hängt eng mit dem Problem der Grundrechtsfähigkeit staatlicher Organe[307] und der Auffassung von der Doppelfunktionalität[308] des Art. 103 I GG zusammen. Ihre Befürworter[309] bejahen daher konsequent die Anwendung des

---

[305] Vgl. BVerfGE 42, 243 (250); *Herzog*, S. 138; vgl. für einen Fall, wo die frühere Entscheidung nicht auf einem Verstoß gegen Art. 103 I GG beruht, OLG Karlsruhe Justiz 1985, 319.

[306] BVerfGE 42, 243 (247).

[307] Vgl. *Maunz/Schmidt-Bleibtreu*, § 90 Rdnr. 31 a.E.; BK-*v. Mutius*, Art. 19 Abs. 3 Rdnr. 144; BK-*Stern*, Art. 93 Rdnr. 443 f.

[308] Vgl. *Maunz/Dürig*, Art. 103 Abs. 1 Rdnr. 7 und 16.

[309] *Bröll*, S. 132; *Maunz/Dürig*, Art. 103 Abs. 1 Rdnr. 91; *Arndt*, Gesetzlichkeit, DRiZ 1959, 171 (172); *ders.*, Umwelt, NJW 1962, 1192 (1194), seine Auffassung hängt aber damit zusammen, daß er Art. 103 I GG nicht als Grundrecht des "Staates" begreift, sondern als grundrechtsgleich geschützte verfassungskräftige Befugnis. Er anerkennt daher lediglich die Berechtigung und Verpflichtung eines Staatsanwaltes, zugunsten des

Art. 103 I GG auf die Staatsanwaltschaft und deren Möglichkeit, bei Verletzung "ihres Rechts auf Gehör" Verfassungsbeschwerde nach Art. 93 Abs. 1 Nr. 4 a GG mit §§ 13 Nr. 8 a, 90 BVerfGG einlegen zu können. Begründet wird dies damit, daß die Staatsanwaltschaft dann aus Art. 103 I GG berechtigt sei, wenn sie durch eine gerichtliche Entscheidung unmittelbar in ihrer Rechtsstellung beeinträchtigt werde. Zu dieser Rechtsstellung seien aber auch die ihr von der Strafprozeßordnung zugewiesenen Kompetenzen zu rechnen, etwa die Überwachung der Gesetzmäßigkeit des Verfahrens, die Aufgabe, zu einer gerechten und objektiven gerichtlichen Entscheidung beizutragen und für die Wahrung der Rechte des Beschuldigten zu sorgen. Diese Kompetenzen könnten durch strafgerichtliche Entscheidungen unmittelbar beeinträchtigt werden, weshalb auch der Staatsanwaltschaft das Recht aus Art. 103 I GG zustehe.

Demgegenüber argumentiert die Gegenmeinung[310] mit dem Doppelcharakter des Art. 103 I GG. Die Mitwirkungsrechte der Staatsanwaltschaft seien durch Art. 103 I GG als objektiver Verfahrenssatz gewährleistet, der die einfachrechtlichen Normen der Strafprozeßordnung an die in ihm enthaltenen Wertvorstellungen ausrichtet. Entgegen der oben genannten Auffassung manifestiert sich in der Stellung der Staatsanwaltschaft als eigenständiges Organ der Strafrechtspflege[311] mit Wächterfunktion bezüglich der Gesetzmäßigkeit des Verfahrens gerade nicht ihre Parteirolle mit dem Ziel der Verfolgung individueller Rechte. Im Unterschied zum Angeklagten ist sie zu umfassender Ermittlungstätigkeit verpflichtet (§ 160 II StPO). Damit mangelt es ihr in einem Teilbereich ihrer Verfahrensbeteiligung an der Wahrnehmung individueller Interessen. Gerade der materielle Gegensatz solcher Interessen sei aber kennzeichnend für den Parteibegriff. Die verfahrensrechtliche Sonderstellung der Staatsanwaltschaft gegenüber dem Angeklagten, die sich nicht nur in ihrer beherrschenden Rolle im Ermittlungsverfahren, sondern auch im Hauptverfahren zeigt[312], erlaubt es nicht, über die Bestimmung eines formellen Parteibegriffs, anhand ihrer Mitwirkungsrechte, das Erfordernis der Verletzung eigener Rechte als erfüllt anzusehen. Nur der Verstoß gegen eigene

---

Angeklagten Verfassungsbeschwerde zu erheben. Damit gesteht er der Staatsanwaltschaft Art. 103 I GG wohl nur in seiner Funktion als objektive, in Verfassungsrang erhobene Verfahrensnorm zu; *Röhl*, NJW 1964, 273 (275); *E. Schmidt*, Lehrkommentar, Nachtragsband I, § 33 a Rdnr. 6; er will einen Antrag der Staatsanwaltschaft nach § 33 a StPO aber nur zugunsten des Angeklagten zulassen.

[310] *Ellersiek*, S. 181 f; *Rüping*, S. 142 ff; *Löwe/Rosenberg/Wendisch*, § 33 a Rdnr. 6; *Kleinknecht/Meyer*, § 33 a Rdnr. 3; KK-*Maul*, § 33 a Rdnr. 3; KMR-*Paulus*, § 33 a Rdnr. 1; OLG Braunschweig NJW 1962, 753.

[311] *Schmidt-Bleibtreu/Klein*, Vorb. vor Art. 92 Rdnr. 1 b.

[312] Vgl. *Rüping*, S. 143.

Rechte verletzt aber den Schutzbereich des Art. 103 I GG. Die Mitwirkungsrechte der Staatsanwaltschaft sind ihr im öffentlichen Interesse an einer verfahrensrechtlich korrekten Strafrechtspflege eingeräumt und nicht zu ihrem Interessenschutz als nichtrechtsfähiges Organ des Staates. Das Anhörungsrecht der Staatsanwaltschaft ist damit nicht Ausdruck ihres Grundrechtes aus Art. 103 I GG, sondern Ausfluß ihrer durch die objektive Verfahrensnorm verfassungsrechtlich gewährleisteten Beteiligung am Verfahren.

Dieser Gegenmeinung ist zu folgen, da auch der durch Gewaltenteilung gekennzeichnete Aufbau des Staates mit der Wirkung, daß der Beschuldigte lediglich staatlichen Organen gegenübersteht, die gemäß ihrer Kompetenzen handeln, und nicht einer Personifizierung des Staats[313], nichts an der Funktion des Art. 103 I GG als Abwehrgrundrecht ändert. Für den Beschuldigten mag es in seiner rechtlichen Betroffenheit keinen Unterschied machen, ob er einem abgrenzbaren Teil des Staates gegenübersteht oder diesem als Ganzes. Aus der abgrenzbaren Organstellung der Staatsanwaltschaft, die organisatorisch anderes Handeln der staatlichen Gerichte i.S.e. korrekten Verfahrens zu überwachen hat, läßt sich keine subjektive Grundrechtsposition ableiten. Sie unterliegt dem Anspruch, auf Einhaltung des Grundrechtsschutzes zu achten; aber nicht in ihrem, sondern im öffentlichen Interesse einer rechtsstaatlichen Strafrechtspflege. Sie steht nicht wie der Angeklagte dem Staat als Gewaltunterworfener gegenüber. Der Staatsanwaltschaft steht damit Art. 103 I GG nicht in seiner Funktion als subjektives Grundrecht zur Verfügung. Nur wenn ihr Anspruch auf rechtliches Gehör auf dieser Grundlage beruhen würde, wäre sie Beteiligte i.S.d. § 33 a StPO, da die Norm, wie oben dargelegt, der Verwirklichung des Grundrechtes auf rechtliches Gehör dient. Das Nachverfahren des § 33 a StPO bezweckt also nicht, die Beteiligung der Staatsanwaltschaft am Verfahren zu sichern. Eine in der Praxis wohl kaum vorkommende Beeinträchtigung ihrer Mitwirkungsrechte[314] kann auf diesem Weg nicht geheilt werden.

Die Richtigkeit dieser Auffassung läßt sich anhand der Beratungen des Rechtsausschusses des Bundestages zu Art. 8 StPÄG 1964[315] belegen. Die Ausschußmitglieder bewerteten die Heilung von fehlerhaft unterlassener Gewährung rechtlichen Gehörs als vorrangig gegenüber der Rechtskraft unabänder-

---

[313] Mit dieser Argumentation versucht *Arndt*, Umwelt, NJW 1962, 1192 (1194), Abwehrgrundrechte auch für einzelne Staatsorgane in Anspruch zu nehmen. Nach ihm sind auch deren abgrenzbare Kompetenzen geeignet, analog subjektiver Rechte am Grundrechtsschutz teilzuhaben.

[314] *Dahs jun.*, S. 56, führt aus, soweit ersichtlich, sei bisher noch kein Fall bekannt geworden, in dem der Staatsanwaltschaft das rechtliche Gehör verweigert worden sei.

[315] Protokolle des Rechtsausschusses IV, Nr. 16, S. 32.

barer Beschlüsse. Eine Durchbrechung der Rechtskraft wurde aber nur zugunsten des Beschuldigten für nötig erachtet, weshalb die Aufnahme eines nachträglichen Rechts auf Gehör der Staatsanwaltschaft in die Bestimmung für entbehrlich gehalten wurde. Dieser Meinung lag die Überzeugung zugrunde, daß die Staatsanwaltschaft keine Verfassungsbeschwerde erheben könne, da der Grundsatz des rechtlichen Gehörs für sie nicht gelte. Darauf basierten auch die Vorschriften des § 33 II und III StPO.

Die Ausgestaltung eines formellen Rechtswegs gemäß § 33 a StPO wurde vom Gesetzgeber also vor allem zur Beseitigung eines dem Angeklagten durch die unterbliebene Anhörung entstandenen Nachteils geschaffen[316]. Aus dem Gesetzeszweck ergibt sich damit die Verneinung der Beteiligteneigenschaft der Staatsanwaltschaft im Nachholungsverfahren des § 33 a StPO. Diese Argumentation schließt aber nicht aus, die Staatsanwaltschaft insoweit am Nachverfahren zu beteiligen, als sie nicht die Verletzung ihres Rechts auf Gehör rügt. Vielmehr ist ihr dann ein Antragsrecht nach § 33 a StPO einzuräumen, wenn sie die nachträgliche Gewährung rechtlichen Gehörs zugunsten des Betroffenen erreichen will. Insoweit handelt sie entsprechend ihrer Aufgabe, ein objektives und rechtsstaatliches Verfahren zu erwirken. Eine solche partielle Beteiligtenfähigkeit wurde auch in den Beratungen[317] zum StPÄG 1964 befürwortet.

bb) Andere Beteiligte

Mit der Ausklammerung der Staatsanwaltschaft ist die Frage nach der Abgrenzung des Beteiligtenbegriffs i.S.d. § 33 a StPO aber noch nicht

---

[316] BayObLGSt 1973, 42 (45); dieser Ansicht ist aus staatsanwaltschaftlicher Sicht wohl auch *Wittschier*, S. 175, da er in Analogie zu § 373 II 1 StPO das Verbot der reformatio in peius auch auf das Nachholungsverfahren des § 33 a StPO anwendet. Ob die Norm aber einen Fall der Wiederaufnahme eines durch rechtskräftigen Beschluß abgeschlossenen Verfahrens darstellt, ist fraglich, da es sich vielmehr um eine Gegenvorstellung zur Nachholung des Gehörs handelt und nicht notwendig auf eine Wiederaufnahme des gesamten Verfahrens abzielt; vgl. auch *Herzog*, S. 138 f, er plädiert allerdings für die Einordnung als Verfahren sui generis.

[317] Vgl. Protokolle des Rechtsausschusses IV, Nr. 41, S. 14. Beachte auch die Möglichkeit des Gerichts und der StA gegen die Versagung der Aussagegenehmigung (§ 54 StPO) Gegenvorstellungen bei den Dienstvorgesetzten zu erheben, *Kleinknecht/Meyer*, § 54 Rdnr. 27; KK-*Pelchen*; § 54 Rdnr. 19; BGH NStZ 1981, 70; OLG Hamm NJW 1970, 821 f. Erscheint die Versagung ermessensfehlerhaft oder nicht hinreichend begründet, gebietet dies die Aufklärungspflicht. Die StA handelt also auch hier nicht als Partei, sondern um ein korrektes Verfahren zu erwirken. Für den Zivilprozeß, vgl. *Stein/Jonas/Schumann*, § 376 II 4.

beantwortet. Fest steht insoweit nur, daß auch der Betroffene im Bußgeldverfahren nach § 72 OWiG zum Kreis der Nachholungsberechtigten zu zählen ist[318]. Dies ergibt sich schon aus seiner rechtsähnlichen Stellung zum Angeklagten im Strafverfahren, für den oben[319] aus dem Gesetzeszweck die entsprechende Berechtigung bejaht wurde. Sie ist aber im Interesse der effektiven Verwirklichung der gesetzgeberischen Intention weit auszulegen. Wenn § 33 a StPO eine konkrete Ausführungsbestimmung zum Grundsatz des rechtlichen Gehörs ist[320], so ist jeder Beteiligter, der eine verfahrensrechtliche Subjektstellung innehat und durch eine konkrete gerichtliche Beschlußentscheidung in seinen eigenen Rechten oder Interessen betroffen wird[321]. Zu nennen sind etwa der Privatkläger (§ 385 StPO), der Nebenkläger (§ 397 I StPO) sowie Zeugen und Sachverständige (§ 70 StPO)[322]; ebenso der Verteidiger bei ihn selbst betreffenden Maßnahmen, etwa dem Ausschluß von der Verteidigung (§ 138 d IV 1 StPO)[323].

2. Verwertung von Tatsachen und Beweisergebnissen

Die Verwertung von Tatsachen oder/und Beweisergebnissen in einem Gerichtsbeschluß zum Nachteil[324] eines Beteiligten ist Voraussetzung der Sanktion des § 33 a StPO. Dieser Tatbestandsformulierung liegt die Inhaltsbestimmung des Art. 103 I GG durch das Bundesverfassungsgericht zugrunde[325]. Sie ist gleichbedeutend mit dem Erfordernis, daß ein Beschluß zum Nachteil eines Beteiligten auf einem Verstoß gegen Art. 103 I GG beruht[326]. Dabei ist es ausreichend, daß eine Kausalität des Verfahrensfehlers für das Ergebnis nicht auszuschließen ist. Die Nichtanhörung zu Tatsachen oder Beweisergebnissen[327] ist also lediglich eine konkrete Umschreibung der Verletzung des rechtlichen

---

318 BayObLGSt 1973, 42 ff.

319 § 9 II.1.b) aa) S. 86 der Arbeit.

320 Protokolle des Rechtsausschusses IV, Nr. 41, S. 15.

321 Vgl. KMR-*Paulus*, § 33 a Rdnr. 6; aber auch *Rüping*, S. 137.

322 Die Aufzählung erhebt keinen Anspruch auf Vollständigkeit, sondern soll lediglich einen Überblick über den möglichen Beteiligtenkreis geben; vgl. weiterführend KMR-*Paulus*, § 33 Rdnr. 7 f. Die primäre Bedeutung des § 33 a StPO dürfte aber in der Nachholung des Rechts auf Gehör des Angeklagten liegen.

323 Vgl. *Rüping*, S. 140 f.

324 Zum Erfordernis des Nachteils siehe unten § 9 II. 3. S. 88 ff der Arbeit.

325 Vgl. BVerfGE 6, 12 (14); siehe auch die Nachweise bei *Bröll*, S. 177 FN 6).

326 Siehe BVerfGE 42, 243 (250); vgl. zum Geltungsbereich der Norm oben § 9 II.1. S. 79 ff der Arbeit.

327 Zur Ergänzung der Regelung durch § 311 a StPO, der die Verwertung einer neuen Rechtsauffassung betrifft, siehe unten § 14 S. 124 f der Arbeit.

Gehörs. Sie liegt aber nur dann vor, wenn das Gericht die Tatsachen oder Beweisergebnisse auch tatsächlich nachteilig "verwertet" hat. Eine Anhörung des Beteiligten hat also nicht zu erfolgen, wenn das Gericht aus ihnen keine nachteiligen Rechtsfolgen ableitet, sondern sie lediglich zur Kenntnis nimmt[328].

3. Der Nachteil i.S.d. § 33 a StPO

Nach dem Wortlaut der Vorschrift findet das Nachverfahren statt, wenn eine Entscheidung zum Nachteil des Beteiligten ergangen ist und dieser Nachteil noch besteht. Damit stellen sich zwei Fragen: zum einen, was unter "Nachteil" i.S.d. § 33 a StPO zu verstehen ist, und zum anderen, unter welchen Voraussetzungen er wegfallen kann.

a) Der Begriff des Nachteils

In den einschlägigen Kommentierungen ist die Meinung vorherrschend, der Nachteil i.S.d. § 33 a StPO sei gleichbedeutend mit dem Begriff der Beschwer[329]. Auch bei den Beratungen des Art. 8 StPÄG 1964 wurde auf die Parallelität zum Beschwerbegriff des Beschwerdeverfahrens hingewiesen[330]. Damit kann man sich aber noch nicht begnügen. Es ist vielmehr zu untersuchen, worin der Nachteil für einen Beteiligten i.S.d. § 33 a StPO zu sehen ist, vor allem unter Berücksichtigung des Zweckes des Nachholungsverfahrens, der Beseitigung des Verstoßes gegen Art. 103 I GG. Diese fehlerbehaftete Verfahrenslage ist zwar Ausgangssituation des Nachverfahrens, sie allein begründet aber noch keinen ausreichenden "Nachteil"[331]. Andernfalls läge stets ein Nachteil vor, wenn der Geltungsbereich des § 33 a StPO[332] eröffnet ist. Das Tatbestandsmerkmal "Nachteil" wäre dann bei Vorliegen der Zulässigkeitsvoraussetzung "Nichtanhörung" überflüssig. Der in dem gerichtlichen Beschluß enthaltene Nachteil muß also über die mangelhafte Gewährung rechtlichen Gehörs hinausgehen. Beide Merkmale sind aber so in Relation zueinander zu setzen, daß es nicht ausgeschlossen sein darf, daß die Tatsachen und Beweis-

---

[328] *Löwe/Rosenberg/Wendisch*, § 33 a Rdnr. 7.

[329] *Kleinknecht/Meyer*, § 33 a Rdnr. 6; *Löwe/Rosenberg/Wendisch*, § 33 a Rdnr. 13; KK-*Maul*, § 33 a Rdnr. 4; KMR-*Paulus*, § 33 a Rdnr. 9; siehe auch *Wittschier*, S. 174.

[330] Vgl. Protokolle des Rechtsausschusses IV, Nr. 41, S. 14.

[331] *Löwe/Rosenberg/Wendisch*, § 33 a Rdnr. 13; OLG Koblenz NJW 1987, 855 (856).

[332] Siehe auch oben § 9 II.1.a) S. 79 ff der Arbeit.

ergebnisse, zu denen kein rechtliches Gehör gewährt wurde, in dem Beschluß zu einem neuen selbständigen Nachteil verwertet wurden. Es handelt sich also um eine zusätzliche, den Anwendungsbereich des § 33 a StPO einschränkende Voraussetzung.

Die Nachholung des rechtlichen Gehörs wird nur dann gewährt, wenn der Beteiligte durch den Beschluß beeinträchtigt ist. Fraglich ist allerdings, ob sich eine solche Beeinträchtigung lediglich auf seine verfahrensrechtliche Stellung zu beziehen braucht oder ob sie auch materiellrechtliche Interessen mitumfaßt. *Günter Wendisch*[333] bezeichnet als Ziel des Nachverfahrens die Beseitigung des prozessualen Nachteils oder Unrechts. Damit kann aber auf Grund der oben angeführten Überlegung zum Verhältnis von Nichtanhörung und Nachteil nicht lediglich die Heilung des Verstoßes gegen Art. 103 I GG selbst gemeint sein[334]. Vielmehr muß der Beteiligte durch den Beschluß, der mit § 33 a StPO angegriffen wird, in anderen prozessualen Rechten verletzt worden sein. Es muß eine Verschlechterung seiner Prozeßlage eingetreten sein, etwa durch den Beschluß über die Eröffnung des Hauptverfahrens oder die Entscheidung über ein Ablehnungsgesuch nach § 27 StPO[335].

Dirk Ellersiek[336] geht darüber hinaus. Er versteht als Nachteil i.S.d. § 33 a StPO nicht lediglich reine Verfahrensbeeinträchtigungen, sondern erweitert ihn auch auf die Verletzung materiellrechtlicher Rechtspositionen. Er überträgt seine durch die Analyse des Beschwerbegriffs gewonnenen Erkenntnisse auf das Nachverfahren und gelangt zu einer Gleichbehandlung von Beschwer und Nachteil. Zu Recht weist Ellersiek auf einen wesentlichen Anwendungsbereich des § 33 a StPO hin, der zu seiner Entstehung beigetragen hat[337]. Die nachträgliche Anhörung des Beteiligten ist geboten, wenn im Interesse einer effektiven Strafrechtspflege überraschende Maßnahmen i.S.d. § 33 IV StPO angeordnet werden. Solche Maßnahmen stellen aber regelmäßig Grundrechtseingriffe dar[338] und damit eine Beschränkung materiellrechtlicher Interessen.

Dieser Auffassung ist zuzustimmen. Daß die Nachholung des rechtlichen Gehörs nur bei Beeinträchtigung der prozessualen Rechtsstellung geboten ist, würde der Bedeutung des Art. 103 I GG und damit der Funktion des § 33

---

[333] *Löwe/Rosenberg/Wendisch*, § 33 a Rdnr. 14.

[334] Die Frage hängt mit dem Anspruch des Beteiligten auf Änderung der Entscheidung und nicht bloß nachträglicher Anhörung zusammen, siehe dazu unten § 11 S. 111 ff der Arbeit.

[335] Diese Entscheidungen greifen in verfahrensrechtliche Positionen des Beteiligten ein; vgl. auch die Beispiele bei *Peters*, Strafprozeß, S. 470.

[336] *Ellersiek*, S. 50 ff, insbesondere S. 56.

[337] Dazu bereits oben § 9 II.1.a) S. 79 der Arbeit.

[338] Vgl. BVerfGE 9, 89 (98) für die Anordnung der Untersuchungshaft.

a StPO nicht gerecht werden. Art. 103 I GG dient als Prozeßgrundrecht vor allem der Sicherung und Durchsetzung der materiellen Grundrechte[339]. Als konkrete Ausführungsbestimmung zum Recht auf Gehör[340] ist die Schutzrichtung des § 33 a StPO ebenfalls auf die Abwehr bzw. Heilung materiellrechtlicher Interessensverletzungen zu erstrecken. Insoweit ist eine parallele Auslegung beider Normen angezeigt. Es kann also der herrschenden Meinung gefolgt und der Nachteilsbegriff der Beschwer gleichgestellt werden[341]. Nachteil i.S.d. § 33 a StPO läßt sich damit umschreiben als unmittelbare Beeinträchtigung verfahrens- oder materiellrechtlicher Rechtspositionen oder schutzwürdiger Interessen des Beteiligten[342].

b) Wegfall des Nachteils

In einem zweiten Schritt ist nun zu klären, wann der so bestimmte Nachteil fortdauert bzw. durch welche Ereignisse er entfallen kann. Denn § 33 a StPO eröffnet das Nachverfahren ja nur, sofern der Nachteil noch besteht. Drei Fälle sind hierbei zu unterscheiden.

aa) Nachteil und prozessuale Überholung

Die parallele Auslegung des Nachteilsbegriffs und der Beschwer führt bei der Beantwortung der Frage, wann ein Nachteil noch besteht bzw. wegfällt, zu einer Übertragung allgemeiner Zulässigkeitsvoraussetzungen aus dem Rechtsmittelsystem der Strafprozeßordnung auf den Rechtsbehelf des Nachholungsverfahrens nach § 33 a StPO. Dabei wird von der überwiegenden Meinung[343] als weiteres einschränkendes Zulässigkeitskriterium der Gesichtspunkt

---

[339] *Bröll*, S. 104; zum Doppelcharakter des Art. 103 I GG auch *Dahs jun.*, S. 4 ff; auch *Amelung*, Grundrechtseingriffe, S. 54 f, wendet sich gegen die Beschränkung des Nachteilsbegriffs auf reine Verfahrensbeeinträchtigungen; zur Grundlegung des Art. 103 I GG in der Selbstbehauptung des Einzelnen, vgl. *Rüping*, S. 112 ff, 134.

[340] Protokolle des Rechtsausschusses IV, Nr. 41, S. 15.

[341] Statt vieler siehe KMR-*Paulus*, § 33 a Rdnr. 9 und die oben in FN 329 der Arbeit aufgeführten Autoren; auch der Begriff der Beschwer umfaßt sowohl prozessuale als auch materielle Beeinträchtigungen; zum sog. materiellen Beschwerbegriff des Strafverfahrens KMR-*Paulus*, vor § 296 Rdnr. 44; *Ellersiek*, S. 50 f.

[342] *E. Schmidt*, Lehrkommentar, Vorbem. § 296 Rdnr. 14; *Ellersiek*, S. 50.

[343] *Löwe/Rosenberg/Wendisch*, § 33 a Rdnr. 14; KK-*Maul*, § 33 a Rdnr. 4; KMR-*Paulus*, § 33 a Rdnr. 10; *Kleinknecht/Meyer*, § 33 a Rdnr. 6; für die Situation bei der Beschwer vgl. OLG Celle NJW 1973, 863 f.

einer prozessualen Überholung[344] für den Wegfall des Nachteils genannt. Diese Verknüpfung dürfte auf die Beratungen zu Art. 8 Nr. 2 StPÄG 1964 zurückgehen[345], in denen auf Grund der Federführung des Bundesministeriums für Justiz und entsprechend seiner damaligen Stellung als Strafprozeßreferent[346] *Theodor Kleinknecht* die Klausel "sofern der Nachteil noch besteht" damit begründet hat, daß eine Nachholung zu solchen Beschlüssen verhindert werden soll, die prozessual überholt seien und damit den Beteiligten nicht mehr beschwerten.

Ob der Aspekt einer prozessualen Überholung im Falle der Nachholung des rechtlichen Gehörs greift, bleibt aber zu untersuchen. Denn § 33 a StPO ist nicht als Rechtsmittel zu begreifen, sondern setzt richterliche Selbstkontrolle in Gang, die nicht notwendig auf bestimmte Verfahrensabschnitte und -stadien beschränkt ist.

(1) Begriff der prozessualen Überholung[347]

Für *August v. Kries*[348] tritt dann "prozessualische Überholung" ein, wenn das Verfahren sich bereits in einer Lage befindet, die der aktuellen Vornahme einer Prozeßhandlung keinen Raum mehr bietet, in einem Verfahrensabschnitt, in dem etwa ein Rechtsmittel gegenstandslos wird[349].

Auch *James Goldschmidt*[350] knüpft an die im Strafprozeß voneinander geschiedenen Prozeßlagen an und legt dem Eintritt in eine neue Lage "präklusivische Wirkungen" bei. Für ihn bewirkt die fortschreitende Entwicklung der Prozeßlage eine "Verpassung von Möglichkeiten" oder eine "Versäumung von Lasten", die nicht mehr nachgeholt werden können. An sich abänderliche Entscheidungen werden durch den Wegfall der Prozeßlage, auf die sie sich beziehen, unabänderlich[351]. Nicht nur die Vornahme einer Prozeßhandlung

---

[344] Kritisch hinsichtlich einer Beurteilung als eigenständiges Rechtsinstitut *Budach*, S. 258 ff; für sie haben die "Worte" prozessuale Überholung nur darstellenden Charakter bezüglich einer Rechtsfolge, die sich aus entsprechenden verfahrensrechtlichen Sperrvorschriften ergibt. Auf Grund ihrer Untersuchung einzelner Erscheinungsformen einer prozessualen Überholung im Straf- und Zivilprozeß lehnt sie die Formulierung eines abstrakten Rechtsbegriffs ab.

[345] Vgl. Protokolle des Rechtsausschusses IV, Nr. 41, S. 14.

[346] Vgl. *Rieß*, FS für Kleinknecht, S. 355.

[347] Eingehend dazu *Budach*, S. 53 ff, 130 ff.

[348] *v. Kries*, S. 459, 698 f.

[349] Zur Verwendung des Begriffs der prozessualen Überholung vor v. Kries siehe *Budach*, S. 26 und 29.

[350] *Goldschmidt*, Rechtslage, S. 520.

[351] Vgl. zum Verlust der Widerruflichkeit auch *Peters*, Strafprozeß, S. 265.

scheidet nach dem Abschluß des entsprechenden Verfahrensstadiums aus, sondern auch das Rechtsmittel, das auf die Erwirkung dieser Handlung gerichtet ist, wird durch die Überholung unzulässig.

(2) Kein fortbestehender Nachteil bei prozessualer Überholung

Zwar handelt es sich beim Nachverfahren des § 33 a StPO nicht um ein Rechtsmittel mit Devolutiveffekt, doch ist auch hier das Kriterium einer prozessualen Überholung zu beachten. Entsprechend seinem doppelten Rechtsschutzziel erfolgt eine Heilung des Verstoßes gegen das rechtliche Gehör ja nicht zum Selbstzweck; vielmehr nur dort, wo ein darauf beruhender, aber darüber hinausgehender selbständiger Nachteil gegeben ist. Hat sich das Verfahren aber in ein Stadium fortentwickelt, in dem sich durch ein überholendes Ereignis dieser Nachteil nicht mehr auswirkt, so entfällt mit diesem auch die Heilung der Verletzung des Rechts auf Gehör. Ein solches überholendes Ereignis ist etwa das rechtskräftige Strafurteil[352]. Wurde also etwa ein Haftbefehl ohne vorherige[353] und nachträgliche Anhörung des Betroffenen erlassen, so ist der darauf beruhende selbständige Nachteil der Untersuchungshaft durch die erfolgende Strafhaft gegenstandslos geworden[354]. Der zu fordernde selbständige Nachteil wirkt nun nicht mehr fort. Er wurde durch den Eintritt in eine neue Prozeßlage überholt. In einem solchen Fall entfällt also auch die Nachholung des rechtlichen Gehörs gemäß § 33 a StPO.

bb) Wegfall des Nachteils bei Aufhebung oder Widerruf des Beschlusses

Das Tatbestandsmerkmal des noch bestehenden Nachteils hat auch dann eine einschränkende Funktion, wenn eine Maßnahme gegen den Beteiligten vor ihrer Ausführung wieder aufgehoben oder widerrufen wurde[355]. Eine etwaige nachträgliche Anhörung ist damit gegenstandslos geworden. Der bis zur

---

[352] Hierzu *Budach*, S. 98 f; zu weiteren Fällen der prozessualen Überholung, vor allem bezüglich der Beschwerdemöglichkeit, vgl. auch S. 96 ff.

[353] Was unter den Voraussetzungen des § 33 IV StPO zulässig ist.

[354] KK-*Maul*, § 33 a Rdnr. 4; KMR-*Paulus*, § 33 a Rdnr. 10, vor § 304 Rdnr. 3; *Löwe/Rosenberg/Wendisch*, § 33 a Rdnr. 14; *Kleinknecht/Meyer*, § 33 a Rdnr.6, vor § 296 Rdnr. 17.

[355] *Löwe/Rosenberg/Wendisch*, § 33 a Rdnr. 14; KMR-*Paulus*, § 33 a Rdnr. 10; vgl. auch *Peters*, Urteilsanmerkung, JR 1973, 341 (343), der zumindest für einen isolierten Beschlagnahmebeschluß in der Regel den Nachteil entfallen läßt; anders wohl für den Fall der Überholung, a.a.O., S. 343.

Aufhebung solcher Beschlüsse gegebene Nachteil i.S.d. § 33 a StPO besteht nun eben nicht mehr. Der zu fordernde fortbestehende selbständige Nachteil neben der Verletzung des Rechts auf Gehör ist damit zu verneinen.

cc) Fortdauernder Nachteil bei erledigten Grundrechtseingriffen

Als weiteres Kriterium die Zulässigkeit des Nachverfahrens zu verneinen, wird der abgeschlossene Vollzug einer Maßnahme genannt. Ein Beschluß soll dadurch den in ihm enthaltenen Nachteil nicht mehr bewirken können. Er sei auch nicht mehr zu beseitigen, der Nachteil i.S.d. § 33 a StPO damit entfallen. Diese Begründung eines Wegfalls des Nachteils wird dort aktuell, wo es um bereits vollzogene Beschlüsse geht, insbesondere um erledigte Grundrechtseingriffe[356,357]. Im Mittelpunkt der Auseinandersetzung steht dabei die von der überwiegenden Meinung[358] vertretene Auffassung einer automatischen Beseitigung der Wirkungen etwa von Beschlagnahme- oder Durchsuchungsanordnungen durch den Vollzug der Maßnahme. Deutlich wird hier die Anlehnung an die Argumentation bei den Rechtsmitteln der Strafprozeßordnung, insbesondere zur Beschwerde, da sie nur zur Beseitigung einer gegenwärtigen fortdauernden Beeinträchtigung gegeben seien. Eine nachträgliche Feststellung der Rechtswidrigkeit einer Maßnahme sei systemfremd und auch von § 33 a StPO nicht vorgesehen. Diese Meinung scheint durch die Beratungen zu Artikel 8 Nr. 2 StPÄG 1964[359] bestätigt zu werden. Dort heißt es, nach einem Antrag auf Streichung des Nebensatzes "sofern der Nachteil noch besteht", da die Rechtsprechung die Grundsätze zur Beschwer entsprechend übertragen werde, weiter:

"Es sei nicht ganz sicher, ob die Rechtsprechung hier denselben Grundsatz wie im Beschwerdeverfahren entwickle oder ob nicht die Auffassung vertreten werde, die Nachholung müsse, weil es sich um das rechtliche Gehör handle, unter allen Umständen erfolgen, selbst wenn der Nachteil nicht mehr bestehe. Da die Nachholung des

[356] Vgl. OLG Celle NJW 1973, 863 (864); *Kleinknecht/Meyer*, § 33 a Rdnr. 6; *Löwe/Rosenberg/Wendisch*, § 33 a Rdnr. 14.

[357] Zum Begriff der strafprozessualen Grundrechtseingriffe vgl. im wesentlichen *Amelung*, Grundrechtseingriffe, S. 14 ff; *ders.*, Einordnung, JZ 1987, 737 f; kritisch zu diesem Begriff, als "prozeßexterner Gesichtspunkt", *Schroeder*, JZ 1985, 1028 (1029).

[358] Siehe BVerfGE 49, 329 (342), das aber immerhin eine nachträgliche Anhörung, auch bei abgeschlossener Maßnahme, bejaht, wenn aus anderen Gründen ein Rechtsschutzbedürfnis für eine nachträgliche Überprüfung gegeben sei; *Löwe/Rosenberg/Wendisch*, § 33 a Rdnr. 14; KMR-*Paulus*, § 33 a Rdnr. 10; *Gössel*, S. 266; OLG Celle JR 1973, 339 (341).

[359] Protokolle des Rechtsausschusses IV, Nr. 41, S. 14 f.

rechtlichen Gehörs nicht nur auf Antrag, sondern auch von Amts wegen geschehe, könnten Probleme entstehen, wenn der Nebensatz fehle "sofern der Nachteil noch besteht"."

Nach der hier vertretenen Auffassung läßt sich dieser Protokollstelle aber nur entnehmen, daß mit dem Erfordernis eines noch bestehenden Nachteils verhindert werden sollte, daß das Nachholungsverfahren bei Verletzungen des rechtlichen Gehörs stets durchzuführen ist. Wie oben[360] ausgeführt, ist die durch den Verstoß gegen Art. 103 I GG gegebene fehlerbehaftete Verfahrenslage allein kein ausreichender Nachteil i.S.d. § 33 a StPO. Erforderlich ist vielmehr eine darüber hinausgehende selbständige Beeinträchtigung. Dieser selbständige Nachteil muß noch fortbestehen. Die Beratungen zu diesem Punkt lassen aber nicht erkennen, worin ein Nachteil besteht und wann er endet. Daß der Nachteilsbegriff, wie gezeigt, der Beschwer gleichzusetzen ist, hat aber nicht zwingend zur Konsequenz, daß auch die Grundsätze zum Wegfall der Beschwer auf ihn anzuwenden sind. Das Nachverfahren des § 33 a StPO dient der richterlichen Selbstkontrolle in zweifacher Hinsicht. Zum einen ermöglicht es die Heilung des Verstoßes gegen das rechtliche Gehör und zum anderen eröffnet es die Möglichkeit der Korrektur einer darauf beruhenden unrichtigen Entscheidung[361]. Da bei erledigten Grundrechtseingriffen die Änderung der getroffenen Entscheidung nicht mehr möglich ist, wird von der überwiegenden Meinung auf einen Wegfall des zu fordernden selbständigen Nachteils geschlossen. Denn die noch weiterwirkende Verletzung rechtlichen Gehörs ist ja für sich kein ausreichender Nachteil.

Dem wird aber zu Recht entgegengehalten, daß auch vollzogene Maßnahmen Wirkungen über ihre Durchführung hinaus zeitigen können[362]. In Zusammenhang mit § 33 a StPO sind dies vor allem Anordnungen nach § 33 IV StPO[363]. Ihnen ist die Berührung grundrechtlich geschützter Güter des Betrof-

---

[360] Vgl. oben § 9 II. 3 a) S. 88 f der Arbeit.

[361] Zur Frage eines Anspruchs des Beteiligten auf eine Überprüfungsentscheidung siehe unten § 11 S. 111 ff der Arbeit.

[362] *Amelung*, Grundrechtseingriffe, S. 54; *Ellersiek*, S. 59; *Rieß/Thym*, Zwangsmaßnahmen, GA 1981 (128), 189 (198); wohl auch *Peters*, Urteilsanmerkung, JR 1973, 341 (342); *Haffke*, NJW 1974, 1983 (1985); *Welp*, S. 116.

[363] Zum funktionalen Zusammenhang zwischen § 33 a und § 33 IV StPO siehe oben § 9 II. 1. a) S. 79 der Arbeit; gemeint sind etwa Anordnungen gemäß §§ 112 ff, 81 a, 99, 100 a, 102 ff StPO. De lege ferenda werden hier auch Anordnungen sog. heimlicher Informationseingriffe zu nennen sein (etwa Observationen oder technische Ausforschungen; zu diesen besonderen Ermittlungsmaßnahmen siehe *Löwe/Rosenberg/Rieß*, § 163 Rdnr. 39 ff, 45, 50). De lege lata sind besonders gewichtige verdeckte Informationseingriffe — wegen der faktisch und rechtlich eingeschränkten Rechtsschutzmöglichkeit — zwar als Grundrechtseingriffe zu bewerten, doch ist davon im wesentlichen das Vorfeld des strafprozessualen Ermittlungsverfahrens unter Leitung der Staatsanwaltschaft betroffen. Auf Grund des Zusammenhangs der §§ 33 IV und 33 a StPO

fenen gemeinsam[364]. Es handelt sich nicht ausschließlich um verfahrensgestaltende oder prozeßfördernde Maßnahmen mit innerprozessualer Bedeutung. Ihnen kommt vielmehr Doppelfunktionalität in dem Sinne zu, als sie den Beteiligten in seinem Eigentums-, Haus- und Wohnungs- oder in seinem allgemeinen Persönlichkeitsrecht beeinträchtigen. Vor allem *Amelung*[365] weist auf diese materiellrechtlichen Auswirkungen hin, die über den konkreten Vollzug hinausreichen. Über den konkreten Grundrechtseingriff hinaus zeitigen Maßnahmen i.S.d. § 33 IV StPO auch Wirkungen auf die Sozialstellung des Betroffenen, auf sein Ansehen und seinen Ruf in der Gesellschaft. Die Nachholung des rechtlichen Gehörs zielt in diesen Fällen freilich nicht auf eine Änderung der angegriffenen Maßnahme ab, sondern richtet sich gegen die diskriminierende Wirkung solcher Eingriffe[366]. Der Doppelfunktion des Nachholungsverfahrens entsprechend, ist dem Beteilig- ten auch bei erledigten Grundrechtseingriffen das rechtliche Gehör zu gewähren, um seinem berechtigten Rehabilitationsinteresse gerecht zu werden und einer etwaigen Wiederholungsgefahr vorzubeugen[367]. Andernfalls würde für einen weiten Bereich strafprozessualer Zwangsmaßnahmen gegen eine Verletzung des Art. 103 I GG kein effektiver Rechtsschutz bestehen[368]. Gerade in Hinblick auf die zulässige Unterlassung der Gewährung rechtlichen Gehörs im Interesse einer funk-

---

und der Reduktion des § 33 a StPO auf Beschlüsse des Gerichts, ist auf die sog. heimlichen Informationseingriffe nicht näher einzugehen. Das Nachverfahren dient ja der richterlichen Selbstkontrolle. Erst, wenn diese Ermittlungsmaßnahmen durch den Gesetzgeber dem Richtervorbehalt unterstellt werden, sind sie — schon wegen der verdeckten Ermittlung — den Anordnungen i.S.d. § 33 IV StPO gleichzustellen. Dann unterliegen sie als Beschlüsse des Gerichts aber auch dem Anwendungsbereich des § 33 a StPO. Hier bleibt die Entscheidung des Gesetzgebers abzuwarten. Generell zu den Gefährdungen des Datengrundrechtsschutzes durch heimliche Informationseingriffe, insbesondere zur Notwendigkeit des Richtervorbehalts für manche Bereiche des künftigen Rechts siehe *Wolter*, GA 1988, 49, 129 (53, 82, 129) m.w.N.

[364] Vgl. *E. Schmidt*, Lehrkommentar, Nachtragsband I, 3) vor § 94; Lehrkommentar, Teil I, Nr. 36; *Peters*, Urteilsanmerkung, JR 1972, 300 (301).

[365] *Amelung*, Grundrechtseingriffe, S. 56; ihm folgend, *Ellersiek*, S. 60 f.

[366] *Amelung*, Grundrechtseingriffe, S. 56 f. Auch hier sind de lege ferenda heimliche, namentlich automatisierte Informationseingriffe zu beachten, die durch Speicherung ihrer Ergebnisse — auch nach Vollzug der Maßnahmen — eine zusätzliche diskriminierende Wirkung erzeugen können. Die Speicherung solcher Informationen über den Zeitpunkt der Erledigung des Ausgangseingriffs hinaus, kann eine weiterreichende Grundrechtsverletzung darstellen, vgl. statt vieler *Wolter*, GA 1988, 49, 129 (74 ff).

[367] Auch der Nachfolger von Theodor Kleinknecht im Amt des Strafprozeßreferenten im Bundesministerium der Justiz, Peter Rieß, stellt auf die Doppelfunktion des Nachholungsverfahrens ab, vgl. *Rieß/Thym*, Zwangsmaßnahmen, GA 1981 (128), 189 (197 f).

[368] So auch *Welp*, S. 117.

tionierenden Strafrechtspflege bei den überraschenden Maßnahmen nach § 33 IV StPO wird durch die überwiegende Auffassung zum Wegfall des Nachteils das Korrektiv des § 33 a StPO unterlaufen. Entgegen der Intention des Gesetzgebers, durch einen weiten Anwendungsbereich des Nachverfahrens Verletzungen des Rechts auf Gehör möglichst innerhalb der Fachgerichtsbarkeit zu beheben[369], würden die vorläufigen[370] Anordnungen des § 33 IV StPO de facto zu endgültigen erhoben. Hinzu kommt die Aufgabe des Nachverfahrens, weitgehend Verfassungsbeschwerden wegen Verletzung des Art. 103 I GG zu erübrigen. Mit dem Hinweis, bei erledigten Grundrechtseingriffen bleibe dem Betroffenen nur noch der Ausweg, die Grundrechtswidrigkeit im Wege der Verfassungsbeschwerde feststellen zu lassen[371], wird die Entlastungsfunktion des § 33 a StPO in Teilbereichen wieder zurückgenommen. Dies entspricht wohl nicht der ratio legis. Weiter wird auf die "Umkehrung der Wertungsverhältnisse" hingewiesen[372], da gegen erledigte Grundrechtseingriffe von Behörden heute der Rechtsweg nach § 113 I 4 VwGO oder § 28 I 4 EGGVG gegeben ist, wohingegen dies bei richterlichen Maßnahmen nicht der Fall ist. Die Effektivität zur Beseitigung der über den Eingriff hinaus fortbestehenden Diskriminierungswirkungen solcher Zwangsmaßnahmen wird bei diesen Verfahren anerkannt und ist auch beim Nachholungsverfahren nach § 33 a StPO zu bejahen[373]. Mit einem Schluß a maiore ad minus läßt sich von der Änderungs- und Aufhebungsbefugnis des § 33 a StPO auch auf die Feststellungsbefugnis hinsichtlich der Rechtswidrigkeit der Maßnahme schließen[374].

Nach der hier vertretenen Auffassung kann mithin als Ergebnis festgehalten werden, daß der Vollzug einer Maßnahme die Frage nach einem Wegfall des Nachteils nicht zwingend zu beantworten vermag. Im Gegensatz zur prozessualen Überholung und zum Widerruf eines Beschlusses ist im Fall seines Vollzugs dessen Wirkung nicht weggefallen. Der in ihm enthaltene Nachteil ist nicht notwendig gegenstandslos geworden. Wenn aber ein fort-

---

[369] Siehe oben § 9 I. S. 77 der Arbeit.

[370] Die Vorläufigkeit der Entscheidung ohne rechtliches Gehör war ja der Grund für die Anregung in BVerfGE 9, 89 (106), eine Nachholungsmöglichkeit einzuführen. Vgl. auch die Forderung nach einer weiten Auslegung des § 33 a StPO in BVerfGE 42, 243 (250).

[371] *Löwe/Rosenberg/Wendisch*, § 33 a Rdnr. 14.

[372] *Amelung*, Grundrechtseingriffe, S. 53; *Rieß/Thym*, Zwangsmaßnahmen, GA 1981 (128), 189 (197); *Peters*, Urteilsanmerkung, JR 1972, 300 (301); vgl. auch *Ellersiek*, S. 61.

[373] So auch *Amelung*, Grundrechtseingriffe, S. 57.

[374] Vgl. zum "funktionalen" Zusammenhang von Leistungs-, Gestaltungs- und Feststellungsurteilen *Bruns*, Funktionaler Gehalt, ZZP 78 (1965), 264 (282 ff); auch *A. Blomeyer*, § 94 I, S. 496 f; *Amelung*, Grundrechtseingriffe, S. 57, bejaht dies unter Rückgriff auf die allgemeine Prozeßrechtslehre.

bestehender Nachteil hier zu bejahen ist, so kommt auch die Doppelfunktionalität des Nachverfahrens des § 33 a StPO zum Tragen. Dessen doppeltes Rechtsschutzziel nach Heilung des Verstoßes gegen das rechtliche Gehör und möglicher Abänderung der Beschlußentscheidung bringt es mit sich, daß auch bei einem Ausschluß der Abänderung effektiver Rechtsschutz, vor allem gegen Anordnungen i.S.d. § 33 IV StPO, zu gewähren ist. Der mit Art. 8 Nr. 2 StPÄG 1964 verfolgte Gesetzeszweck kann in einem wesentlichen Anwendungsbereich der Norm nur durch die Zulassung einer nachträglichen Feststellung der Rechtswidrigkeit verwirklicht werden, wenn der Beteiligte ein berechtigtes Feststellungsinteresse hat, etwa ein Rehabilitationsinteresse. Hieran sind aber gerade bei Maßnahmen i.S.d. § 33 IV StPO keine übertriebenen Anforderungen zu stellen. Es ist bei diskriminierenden Eingriffen in der Regel zu bejahen[375].

4. Subsidiarität des § 33 a StPO?

Die nachträgliche Anhörung hat das Gericht gemäß § 33 a StPO vorzunehmen, wenn einem Beteiligten zu seinem Nachteil das vorherige rechtliche Gehör nicht gewährt wurde, Kausalität zwischen dem Verstoß gegen Art. 103 I GG und der Rechtsbeeinträchtigung besteht und ihm gegen den Beschluß keine Beschwerde und kein anderer Rechtsbehelf zusteht. Bei unbefangener Betrachtung des Gesetzeswortlautes kann der Satzteil "und steht ihm gegen den Beschluß keine Beschwerde und kein anderer Rechtsbehelf zu" als zusätzliches einschränkendes Tatbestandsmerkmal verstanden werden. Dies hätte zur Konsequenz, daß die Unanfechtbarkeit des benachteiligenden Beschlusses zur Tatbestandsvoraussetzung des Nachholungsverfahrens wird. § 33 a StPO wäre damit als subsidiäre Vorschrift anzusehen. So wird die Norm auch von einem Teil des strafprozessualen Schrifttums und Rechtsprechung verstanden[376]. Das Nachverfahren findet danach lediglich in den Fällen statt, in denen die Beschwerde oder weitere Beschwerde kraft Gesetzes ausdrücklich ausgeschlossen ist[377] oder die entsprechenden Beschlüsse der Anfechtung schlechthin entzogen sind[378]; nicht dagegen, wenn der Beteiligte das zulässige Rechtsmittel versäumt oder zurückgenommen hat[379].

---

[375] *Ellersiek*, S. 61.

[376] *Löwe/Rosenberg/Wendisch*, § 33 a Rdnr. 9; KMR-*Paulus*, § 33 a Rdnr. 12; *Kaiser/Uhse*, S. 71; OLG Stuttgart NJW 1974, 284.

[377] Siehe etwa die Fälle der §§ 28 II 2; 304 IV; 305, 1; 310 II StPO.

[378] Etwa gemäß §§ 210 I; 270 III 2; 138 d VI 3; vgl. auch die Aufzählung bei *Löwe/Rosenberg/Wendisch*, § 33 a Rdnr. 10.

[379] KMR-*Paulus*, § 33 a Rdnr. 12; *Kaiser/Uhse*, S. 71; OLG Stuttgart NJW 1974, 284; a.A. *Wittschier*, S. 174, obwohl auch er die Unanfechtbarkeit des Beschlusses als Voraussetzung des Nachverfahrens betrachtet.

Gegen eine solche erste Wortlautauslegung sind aber Bedenken zu erheben, die sich aus der systematischen Stellung und aus dem Sinn und Zweck der Norm ergeben. Dabei wird sich zeigen, daß es sich bei dem oben zitierten Satzteil um eine mißverständliche Formulierung des Gesetzgebers handelt, die seiner Regelungsabsicht nicht völlig entspricht. Gemeint war keine einschränkende Tatbestandsvoraussetzung, sondern vielmehr eine Erweiterung des Anwendungsbereichs des Nachholungsverfahrens selbst auf die Fälle, in denen Unanfechtbarkeit der Beschlüsse gegeben ist.

In den Beratungen[380] zu Art. 8 Nr. 2 StPÄG 1964 findet sich bezüglich der Unanfechtbarkeitsklausel lediglich der Hinweis, daß sie notwendig erscheine, da es Fälle gebe, in denen Wiedereinsetzung in den vorigen Stand in Betracht komme und dabei die Tatsache, zu der der Beteiligte noch nicht gehört worden sei, nachgeschoben werden könne. Damit wird ein Konkurrenzverhältnis zwischen Nachholverfahren und Wiedereinsetzung in den vorigen Stand beschrieben, das der letzteren den Vorzug gibt. Beide Verfahren ermöglichen eine Durchbrechung der Rechtskraft, unterscheiden sich aber wesentlich dadurch, daß anläßlich einer Wiedereinsetzung die zwischenzeitlich ergangene Entscheidung ohne weiteres wegfällt[381], wenn die betreffende Verfahrenshandlung innerhalb der wiedereröffneten Frist nachgeholt wird. Demgegenüber eröffnet das Nachholungsverfahren lediglich die Befugnis einer Änderung oder Aufhebung des Beschlusses, wenn er auf Grund des Ergebnisses der nachträglichen Gewährung rechtlichen Gehörs nicht mehr aufrechterhalten werden kann. Die Wiedereinsetzung in den vorigen Stand und das Nachholungsverfahren unterscheiden sich also zum einen hinsichtlich ihrer Voraussetzungen: Verletzung des Rechts auf Gehör und Fristversäumung. Zum anderen ist die Anwendung des § 33 a StPO auf Beschlüsse reduziert. Schließlich wird aber auch — durch die Beschränkung des Nachholungsverfahrens auf die bloße Befugnis zur Änderung — die differierende Reichweite ihres Rechtsschutzes deutlich. Der in den Beratungen zu Art. 8 Nr. 2 StPÄG 1964 dargelegte Vorrang der Wiedereinsetzung in den vorigen Stand, gewährt den Betroffenen aber eine ungünstigere Verfahrenssituation als bei nachträglicher Anhörung. Da — wie nachfolgend zu zeigen sein wird — § 33 a StPO auch bei noch anfechtbaren Beschlüssen eingreift, bewirkt dieser Vorrang eine nicht gerechtfertigte Benachteiligung des schuldlos Säumigen. Denn bei schuldhafter Fristversäumung hat der Beteiligte nach der hier vertretenen Meinung die Möglichkeit des Nachverfahrens. Bei schuldloser Fristversäumung hingegen ist er gemäß dem Primat der Wiedereinsetzung auf diese beschränkt.

---

[380] Protokolle des Rechtsausschusses IV, Nr. 41, S. 14.

[381] KK-*Maul*, § 44 Rdnr. 1; *Kleinknecht/Meyer*, § 44 Rdnr. 24; *Deubner*, Wiedereinsetzung, JuS 1968, 125 (129).

Folgt man der Auffassung, daß § 33 a StPO auch im Falle der schuldhaften Fristversäumung eingreift, so ist ein Vorrang der Wiedereinsetzung abzulehnen, da er bei schuldloser Fristversäumung die Möglichkeit des Nachverfahrens ausschließt. Andernfalls kann der schuldhaft Säumige sich auf § 33 a StPO berufen, während dies dem schuldlos Säumigen verwehrt ist. Der schuldlos Säumige wird damit gegenüber dem schuldhaft Säumigen benachteiligt. Ein solcher Wertungswiderspruch ist aber nicht gerechtfertigt. Die Konkurrenz zwischen Nachverfahren und Wiedereinsetzung ist vielmehr durch die Wahlmöglichkeit des Beteiligten aufzulösen, die gegeben ist, wenn die Voraussetzungen beider Rechtsbehelfe gleichzeitig vorliegen.

Zu klären ist nun, ob das Nachverfahren nur bei unanfechtbaren Beschlüssen eingreift. Eine systematische Betrachtung der §§ 33 III, IV, 33 a StPO läßt erkennen, daß es für die Nachholung des fehlerhaft (entgegen § 33 III StPO) und erst recht des vorläufig zulässigerweise (gemäß § 33 IV StPO) nicht gewährten rechtlichen Gehörs nicht darauf ankommen kann, ob dem Beteiligten gegen den erlassenen Beschluß eine Beschwerde oder ein anderer Rechtsbehelf zusteht[382]. Die systematische Stellung des § 33 a StPO macht die von Amts wegen erforderliche Nachholung des rechtlichen Gehörs bei einem Verstoß gegen § 33 III StPO und als Korrektiv bei den notwendig überraschenden Maßnahmen des § 33 IV StPO deutlich. Dies sieht auch *Eberhard Schmidt*[383], beschränkt aber die Unanfechtbarkeitsklausel auf die Nachholung auf Antrag des Beteiligten und erklärt, lediglich für die Nachholung von Amts wegen könne es nicht darauf ankommen, ob dem Beteiligten gegen den Beschluß eine Beschwerde oder ein anderer Rechtsbehelf zustehe[384]. Für das amtswegige Verfahren ist dem auf Grund der systematischen Auslegung des § 33 a StPO zuzustimmen.

Eberhard Schmidt bezieht sich zur Stützung seiner Auffassung vor allem auf *Theodor Kleinknecht*, dessen Kommentierung in früheren Auflagen[385] scheinbar eine Beschränkung des Unanfechtbarkeitserfordernisses auf das Antragsverfahren vornahm. Dagegen erheben sich aber Bedenken, da *Kleinknecht* an anderer Stelle[386] nach der hier vertretenen Überzeugung deutlich zum

---

[382] Darauf weist vor allem *Herzog*, S. 137 f hin.

[383] *E. Schmidt*, Lehrkommentar, Nachtragsband I, § 33 a Rdnr. 8.

[384] So wohl auch KK-*Maul*, § 33 a Rdnr. 7, wenn er bei Anfechtbarkeit des Beschlusses § 33 a StPO mittelbare Bedeutung in dem Sinne beilegt, als das Gericht widerrufbare Beschlüsse gegebenenfalls abändern kann; *Hanack*, Urteilsanmerkung, JR 1967, 229 (230); wohl auch *Dahs jun.*, S. 123.

[385] Vgl. etwa *Kleinknecht/Meyer*, (35. Aufl.), § 33 a Rdnr. 6.

[386] *Kleinknecht*, StPÄG, JZ 1965, 153 (160); auch *E. Schmidt*, Lehrkommentar, Nachtragsband I, § 33 a Rdnr. 8, bezieht sich auf diese Äußerung Kleinknechts, bewertet sie aber entgegen der hier vertretenen Auffassung.

Ausdruck bringt, daß auch bei anfechtbaren Beschlüssen das Gericht ohnehin nicht an einer Nachprüfung und Korrektur gehindert ist. Im Rahmen dieser Abänderbarkeit gehe das Gesetz davon aus, daß die Pflicht zur Heilung des mangelhaft gewährten rechtlichen Gehörs nicht geringer sei als bei der Unanfechtbarkeit des Beschlusses. Die nachträgliche Gewährung rechtlichen Gehörs müsse in diesen Fällen erst recht von Amts wegen oder *auf Antrag* in einem Nachverfahren von demselben Gericht nachgeholt werden. *Theodor Kleinknecht* läßt hier als — auf Grund seiner damaligen Stellung als Strafprozeßreferent — sachnaher Kommentator des StPÄG 1964 also ausdrücklich auch das Antragsverfahren bei noch anfechtbaren Beschlüssen zu. Daß diese Meinung vorzugswürdig ist, meint wohl auch *Karlheinz Meyer*, da in einer neueren Auflage des von ihm fortgeführten Kommentars die Beschränkung des Unanfechtbarkeitserfordernisses auf das Antragsverfahren nicht mehr vorgenommen wird[387].

Aber auch eine teleologische Betrachtung des § 33 a StPO läßt erkennen, daß sein Anwendungsbereich nicht auf unanfechtbare Beschlüsse beschränkt ist. Wie bei der systematischen Auslegung ist auch hier wiederum § 33 StPO Anknüpfungspunkt. Insbesondere dessen Absatz 4 Satz 1 bringt die Vorläufigkeit der dort angesprochenen Entscheidungen zum Ausdruck und erklärt die Nichtgewährung unter Abwägung mit den Zwecken einer effektiven Strafrechtspflege für zulässig, weist aber durch das Merkmal der vorherigen Anhörung gleichzeitig auf den erforderlichen Ausgleich des Nachholungsverfahrens hin. Die Zulässigkeit von Maßnahmen i.S.d. § 33 IV StPO ist also an die nachträgliche Gewährung rechtlichen Gehörs des § 33 a StPO gekoppelt. Dieser Automatismus ist aber unabhängig von einer noch möglichen Anfechtbarkeit der Anordnungen. Das Konzept des StPÄG 1964 für die Sicherung des rechtlichen Gehörs ist die dahingehende Aktivierung der erkennenden Instanz und nicht die Verweisung auf den Rechtsmittelzug[388]. Dies ist auch in der gleichzeitig mit § 33 a StPO geschaffenen Abhilfebefugnis des judex a quo im Bereich der sofortigen Beschwerde nach § 311 III 2 StPO zu erkennen.

Für die Subsidiarität des § 33 a StPO könnte nun dessen Verhältnis zu § 311 III 2 StPO[389] vorgebracht werden. Diese Vorschrift statuiert eine

---

[387] *Kleinknecht/Meyer*, § 33 a Rdnr. 5, hält die Pflicht zur Heilung des Verstoßes gegen das rechtliche Gehör bei anfechtbaren Beschlüssen für selbstverständlich nicht geringer als im Fall des § 33 a StPO. Unklar ist dabei allerdings, ob er § 33 a StPO direkt oder analog anwenden will. Seine Bezugnahme auf BVerfG DAR 1976, 239 (insbesondere Abschnitt 4) läßt eher auf eine direkte Anwendung schließen.

[388] Vgl. Protokolle des Rechtsausschusses IV, Nr. 16, S. 36.

[389] § 311 III 2 StPO wurde als Art. 8 Nr. 5 StPÄG 1964 eingeführt, BGBl. 1964, Teil I, S. 1067 (1078).

Ausnahme vom Abänderungsverbot des § 311 III 1 StPO, wenn das Gericht Tatsachen oder Beweisergebnisse ohne vorherige Anhörung nachteilig verwertet hat. Wie § 311 III 1 StPO wendet sich auch dessen Satz 2 an den judex a quo[390]. Da die §§ 33 a, 311 III 2 StPO einen ähnlichen Aufbau aufweisen, könnte auf Grund einer systematischen Auslegung wie folgt argumentiert werden: Während § 33 a StPO die Abänderungsbefugnis bezüglich unanfechtbarer Beschlüsse betrifft, eröffnet § 311 III 2 StPO eine solche bei ohne rechtliches Gehör ergangenen, aber noch beschwerdefähigen Beschlüssen. Nach der hier vertretenen Meinung besteht ein enger systematischer und teleologischer Zusammenhang aber zu § 33 III und IV StPO, der auf die Anwendbarkeit des § 33 a StPO auch bei anfechtbaren Beschlüssen hindeutet. Auch die überwiegende Meinung[391] greift auf § 33 a StPO zurück (allerdings nur im Wege der entsprechenden Anwendung), wenn gegen anfechtbare Beschlüsse die sofortige Beschwerde verspätet (§ 311 II StPO) eingelegt wurde. § 33 a StPO erlangt hier also auch bei Beschlüssen des judex a quo Bedeutung. Folgt man der hier vertretenen Ansicht und verneint mithin die Subsidiarität des § 33 a StPO, so ist die Vorschrift in diesen Fällen direkt und nicht entsprechend anwendbar. Weiter ist § 311 III 2 StPO dann neben § 33 a StPO nicht überflüssig, sondern notwendig, da andernfalls der Abänderungsbefugnis des Nachverfahrens im Bereich der sofortigen Beschwerde das Abänderungsverbot des § 311 III 1 StPO entgegenstehen würde. Soll § 33 a StPO auch bei mit sofortiger Beschwerde anfechtbaren Beschlüssen Platz greifen, mußte also eine seinem Tatbestand entsprechende Ausnahme von § 311 III 1 StPO gleichzeitig mit seiner Einführung normiert werden. Dies ist in § 311 III 2 StPO geschehen. Aus dem Verhältnis der beiden Normen zueinander läßt sich mithin kein zwingender Einwand gegen die hier vertretene Meinung erheben.

Die Interpretation, nach § 33 a StPO sei nur im Falle rechtskräftiger Beschlüsse zu verfahren, während sonst der Verfahrensmangel im Rechtsmittelverfahren bzw. im Rahmen eines etwa gegebenen Rechtsbehelfs zu beheben sei[392], erweist sich damit als nicht gerechtfertigt. Die Sicherung des rechtlichen Gehörs bei Anordnungen i.S.d. § 33 IV StPO, aber auch bei fehlerhafter Nichtgewährung entgegen § 33 III StPO, erfolgt damit durch das Nachholungsverfahren des § 33 a StPO, auch bei noch anfechtbaren Beschlüs-

---

[390] *Löwe/Rosenberg/Gollwitzer*, § 311 Rdnr. 13; KK-*Engelhardt*, § 311 Rdnr. 6; KMR-*Paulus*, § 311 Rdnr. 14; zunächst war in den Beratungen allerdings eine Abänderungsbefugnis für das Beschwerdegericht in § 311 III 2 StPO vorgesehen, Protokolle des Rechtsausschusses IV, Nr. 16, S. 37 und 31.

[391] KMR-*Paulus*, § 311 Rdnr. 14; KK-*Engelhardt*, § 311 Rdnr. 7; BGHSt 26, 127 (130) m.w.N.; OLG Karlsruhe Justiz 1974, 269 (270); a.A. *Löwe/Rosenberg/Gollwitzer*, § 311 Rdnr. 14.

[392] Vgl. etwa *Löwe/Rosenberg/Wendisch*, § 33 a Rdnr. 9.

sen. Dabei ist die entsprechende Verpflichtung der Gerichte, auf Antrag tätig zu werden, nicht geringer als im Verfahren von Amts wegen. Eine Beschränkung der Unanfechtbarkeitsklausel auf das Antragsverfahren ist also zu verneinen[393].

Damit erhebt sich aber die Frage, welche Funktion das Unanfechtbarkeitserfordernis des § 33 a StPO hat, wenn es nicht den Anwendungsbereich auf unanfechtbare Beschlüsse verkürzen will. Eine dahingehende Andeutung findet sich bereits bei *Theodor Kleinknecht*[394] und *Carl Creifelds*[395]. § 33 a StPO gebe die Möglichkeit, das rechtliche Gehör nachzuholen und die getroffene Entscheidung trotz deren Unanfechtbarkeit nachzuprüfen. Ein ohne Anhörung des Betroffenen ergangener Gerichtsbeschluß, gegen den kein Rechtsmittel zulässig ist, könne unter Durchbrechung der Rechtskraftwirkung geändert werden.

Ausgangspunkt der Überlegung ist hier erneut die Doppelfunktionalität des Nachholungsverfahrens[396]. Es bezweckt als Mittel der richterlichen Selbstkontrolle zum einen die Heilung des Verstoßes gegen das rechtliche Gehör und zum anderen die Korrekturmöglichkeit der darauf beruhenden nachteiligen Entscheidung. Die erste Komponente ist als Folge des Art. 103 I GG in jedem Verfahrensstadium vorzunehmen. Schwierigkeiten können aber bei der zweiten Zweckbestimmung im Fall der Unanfechtbarkeit auftreten. Dort könnte eine nochmalige Überprüfungs- und Änderungsbefugnis fraglich sein[397]. Um klarzustellen, daß das Nachverfahren gemäß § 33 a StPO nicht an einer eventuellen Unanfechtbarkeit von Beschlüssen scheitert, wurde der Nebensatz aufgenommen, "und steht ihm gegen den Beschluß keine Beschwerde und kein anderer Rechtsbehelf zu". Dieses gesetzgeberische Anliegen ist allerdings mißverständlich formuliert. Die Formulierung sollte eher lauten:

> "Hat das Gericht in einem Beschluß zum Nachteil eines Beteiligten Tatsachen oder Beweisergebnisse verwertet, zu denen er noch nicht gehört worden ist, so hat es, sofern der Nachteil noch besteht, von Amts wegen oder auf Antrag die Anhörung nachzuholen und auf einen Antrag zu entscheiden. Die Unanfechtbarkeit des Beschlusses steht dem nicht entgegen."

Dies würde dem von *Kleinknecht*[398] dargelegten Gesetzeszweck, § 33 a StPO eröffne die Möglichkeit, die getroffene Entscheidung trotz deren Unanfechtbarkeit nachzuprüfen, wohl eher gerecht werden[399].

---

[393] So wohl auch *Creifelds*, JR 1965, I (3).

[394] *Kleinknecht*, StPÄG, JZ 1965, 153 (160).

[395] *Creifelds*, JR 1965, 1 (3).

[396] Siehe dazu bereits oben § 9 II. 3. b) cc) S. 94 der Arbeit.

[397] Dies deshalb, weil auch im Strafprozeß die Rechtskraft als Grund für die Unabänderlichkeit einer Beschlußentscheidung genannt wird, vgl. zu dieser Diskussion etwa *Gantzer*, S. 197 ff. m.w.N.; entsprechend für den Zivilprozeß, vgl. die Darlegungen von *H. Schmidt*, Die Gegenvorstellung, S. 43 ff und 60 f m.w.N.

Im Ergebnis ist meines Erachtens also festzustellen, daß das Nachholungsverfahren auch bei noch anfechtbaren Beschlüssen eingreift[400]. Die Unanfechtbarkeitsklausel hat damit nicht die Bedeutung einer einschränkenden Tatbestandsvoraussetzung, sondern einer Erweiterung des Geltungsbereiches auch auf unanfechtbare Entscheidungen. Das Nachholungsverfahren gemäß § 33 a StPO ist mithin kein ergänzender subsidiärer Rechtsbehelf, sondern die spezielle Folge der Verletzung des rechtlichen Gehörs.

III. Zusammenfassung

Will man dem Nachverfahren des § 33 a StPO gerecht werden, so ist bei der Frage nach dessen Geltungsbereich und den verfahrensrechtlichen Voraussetzungen von der Entstehungsgeschichte und den gesetzgeberischen Zielsetzungen auszugehen. Dementsprechend basiert die hier vertretene Meinung auf einer extensiven Auslegung, die als Aufgabe des § 33 a StPO die möglichst weitgehende Beseitigung von Verletzungen des Rechts auf Gehör innerhalb der Fachgerichtsbarkeit begreift. Folgerichtig wurde die Zulässigkeit für Beschlüsse in und außerhalb der Hauptverhandlung bejaht, gleichgültig, in welchem Verfahrensstadium sie ergehen und ob der Verstoß gegen das rechtliche Gehör auf einer "Panne" beruht oder vorläufig in zulässiger Weise

---

[398] *Kleinknecht*, StPÄG, JZ 1965, 153 (160).

[399] Zum Konkurrenzverhältnis des § 33 a StPO zur Wiedereinsetzung in den vorigen Stand vgl. Kleinknechts Ausführungen in den Protokollen des Rechtsausschusses IV, Nr. 41, S. 14.

[400] Dies stimmt mit der für den Strafprozeß gegebenen Wahlmöglichkeit zwischen Beschwerde und Gegenvorstellung überein, vgl. oben 3. Teil FN 259 der Arbeit. Nach der hier vertretenen Überzeugung handelt es sich bei § 33 a StPO um eine gesetzlich normierte Gegenvorstellung, siehe dazu auch unten § 13 und 3. Teil 4. Abschnitt S. 120 f und S. 140 der Arbeit; vgl. auch *Löwe/ Rosenberg/Wendisch*, § 33 a Rdnr. 15 und 20; KK-*Maul*, § 33 a Rdnr. 6; *Kaiser/Uhse*, S. 71; *Meyer*, Kleinknecht-FS, S. 267 (280); vgl. auch Protokolle des Rechtsausschusses IV, Nr. 16, S. 32, insbesondere S. 35 unten; OLG Karlsruhe NJW 1972, 653; OLG Celle NJW 1968, 1391; a.A. wohl OLG Schleswig OLGSt Nr. 1 zu § 33 a StPO; *Gantzer*, S. 55; seine a.A. beruht darauf, daß er im Falle der Gegenvorstellung lediglich eine Berechtigung des Gerichts zu einer erneuten Entscheidung annimmt, wohingegen beim Antrag nach § 33 a StPO eine Bescheidungspflicht gegeben sei. Dabei übersieht Gantzer aber, daß, auch wer Gegenvorstellung erhebt, einen Anspruch auf Entscheidung des Gerichts hat, siehe *Kleinknecht/Meyer*, vor § 296 Rdnr. 26; *Woesner*, NJW 1960, 2129 (2132); *Löwe/ Rosenberg/ Gollwitzer*, vor § 296 Rdnr. 15; a.A. KK-*Ruß*, vor § 296 Rdnr. 4 mit dem Hinweis auf ein nobile officium. Immerhin kann nach *Gantzer*, S. 55, FN 191) aber ein fehlerhafter Beschluß zu einer Verpflichtung des Gerichts führen.

erfolgt. Das Nachverfahren steht jedem mit Ausnahme der Staatsanwaltschaft zur Verfügung, der durch einen gerichtlichen Beschluß unmittelbar in seinen verfahrens- oder materiellrechtlichen Rechtspositionen oder schutzwürdigen Interessen beeinträchtigt ist. Entsprechend der Doppelfunktionalität des Nachholungsverfahrens bietet es auch Rechtsschutz gegen erledigte richterliche Grundrechtseingriffe mit fortbestehender diskriminierender Wirkung und ist vor allem nicht als subsidiärer Rechtsbehelf anzusehen, der lediglich bei unanfechtbaren Beschlüssen zur Anwendung kommt. Das durch Art. 8 Nr. 2 StPÄG eingeführte Nachverfahren stellt sich mithin als gesetzlich normierter spezieller Rechtsbehelf dar, der eine Rechtsschutzlücke in der Strafprozeßordnung schließt und auf die Heilung von Verletzungen gegen das Recht auf Gehör in möglichst umfassender Weise zugeschnitten ist. Der Verstoß gegen Art. 103 I GG ist also die verfahrensrechtliche Ausgangssituation des § 33 a StPO, die zu dessen Heilung und zur möglichen Beseitigung eines darüber hinausgehenden Nachteils führen kann. Damit ist das doppelte Rechtsschutzziel der Norm angesprochen, dessen verfahrensmäßige Ausgestaltung nachfolgend untersucht werden soll.

§ 10 Das Nachholungsverfahren

I. Anhörungszuständigkeit des Ausgangsgerichts

Bei Vorliegen der beschriebenen Voraussetzungen des § 33 a StPO hat das Gericht die bisher unterlassene, verfahrensrechtlich aber zu fordernde Anhörung nachzuholen. Bereits der Wortlaut der Norm deutet darauf hin, daß die nachträgliche Gewährung rechtlichen Gehörs durch dasjenige Gericht zu erfolgen hat, welches den angegriffenen Beschluß erlassen hat. Auch die gesetzgeberischen Zielsetzungen[401], die auf der Rechtsprechung des Bundesverfassungsgerichts[402] beruhen, sprechen für die Inanspruchnahme der erkennenden Instanz zur Heilung des Verstoßes gegen das rechtliche Gehör, da bewußt auf die Erweiterung des Instanzenzuges verzichtet wurde, um dadurch bedingte Verzögerungen zu vermeiden. Das Nachverfahren stellt damit einen innerinstanziellen Rechtsbehelf ohne Devolutivwirkung dar, was sich auch aus der Abänderungsbefugnis des § 33 a Satz 2 StPO ableiten läßt, die dem Gericht hinsichtlich "seiner" Entscheidung eingeräumt ist. Denn ein Auseinanderfallen der Entscheidungs- und Anhörungsbefugnis auf zwei verschiedene Gerichte ist schon aus prozeßökonomischen Gründen zu verneinen, wes-

---

[401] Vgl. etwa Protokolle des Rechtsausschusses IV, Nr. 16, S. 36 und Nr. 41, S. 14.
[402] BVerfGE 9, 89 ff; E 42, 243 (250) m.w.N.

halb der Schluß von der Änderungsbefugnis des judex a quo auf dessen Anhörungszuständigkeit gerechtfertigt erscheint.

Die in der Rechtsprechung[403] geführte Auseinandersetzung um den Anwendungsbereich des § 33 a StPO bezüglich ohne Anhörung des Verurteilten erfolgte Widerrufsbeschlüsse der Strafaussetzung zur Bewährung (§ 453 I 1,2 StPO), bestätigt die innerinstanzielle Bedeutung des Nachverfahrens. Die überwiegende Meinung[404] bevorzugt die Heilung des Verstoßes gegen das Recht auf Gehör durch den judex a quo, auf Grund des § 33 a StPO analog, der als spezielle Regelung angesehen wird und daher die sachnähere Lösung gegenüber einer Heilung im Rechtsmittelwege, mit Hilfe einer Wiedereinsetzung in den vorigen Stand, bietet. Auf die Unanfechtbarkeitsklausel wird dabei weniger Gewicht gelegt als auf die fehlende Voraussetzung der schuldlosen Fristversäumung nach § 44 StPO.

Auch nach der hier vertretenen Ansicht[405] liegt in diesen Fällen ein Anwendungsbereich des § 33 a StPO vor, da die Norm nicht als subsidiärer Rechtsbehelf begriffen wird und das Konkurrenzverhältnis zur Wiedereinsetzung nur dann eingreift, wenn die Voraussetzungen beider Rechtsbehelfe vorliegen, was hier gerade nicht gegeben ist. Allerdings ist § 33 a StPO hier direkt und nicht analog anzuwenden.

Unabhängig von der Frage einer unmittelbaren oder lediglich entsprechenden Anwendung kann aber die Zuständigkeit des Ausgangsgerichts als feststehend angesehen werden. Dies bestreiten auch nicht die Befürworter einer Wiedereinsetzung. Ihre Auffassung hängt mit einer Überbetonung der Unanfechtbarkeitsklausel zusammen und deren Auslegung als einschränkende Zulässigkeitsvoraussetzung.

---

[403] Für eine entsprechende Anwendung des § 33 a StPO bei öffentlicher Zustellung des Widerrufsbeschlusses (§ 40 StPO) und schuldhafter Versäumung der Frist zur Einlegung der sofortigen Beschwerde (§§ 453 II 3, 311 II StPO), BGHSt 26, 127 (130); OLG Koblenz MDR 1976, 598, MDR 1975, 595; OLG Saarbrücken NJW 1974, 283; OLG Celle NJW 1973, 2306 f; OLG Hamburg NJW 1972, 219; OLG Karlsruhe MDR 1974, 685. Eine lediglich entsprechende Anwendung des § 33 a StPO wird von den Gerichten bejaht, da die Unanfechtbarkeit hier erst durch Fristablauf eingetreten sei; vgl. dazu oben § 9 II.4. S. 97 der Arbeit.
Für die Wiedereinsetzung in den vorigen Stand (§ 44 StPO), auch bei schuldhafter Fristversäumung in diesen Fällen, OLG Stuttgart NJW 1974, 284; OLG Braunschweig NJW 1971, 1710 f; OLG Frankfurt NJW 1972, 1095; OLG Koblenz MDR 1972, 965; OLG Celle NJW 1972, 2097.

[404] Siehe auch in der Literatur *Kleinknecht/Meyer*, § 33 a StPO Rdnr. 4; KK-*Maul* § 33 a Rdnr. 6; gegen eine erweiternde Auslegung des § 44 StPO auch *Hanack*, Rechtliches Gehör, JZ 1966, 43 (46); a.A. KMR-*Paulus*, § 33 a Rdnr. 12.

[405] Vgl. oben § 9 II.4. S. 98 f der Arbeit.

Neben dem oben[406] bereits erwähnten Aspekt einer Wahlmöglichkeit zwischen Beschwerde und Nachverfahren liegt hier eine zweite wesentliche Parallele zum Rechtsbehelf der Gegenvorstellung. Wie für sie[407], so ist auch für das Verfahren nach § 33 a StPO kennzeichnend, daß der judex a quo erneut tätig wird, ein Devolutiveffekt also fehlt[408]. Auf die Gemeinsamkeiten beider Rechtsbehelfe wird im Laufe dieses Abschnitts noch näher einzugehen sein[409].

II. Das Antragsverfahren

1. Als Rechtsfolge der Verletzung des rechtlichen Gehörs schreibt § 33 a Satz 1 StPO zunächst die Nachholung der unterlassenen Anhörung vor. Erhält das Gericht nicht auf andere Weise Kenntnis von seinem Verfahrensfehler, so bedarf es eines Antrags des Beteiligten. In diesem Antrag sind die sachlichen Voraussetzungen des § 33 a StPO vorzutragen[410]. Das Antragsverfahren wird in der Regel bei fehlerhaft unterlassener Anhörung stattfinden, steht also in engem Zusammenhang mit § 33 III StPO. Die Möglichkeit der Einleitung auf Antrag soll dabei die nachträgliche Anhörung auch in diesen Fällen sicherstellen[411].

2. Da das Nachholungsverfahren des § 33 a StPO die rechtstechnische Lösung der Forderung des Bundesverfassungsgerichts darstellt, auch an sich endgültige Entscheidungen bei mangelnder Gewährung rechtlichen Gehörs als vorläufig anzusehen[412], erhebt sich die Frage nach einer Befristung des Antragsverfahrens. Vor allem bei Beschlüssen, die der sofortigen Beschwerde unterliegen und damit nur befristet angreifbar sind, kann die zeitlich unbegrenzte Durchbrechung der Rechtskraft zur Beeinträchtigung der Rechtssicherheit führen. Eine Befristung des Antrags wurde daher auch in den Beratungen zu Art. 8 StPÄG 1964 gefordert[413]. Vor der oben[414] erwähnten Streichung des

---

[406] Siehe § 9 II. 4., insbesondere FN 400 der Arbeit.

[407] Dazu oben § 2 S. 21 der Arbeit.

[408] Für die Gegenvorstellung im Strafprozeß siehe *Ellersiek*, S. 30. Dies ist aber für die Gegenvorstellung generell kennzeichnend; für den Verwaltungsgerichtsprozeß vgl. *Bowitz*, Gegenvorstellung im Verwaltungsprozeß, Staats- und Kommunalverwaltung, 1977, 142.

[409] Unten § 10 II. S. 108 der Arbeit.

[410] *Löwe/Rosenberg/Wendisch*, § 33 a Rdnr. 18; *Kleinknecht/Meyer*, § 33 a Rdnr. 7.

[411] *E. Schmidt*, Lehrkommentar, Nachtragsband I, § 33 a Rdnr. 6.

[412] Vgl. Protokolle des Rechtsausschusses IV, Nr. 16, S. 35.

[413] Protokolle des Rechtsausschusses IV, Nr. 16, S. 35, Nr. 41, S. 17.

[414] Siehe oben § 9 I. S. 77 f der Arbeit.

geplanten § 33 a II StPO des Entwurfes, der eine Ausnahme bei Beschlüssen, die über eine Berufung oder Revision entschieden haben, statuierte, wurde versucht, diese Ausnahme durch die Gewährung einer Wochenfrist abzumildern. Das Nachverfahren sollte in diesen Fällen also nur zulässig sein, wenn ein entsprechender Antrag binnen einer Woche gestellt wird. Der Ausschuß verweigerte zu einer solchen Befristung aber seine Zustimmung, da in ihr kein Ausweg aus dem Konflikt zwischen dem Grundsatz des rechtlichen Gehörs und dem Bedürfnis nach Rechtssicherheit gesehen wurde. Bei einer Frist, die kürzer sei als die für eine Verfassungsbeschwerde (§ 93 I 1 BVerfGG), bleibe — nach Fristablauf für das Nachholverfahren — erneut die Möglichkeit einer Verfassungsbeschwerde. Da das § 33 a–Verfahren diese aber erübrigen soll, stehe der Gesetzeszweck einer Befristung des Antrags entgegen. Auf den geplanten § 33 a II des Entwurfs wurde daraufhin von seiten des Bundesjustizministeriums verzichtet.

Nach dem Wortlaut des § 33 a StPO ist der Antrag daher nicht an eine Frist gebunden[415]. Durch ein unbefristetes Nachholungsverfahren wird — nach der hier vertretenen Auffassung — die Antinomie zwischen materieller Gerechtigkeit und aus dem Rechtsstaatsgedanken abzuleitender Rechtssicherheit aber einseitig zugunsten des ersteren Aspekts verstärkt. Beide mittels des Verfahrensrechts zu verfolgenden Zielvorgaben können aber zu einem beiderseits annehmbaren Ausgleich gebracht werden, wenn man die Aufgabe des § 33 a StPO berücksichtigt. Er ermöglicht es, als einfachgesetzliche Konkretisierung des Art. 103 I GG, nachträglich in die Rechtskraft gerichtlicher Sachentscheidungen einzugreifen, und zwar in grundsätzlich gleicher Weise wie durch deren Aufhebung mittels Verfassungsbeschwerde[416]. Auf Grund des engen funktionalen Zusammenhangs beider Normen ist daher an eine entsprechende Anwendung des § 93 I 1 BVerfGG zu denken. Der Antrag auf Nachholung des Rechts auf Gehör wäre damit binnen eines Monats seit Bekanntgabe des beeinträchtigenden Beschlusses beim judex a quo zu stellen[417]. Diese Überlegungen zur wünschenswerten Befristung des Nachholungs-

---

[415] Sie wird aber auch heute noch gefordert, etwa von *Löwe/Rosenberg/Wendisch*, § 33 a Rdnr. 16; vgl. auch zu einer Begrenzung des Antragsrechts aus § 33 a StPO auf Grund der Verwirkung des Anspruchs auf rechtliches Gehör *Hanack*,Rechtliches Gehör, JZ 1966, 43 (47 ff); zur Verwirkung auch OLG Koblenz MDR 1987, 867.

[416] BVerfGE 42, 243 (247 f).

[417] Eine Monatsfrist wurde auch bei den Überlegungen zur Einführung einer sog. "Anhörungsrüge" gegen rechtskräftige Endurteile im Zivilprozeß erörtert, siehe *Hübsch*, DRiZ 1980, 140; *Seetzen*, Anhörungsrüge, NJW 1982, 2337 (2343); die in der Begründung zum Entwurf eines Fünften Gesetzes zur Änderung des Gesetzes über das Bundesverfassungsgericht (BT–Drucksache X, 2951, S. 8) genannte Notfrist von zwei Wochen dürfte dagegen auf die oben im Text erörterten Bedenken zum geplanten § 33 a II des Entwurfs stoßen und daher abzulehnen sein. Zur Anhörungsrüge siehe auch unten 3. Teil, 3. Abschnitt S. 137 ff der Arbeit.

verfahrens werden bei der Formulierung einer entsprechenden Regelung de lege ferenda für die Zivilprozeßordnung erneut zu berücksichtigen sein[418]. De lege lata stellt sich § 33 a StPO aber als unbefristeter Rechtsbehelf dar. Eine für den Beteiligten nachteilige Analogie zu § 93 I 1 BVerfGG ist derzeit mangels einer Regelungslücke zu verneinen, denn der Gesetzgeber sah ja bewußt von einer Regelung ab. Schließlich ist für die Frage der Einführung einer Befristung auf den Gesetzes- und den diesen in sich aufnehmenden Parlamentsvorbehalt[419] hinzuweisen.

Damit ist aber erneut eine Übereinstimmung zum Rechtsbehelf der Gegenvorstellung festzustellen. Auch sie wird ja als unbefristete Möglichkeit verstanden, die Abänderung von Beschlüssen durch den judex a quo zu erreichen[420].

3. Des weiteren ist auf die Parallele hinsichtlich der Frage nach einem Formerfordernis für die nachträgliche Anhörung hinzuweisen. Nach dem Wortlaut des § 33 a StPO erfolgt die Gewährung rechtlichen Gehörs formfrei. Dabei ist weder für den Antrag noch die Durchführung eine Form vorgeschrieben[421]. Hinsichtlich des Antrags ist Schriftform aber wohl zweckmäßig, da in ihm die sachlichen Voraussetzungen des Nachholverfahrens darzulegen sind. Die verfahrensmäßige Durchführung ist ebenfalls unter Praktikabilitätsgründen zu betrachten und kann sich nach der Verfahrensart richten, in der der angegriffene Beschluß ergangen ist. Im Verfahren nach § 72 OWiG hat das Gericht die Möglichkeit, für die Nachholung die Form der Hauptverhandlung zu wählen[422]. Andernfalls gibt es dem Beteiligten die Gelegenheit, sich schriftlich oder mündlich zu den verwerteten Tatsachen oder Beweisergebnissen zu äußern, etwa in einem erneuten Haftprüfungsverfahren[423]. Das Gericht kann zur Nachholung zwar das Inzidentverfahren, in dem der benachteiligende Beschluß ergangen ist, wiederaufnehmen[424], aber nicht i.S.e. völligen Neuverhandlung, sondern es ist dabei auf die ohne rechtliches Gehör verwerteten Tatsachen und Beweisergebnisse beschränkt. Andere, für den Beteiligten ungünstige nova, hat es dabei auf Grund der Zielsetzung des § 33 a StPO außer Betracht zu lassen[425]. Er dient ja zur Beseitigung eines auf einer

---

[418] Siehe dazu unten 4. Teil S. 153 der Arbeit.

[419] *Stern*, S. 811.

[420] Vgl. oben § 2 S. 21 der Arbeit.

[421] *Kleinknecht/Meyer*, § 33 a Rdnr. 7; KK-*Maul*, § 33 a Rdnr. 9; KMR- *Paulus*, § 33 a Rdnr. 19; *Hanack*, Rechtliches Gehör, JZ 1966, 43 (48).

[422] BayObLGSt 1973, 42 (44).

[423] KK-*Maul*, § 33 a Rdnr. 9.

[424] KMR-*Paulus*, § 33 a Rdnr. 19.

[425] So zu Recht *Wittschier*, S. 176; offengelassen in BayObLGSt 1973, 42 (45).

Verletzung des Rechts auf Gehör beruhenden Nachteils[426]. Die konkrete Ausgestaltung des Nachholungsverfahrens ist dem Gericht überlassen. Wie die Gegenvorstellung ist es ein formfreier Rechtsbehelf.

4. Der Antrag des Beteiligten zielt zunächst darauf ab, den judex a quo auf den begangenen Verfahrensfehler aufmerksam zu machen und das Nachholungsverfahren einzuleiten[427]. Dazu sind, wie bereits erwähnt, die sachlichen Voraussetzungen des § 33 a StPO darzulegen. Sind sie nicht ausreichend substantiiert oder liegen sie nicht vor, ist das Nachholungsverfahren unzulässig bzw. unbegründet. Gleichwohl hat der Beteiligte einen Anspruch auf Verbescheidung[428]. Sein Antrag wird dann als unzulässig verworfen bzw. als unbegründet zurückgewiesen[429].

III. Das Amtsverfahren

1. Erhält das erkennende Gericht in anderer Weise als durch einen Antrag des Beteiligten Kenntnis von der Verletzung des Rechts auf Gehör, so hat es das Nachverfahren von Amts wegen zu betreiben[430]. Dies gilt sowohl bei versehentlicher als auch bei bewußter Nichtgewährung. Die Fälle des § 33 IV StPO dürften allerdings den Großteil des Amtsverfahrens ausmachen. Denn beruht der Verfahrensfehler auf einem Versehen des Gerichts, so wird es faktisch auf einen Antrag des Betroffenen angewiesen sein.

Bezüglich des Amtsverfahrens erheben sich vor allem zwei Streitfragen: zum einen, ob es auch bei noch beschwerdefähigen Entscheidungen durchzuführen ist, und zum anderen, ob es stets zur Anwendung kommt, also eine dahingehende Verpflichtung des Gerichts besteht. Bereits der Wortlaut des § 33 a StPO gibt Anlaß zu Zweifeln, wenn das Amtsverfahren auf unanfechtbare Beschlüsse beschränkt werden soll, da sich die Unanfechtbarkeitsklausel auf den Beteiligten bezieht, wenn sie fordert, daß "ihm" keine Beschwerde

---

426 Nach *Herzog*, S. 138, ist dagegen die Nachholung des rechtlichen Gehörs der einzige "Nachverfahrensgrund". Auch er kann als Konsequenz aber eine mögliche erneute Entscheidung nicht ausschließen. Damit wird Herzog der Doppelfunktionalität des § 33 a StPO nicht gerecht, der in gleichwertiger Weise, sowohl die Heilung des Verfahrensfehlers als auch die Korrektur einer fehlerhaften Entscheidung anstrebt. Dazu näher unten § 11 S. 111 ff der Arbeit.

427 Für die gleichzeitig mögliche Antragstellung bezüglich der Überprüfungsentscheidung vgl. unten § 11 S. 111 der Arbeit.

428 KK-*Maul*, § 33 a Rdnr. 10; *Kleinknecht/Meyer*, § 33 a Rdnr. 7; KG JR 1984, 39 (40).

429 KMR-*Paulus*, § 33 a Rdnr. 18.

430 Vgl. BayVerfGH NJW 1987, 314; KK-*Maul*, § 33 a Rdnr. 8.

und kein anderer Rechtsbehelf zustehen darf. Dieser Wortlaut ist aber nicht eindeutig, weshalb auf andere Auslegungsmethoden zurückzugreifen ist. Hierfür kann aber auf die Ausführungen zur Frage nach der Subsidiarität des § 33 a StPO verwiesen werden[431]. Im Ergebnis ist das Amtsverfahren demnach auch auf anfechtbare Entscheidungen anwendbar.

Auch bei der Untersuchung einer Verpflichtung des Gerichts zur nachträglichen Anhörung kann an die Überlegungen zur Subsidiarität des § 33 a StPO angeknüpft werden. Entgegen der Meinung von *Karlheinz Meyer*[432], wonach sie nicht in jedem Fall des § 33 IV StPO besteht, ist auf den Automatismus zu § 33 a StPO hinzuweisen. Die Zulässigkeit vorheriger Nichtgewährung ist von einer Nachholung des rechtlichen Gehörs abhängig zu machen[433]. Insoweit sind beide Vorschriften gekoppelt und führen zu einer Verpflichtung des Gerichts[434].

Generell ist das Nachholungsverfahren also dann durchzuführen, wenn das Gericht von der (auch versehentlichen) Nichtgewährung des rechtlichen Gehörs Kenntnis erlangt. Durch ein Verschulden des Beteiligten an der vorherigen Nichtgewährung wird die Zulässigkeit des § 33 a StPO nicht beschränkt[435,436].

---

[431] Dazu oben § 9 II. 4. S. 97 ff der Arbeit.

[432] *Kleinknecht/Meyer*, § 33 a Rdnr. 8, § 33 Rdnr. 18, mit dem Hinweis auf die Heilungsmöglichkeit im Rechtsmittelzug; anders noch in der 37. Aufl., § 33 a Rdnr. 5.

[433] Dies ist ja gerade der Grund, weshalb BVerfGE 9, 89 (106 f) die Vorläufigkeit von Maßnahmen ohne rechtliches Gehör betont und darauf hinweist, daß dem Beschuldigten dann Gelegenheit zur Gegenvorstellung zu geben ist und das Recht auf Gehör nachträglich gewährt werden muß.

[434] So auch KK-*Maul*, § 33 Rdnr. 14; § 33 a Rdnr. 8; *Löwe/Rosenberg/Wendisch*, § 33 Rdnr. 42; *Hanack*, Urteilsanmerkung, JR 1967, 229 (230); *Kleinknecht*, StPÄG, JZ 1965, 153 (159 f); dafür spricht auch der Wortlaut des Gesetzes: ..."so hat es"..."die Anhörung nachzuholen"... .

[435] Dies betrifft etwa die Fälle, in denen der Beteiligte die Zustellung des die Strafaussetzung zur Bewährung widerrufenden Beschlusses schuldhaft durch Flucht vereitelt und öffentlich zugestellt werden muß; vgl. dazu auch oben § 9 II. 1. a) aa) S. 80 und § 10 I. S. 105 der Arbeit; ferner *Kleinknecht/ Meyer*, § 33 a Rdnr. 8; KK-*Maul*, § 33 a Rdnr. 5.

[436] Eine formlose Beendigung des Nachverfahrens wird aber für möglich gehalten, wenn der Beteiligte in Kenntnis des Beschlusses auf sein Äußerungsrecht verzichtet oder zu erwarten ist, daß er die Gelegenheit zur nachträglichen Anhörung nicht nützen will, siehe KK-*Maul*, § 33 a Rdnr. 8; KMR-*Paulus*, § 33 a Rdnr. 17; *Kleinknecht/ Meyer*, § 33 a Rdnr. 8; für den ähnlich gelagerten Fall des § 311 a StPO, OLG Düsseldorf Jur Büro 1986, 1216.

2. Bezüglich der Frage nach einer wünschenswerten Befristung und der konkreten Ausgestaltung des Amtsverfahrens sind gegenüber dem Antragsverfahren keine Abweichungen festzustellen. Die dazu gemachten Ausführungen[437] gelten daher sinngemäß auch hier.

Mit der nachträglichen Anhörung des Beteiligten ist das Verfahren nach § 33 a StPO aber nicht beendet. Sie ist nicht Selbstzweck, sondern löst ein weiteres Tätigwerden des Gerichts aus.

§ 11 Das Überprüfungsverfahren

Entsprechend der Doppelfunktionalität des § 33 a StPO ist das Nachverfahren in zwei Abschnitte aufzuteilen. Dabei ist das Nachholungsverfahren auf die Heilung des Verfahrensfehlers durch nachträgliche Anhörung gerichtet. In einem zweiten Schritt ist nun die Möglichkeit der Beseitigung des auf der Nichtanhörung beruhenden selbständigen Nachteils zu untersuchen. Damit beschäftigt sich das sog. Überprüfungsverfahren.

Seine Regelung findet sich in § 33 a Satz 1, letzter Halbsatz und Satz 2 StPO. Nach dem Gesetzeswortlaut besteht für das Gericht eine Verpflichtung zur erneuten Entscheidung, wenn das Nachholungsverfahren auf Antrag eingeleitet wurde und sich der Antrag auch auf die Überprüfung des angegriffenen Beschlusses erstreckt (§ 33 a Satz 1, letzter Halbsatz StPO). Dabei sind beide Anträge der Sache nach zu trennen, können aber auch in einem Antrag verbunden werden[438].

Gemäß Satz 2 des § 33 a StPO ist eine Überprüfungsentscheidung aber auch ohne Antrag, also von Amts wegen möglich. Er wurde in die Regelung aufgenommen, um einen Gegenschluß aus Satz 1, letzter Halbsatz zu verhindern[439]. Eine Abänderung des Erstbeschlusses setzt also nicht notwendig einen Antrag voraus. Der Wortlaut des Satzes 2 könnte es nahelegen, im Falle der Durchführung des Überprüfungsverfahrens von Amts wegen lediglich eine Berechtigung und keine Verpflichtung des Gerichts zur erneuten Entscheidung anzunehmen. Damit wäre der Anspruch des Beteiligten auf Überprüfung des benachteiligenden Beschlusses und erneuter Verbescheidung von seinem dahingehenden Antrag abhängig.

Diese schwer verständliche Regelung, daß zum einen zwar die Anhörung nachgeholt werden muß, zum anderen aber nicht unter allen Umständen eine

---

437 Vgl. soeben § 10 II. 2. 3. S. 106 ff, 108 der Arbeit.
438 *Löwe/Rosenberg/Wendisch*, § 33 a Rdnr. 18.
439 Siehe Protokolle des Rechtsausschusses IV, Nr. 41, S. 14.

erneute Entscheidung zu ergehen braucht, geht auf Erwägungen des Bundesjustizministeriums zurück[440]. Es wurde als "sehr formal" angesehen, auch in Fällen, in denen der Beteiligte nachträglich gehört wurde, selbst aber keinen Aufhebungsantrag stellt, eine neue Entscheidung des Gerichts zu verlangen. Zudem bringe dies eine Komplizierung des Verfahrens und eine notwendige Zustellung mit sich.

Diese Einwände gegen eine obligatorische Entscheidung des Gerichts stoßen aber dann auf Bedenken, wenn der selbständige Nachteil i.S.d. § 33 a StPO tatsächlich auf dem Verstoß gegen das rechtliche Gehör beruht. Zur Klarstellung sind zunächst diejenigen Fälle auszusondern, in denen eine erneute Entscheidung ergehen muß. Dies ist gegeben, wenn das Nachholungsverfahren auf Antrag oder von Amts wegen durchgeführt wurde und der Beteiligte dabei einen Aufhebungsantrag stellt. Nach dem Wortlaut und der geschilderten Gesetzesgeschichte besteht dann ein Anspruch auf Überprüfung. Ist nicht auszuschließen, daß der angegriffene Beschluß auf den Tatsachen und/oder Beweisergebnissen beruht und kommt das Gericht auf Grund der Anhörung zum Ergebnis, seinen bisherigen Beschluß nicht mehr aufrechterhalten zu können, so trifft es eine neue Sachentscheidung, indem es ihn aufhebt und abändert. Ergibt die nachträgliche Anhörung keinen Grund, den Erstbeschluß zu ändern, wird er aufrechterhalten. Stets ist aber eine erneute Entscheidung erforderlich[441].

Kritisch zu betrachten sind danach folgende Kombinationen: zum einen, wenn das Nachholungsverfahren auf Antrag erfolgte, der Beteiligte sich äußerte, aber keinen ausdrücklichen Überprüfungsantrag stellt. Hier wird in der Regel im Nachholungsantrag konkludent auch das weitergehende Begehren nach einer neuen Sachentscheidung zu erblicken sein, auf das gegebenenfalls auf Grund der prozessualen Fürsorgepflicht[442] aufmerksam zu machen ist. Zwar

---

[440] Vgl. Protokolle des Rechtsausschusses IV, Nr. 41, S. 15; Nr. 16, S. 30 und 36.

[441] *Kleinknecht/Meyer*, § 33 a Rdnr. 9; *Wittschier*, S. 175; KMR-*Paulus*, § 33 a Rdnr. 20; *Löwe/Rosenberg/Wendisch*, § 33 a Rdnr. 17; KK-*Maul*, § 33 a Rdnr. 10.

[442] *Plötz*, S. 187, kennt dem Grunde nach auch eine den Inhalt eines Antrags betreffende Beratungspflicht des Gerichts an; *Roxin*, § 11 V 2, S. 62, befürwortet die Hinweispflicht des Gerichts auf Antragsrechte des Betroffenen im Rahmen der Fürsorgepflicht und versteht eine daraus abgeleitete weite Hinweispflicht als Konkretisierung des Art. 103 I GG, § 42 V 1, 2, S. 272 f; KMR-*Sax*, Einl. XII Rdnr. 10; *Kleinknecht/Meyer*, Einl Rdnr. 157; auch *Maiwald*, Lange-FS, S. 745 (753), verbindet die Fürsorgepflicht mit den prozessualen Rechten des Beschuldigten; schließlich ist darauf hinzuweisen, daß nach BVerfGE 9, 89 (107) der Beschuldigte über sein Recht zu Gegenvorstellungen zu belehren ist. Da das Gericht eine entsprechende Anwendung des § 115 IV StPO bemüht, ist wohl an eine umfassende Rechtsbehelfsbelehrung gedacht, zumal es mit der Gegenvorstellung auch eine Pflicht zur erneuten Überprüfung und Verbescheidung verbindet. Eine Beschränkung der Belehrung auf das Nachholungs-

bereitet die dogmatische Einordnung und Abgrenzung der gerichtlichen Fürsorgepflicht Schwierigkeiten, jedoch ist darauf insoweit nicht näher einzugehen, als die hier befürwortete Fallgruppe ihres Anwendungsbereichs weitgehend unbestritten ist. Die Rechtspflicht, den Betroffenen über Antragsrechte zu belehren, ist dem Typus der prozessualen Fürsorgepflicht zuzurechnen, unabhängig davon, ob sie als eigenständiges Prozeßprinzip oder lediglich als Konkretisierung des Gebots des fair trial oder des Grundsatzes des sozialen Rechtsstaates (Art. 28 GG) begriffen wird. Zum anderen bleibt der umstrittene Fall der amtswegigen Durchführung des Nachholungsverfahrens, in dem die Anhörung des Beteiligten diesen zu keinem neuen Sachantrag veranlaßte. Der Wortlaut des § 33 a Satz 2 StPO könnte dann auf ein Ermessen des Gerichts bezüglich der Überprüfung hindeuten. Dagegen wendet sich zu Recht *Dirk Ellersiek*, wenn er darauf hinweist, daß Satz 2 nicht als Ermessensnorm aufzufassen ist, sondern lediglich die Befugnis des Gerichts zu einer neuen Entscheidung bestimmt[443]. Das Verständnis als Befugnisnorm stützt der Grund für die Einführung des § 33 a Satz 2 StPO, einen Gegenschluß zu Satz 1, letzter Halbsatz, zu verhindern. Man wollte dem Gericht die Befugnis zu einer Änderung auch von Amts wegen einräumen. Eine Ermessenseinräumung wird dadurch nicht ersichtlich. Dafür spricht auch die Begründung des Bundesjustizministeriums, sich gegen eine obligatorische Entscheidung des Gerichts zu wenden. Aus den Protokollen[444] ist nämlich zu entnehmen, daß nur dann auf eine neue Entscheidung verzichtet werden könne, wenn der Angehörte deshalb keinen Antrag stelle, weil er eine solche nicht wolle. Daraus ergibt sich nicht notwendig die Negierung einer Überprüfungs- und Entscheidungspflicht, wenn die Anhörung einen fehlerhaften Beschluß offenbart und der Nachteil noch besteht. Vielmehr wird in diesem Fall eine Verpflichtung des Gerichts zu einer neuen Sachentscheidung zu bejahen sein. Wurde das Nachholungsverfahren von Amts wegen durchgeführt und ergibt die Gewährung rechtlichen Gehörs, daß der Erstbeschluß nicht aufrechterhalten werden kann, so kann das Gericht nicht von Amts wegen seine fehlerhafte Entscheidung ignorieren, da das Verfahren nach § 33 a StPO auch der Beseitigung eines selbständigen Nachteils des Beteiligten dient[445].

---

verfahren wäre mit diesen Grundsätzen nicht zu vereinbaren; zur Antragsauslegung bei § 33 a StPO vgl. auch OLG Düsseldorf JMBl NRW 1982, 141.

[443] *Ellersiek*, S. 188 f. Seine Meinung bezieht sich zwar auf § 311 a I 2 StPO, ist aber auf Grund der ähnlichen Voraussetzungen und Rechtsfolgen auch für § 33 a StPO verwertbar. Zur Übereinstimmung in den wesentlichen Punkten vgl. auch *Wittschier*, S. 177 und unten 3. Teil, 2. Abschnitt S. 127 ff der Arbeit.

[444] Protokolle des Rechtsausschusses IV, Nr. 16, S. 36.

[445] *Wittschier*, S. 175; BayObLGSt 1973, 42 (44).

Die hier vertretene Meinung kann sich auch auf § 309 II StPO berufen. § 311 a II StPO erklärt § 309 II StPO bezüglich des Verfahrens für entsprechend anwendbar. § 309 II StPO statuiert bei Begründetheit der Beschwerde eine Sachentscheidungspflicht des Beschwerdegerichts[446]. Übertragen auf § 311 a StPO bedeutet dies, daß eine Überprüfungsentscheidung ergehen muß, wenn die Anhörung die Unrichtigkeit des angegriffenen Beschlusses erbracht hat. Auf Grund der Ähnlichkeiten in Voraussetzung und Rechtsfolge zwischen den §§ 33 a und 311 a StPO[447] erscheint es gerechtfertigt, den Gedanken des § 309 II StPO auch auf das Überprüfungsverfahren nach § 33 a StPO anzuwenden. Ergibt die nachträgliche Gewährung rechtlichen Gehörs also die Fehlerhaftigkeit des Erstbeschlusses, so ist das Gericht zu seiner Aufhebung und Änderung verpflichtet, sofern der selbständige Nachteil noch besteht, oder hat die Rechtswidrigkeit der erledigten Maßnahme festzustellen[448], wenn ein dahingehendes Feststellungsinteresse des Beteiligten zu bejahen ist.

Eine Entscheidung kann aber dann entfallen, wenn der Beteiligte bei der Anhörung zu erkennen gibt, keine andere Sachregelung zu wollen, also keinen Antrag stellt und die Überprüfung die Richtigkeit des Erstbeschlusses bestätigt. Es wäre tatsächlich übertriebener Formalismus, hier noch einen ausdrücklichen Beschluß des Gerichts zu fordern, der seinen Vorgänger ja nur aufrechterhalten kann. Das Überprüfungsverfahren ist dann formlos zu beenden[449].

In allen anderen Fällen besteht aber eine Bescheidungspflicht des Gerichts, die für das Antragsverfahren zusätzlich aus § 34 StPO hergeleitet wird[450]. Die erneute Sachentscheidung ist zu begründen, § 34 StPO, und bekanntzumachen, § 35 StPO[451].

Inhaltlich ist zu berücksichtigen, daß § 33 a StPO nach der Zielsetzung des Gesetzgebers den Verstoß gegen das rechtliche Gehör heilen soll, aber nur, wenn ein darüber hinausgehender selbständiger Nachteil besteht. Die nachträgliche Anhörung ist also nicht Selbstzweck, sondern zielt auf die Beseitigung des benachteiligenden Beschlusses ab. Dabei sind konsequenterweise nur diejenigen Tatsachen und Beweisergebnisse für die Überprüfungsentscheidung heranzuziehen, die im Erstbeschluß ohne rechtliches Gehör nachteilig verwertet wurden; andere — dem Beteiligten ungünstige — nova dagegen nicht, auch

---

[446] *Kleinknecht/Meyer,* § 309 Rdnr. 3 und 4; KMR-*Paulus,* § 309 Rdnr. 6.

[447] Dazu unten 3. Teil, 2. Abschnitt S. 127 ff und 134 ff der Arbeit.

[448] Vgl. oben § 9 II. 3. b) cc) S. 95 f der Arbeit.

[449] Eine solche formlose Beendigung des Nachverfahrens wird auch dann vorgeschlagen, wenn der Beteiligte die Gelegenheit zur nachträglichen Äußerung nicht wahrnimmt, KK-*Maul,* § 33 a Rdnr. 10; KMR-*Paulus,* § 33 a Rdnr. 21.

[450] Protokolle des Rechtsausschusses IV, Nr. 16, S. 30 und 36.

[451] *Löwe/Rosenberg/Wendisch,* § 33 a Rdnr. 19; KK-*Maul,* § 33 a Rdnr. 10.

wenn die Frage einer Abänderung zu seinen Lasten gesetzlich nicht geregelt ist. Der Beteiligte würde sonst doppelt belastet werden. Zum einen würde ein benachteiligender Beschluß, ohne seine Stellungnahme abzuwarten, erlassen und zum anderen würde er bei der Bemühung um eine verfahrensrechtlich korrekte Handlungsweise in Gefahr stehen, seine Rechtsposition noch einmal verschlechtert zu sehen. Soll das Nachverfahren aber eine effektive Möglichkeit der richterlichen Selbstkontrolle darstellen und Verfassungsbeschwerden weitgehend erübrigen, ist für ein Verbot der reformatio in peius zu plädieren, um den Beteiligten nicht von der Wahrnehmung seiner Rechtsschutzmöglichkeiten abzuhalten. Soweit ersichtlich, besteht in Literatur und Rechtsprechung Einigkeit über die Geltung des Verschlechterungsverbots im Verfahren nach § 33 a StPO[452]. Dies entspricht auch der ratio legis, die — wie betont — in einer echten Doppelfunktion des § 33 a StPO besteht. Die Untersuchung des Verfahrens hat ja ergeben, daß die Norm zwar als Ausgangssituation auf eine Verletzung des Art. 103 I GG zugeschnitten ist, insofern also ein Nachverfahren stattzufinden hat. Damit hat es aber nicht sein Bewenden[453]. Vielmehr schließt sich daran ein Überprüfungsverfahren als zweites Rechtsschutzziel an. Beide Ziele, Heilung des Verstoßes gegen das Recht auf Gehör und Korrektur des darauf beruhenden selbständigen Nachteils, sind als gleichrangig zu beurteilen und machen die Norm in ihrer Kombination erst sinnvoll. Terminologisch enthält also das Nachverfahren i.S.d. § 33 a StPO als Oberbegriff sowohl ein Nachholungs- als auch Überprüfungsverfahren.

Zu fragen bleibt allerdings, welche Möglichkeiten dem Beteiligten verbleiben, gegen die erneute Sachentscheidung des Gerichts vorzugehen, wenn sie nicht seinen Zielsetzungen entspricht.

---

452 *Wittschier*, S. 175 f; KMR-*Paulus*, § 33 a Rdnr. 20; KK-*Maul*, § 33 a Rdnr. 10; *Kleinknecht/Meyer*, § 33 a Rdnr. 9; insbesondere BayObLGSt 1973, 42 (45).

453 A.A. wohl *Herzog*, S. 138; aber auch er kann die Möglichkeit einer erneuten Entscheidung als Konsequenz der Anhörung nicht ausschließen. Seine Überbetonung der nachträglichen Anhörung als "einzigem Nachverfahrensgrund" basiert auf einem Abgrenzungsbemühen zum Wiederaufnahmeverfahren.

§ 12 Die Kontrolle der Überprüfungsentscheidung

I. Beschwerde nach § 304 I StPO?

Die Notwendigkeit, sich mit der Frage einer Anfechtung des gemäß § 33a StPO ergangenen Beschlusses auseinanderzusetzen, wird durch die Argumentation der h.M.[454] deutlich. Sie hält die Überprüfungsentscheidung u.a. deshalb für unanfechtbar, weil § 33 a StPO ausschließlich unanfechtbare Erstbeschlüsse betreffe und dies daher auch für das Nachverfahren gelten müsse. Andernfalls würde die an sich ausgeschlossene (weitere) Beschwerde dennoch für zulässig erklärt, obwohl § 33 a StPO die Rechtsfolge der Versagung des rechtlichen Gehörs abschließend regle.

Da nach der hier vertretenen Auffassung[455] die Norm aber keinen subsidiären Rechtsbehelf statuiert, kann aus einer eventuellen Unanfechtbarkeit des Ausgangsbeschlusses kein entscheidendes Argument gewonnen werden. Ob und inwieweit gegen die Überprüfungsentscheidung des § 33 a StPO der Rechtsmittelzug zulässig ist, muß daher anhand anderer Kriterien untersucht werden.

Eine Mindermeinung[456] zweifelt die Effizienz des Nachverfahrens zur Heilung des Verstoßes gegen das Recht auf Gehör an. Die Überprüfung des Erstbeschlusses durch den judex a quo biete nur einen unvollkommenen Ausgleich für die ursprünglich zulässige Beschneidung des rechtlichen Gehörs[457]. Es werde die Tatsache übersehen, daß das erstinstanzliche Gericht in Versuchung stehen könne, unbesehen an einer einmal gefällten Entscheidung festzuhalten. Durch die Beschränkung auf Gegenvorstellungen gehe dem Betroffenen die bedeutsame Rechtsmittelinstanz verloren[458]. Dem Beteiligten müsse daher auch der Rechtsmittelweg offenstehen.

---

[454] *Löwe/Rosenberg/Wendisch*, § 33 a Rdnr. 20; *Wittschier*, S. 176; KMR-*Paulus*, § 33 a Rdnr. 22; KK-*Maul*, § 33 a Rdnr. 11; *Kleinknecht/Meyer*, § 33 a Rdnr. 10; *Ellersiek*, S. 70; OLG Hamburg NJW 1972, 219; KG NJW 1966, 991; OLG Karlsruhe MDR 1974, 685 (686) m.N.

[455] Dazu oben § 9 II. 4. S. 97 ff der Arbeit.

[456] OLG Braunschweig NJW 1971, 1710 (1711); ihm folgend, *Kallmann*, NJW 1972, 1478 f.

[457] Die Auseinandersetzung wurde erneut anhand von öffentlich zugestellten Widerrufsbeschlüssen bezüglich der Strafaussetzung zur Bewährung relevant, vgl. dazu schon oben § 9 II. 1. a) aa) S. 80 und § 10 I. S. 104 f der Arbeit.

[458] Nach meinem Verständnis ergibt sich aus der Argumentation der Mindermeinung nicht eindeutig, ob sie mit der Forderung nach der Eröffnung des Rechtsmittelwegs gegen den Verstoß gegen das rechtliche Gehör wegen Ungenügens von Gegenvorstellungen eine sachliche Kontrolle der Überprüfungsentscheidung anstrebt (so die Auffassung der herrschenden Meinung) oder vielmehr Beschwerde und Nachverfahren als Alternativen ansieht. Für das Verständnis der h.M. spricht immerhin, daß die

Demgegenüber argumentiert die h.M.[459] damit, es würde dem Betroffenen, der schuldhaft die Frist zur sofortigen Beschwerde versäumt hat und daher keine Wiedereinsetzung erlangen kann, auf dem Umweg über eine sachliche Anfechtung der Überprüfungsentscheidung des § 33 a StPO, sein verwirktes Beschwerderecht dennoch wieder eingeräumt werden.

Zur Klarstellung sei darauf hingewiesen, daß die h.M.[460] zwar durchaus eine Anfechtung der Entscheidung gemäß § 33 a StPO mit der einfachen Beschwerde zuläßt. Sie ist aber auf eine Kontrolle des Verfahrens beschränkt. Die Beschwerde nach § 304 I StPO ist also nur dann zulässig, wenn der Antrag nach § 33 a StPO als unzulässig verworfen oder als unbegründet zurückgewiesen worden ist, entweder, weil die Antragsvoraussetzungen des Nachholungsverfahrens nicht substantiiert vorgetragen wurden oder seine sachlichen Voraussetzungen nicht vorliegen (Beweisergebnisse waren in der Entscheidung nicht verwertet, das rechtliche Gehör wurde bereits gewährt oder der Beschluß kann nicht auf der mangelnden Gewährung rechtlichen Gehörs beruhen)[461]. Anfechtbar sind also nur Beschlüsse nach § 33 a StPO, die die Anhörung überhaupt ablehnen[462]. Überprüfbar ist damit zum einen das Nachholungsverfahren; zum anderen kann mit der einfachen Beschwerde aber auch mittelbar das Überprüfungsverfahren insoweit angefochten werden, als dem Beschwerdegericht die Möglichkeit zu geben ist, zu kontrollieren, ob eine Nachgewäh-

---

Mindermeinung die Beschwerde für zulässig erklärt, eine Wiedereinsetzung aber ablehnt. Die Durchbrechung der Rechtskraft des Widerrufsbeschlusses kann dann nur das Nachverfahren leisten, dessen Entscheidung also Überprüfungsgegenstand der für zulässig erklärten Beschwerde ist.
Für meine Auffassung kann aber darauf verwiesen werden, daß die Mindermeinung die sofortige Beschwerde gegen den Verstoß gegen das Recht auf Gehör als zulässig betrachtet. Das deutet auf § 453 II 3 StPO und damit auf die direkte Anfechtung des Widerrufsbeschlusses, nicht erst einer Überprüfungsentscheidung nach § 33 a StPO hin. Denn diese wäre mangels ausdrücklicher gesetzlicher Regelung mit der einfachen und nicht der sofortigen Beschwerde anfechtbar, und zwar unabhängig von der Art der Beschwerde, der der Ausgangsbeschluß unterliegt.

[459] OLG Celle NJW 1979, 2306 (2307); OLG Karlsruhe MDR 1974, 685 (686); *Hanack*, Rechtliches Gehör, JZ 1966, 43 (48); ergänzend auch *ders.*, Urteilsanmerkung, JR 1974, 113 (114).

[460] Etwa *Wittschier*, S. 176; *Ellersiek*, S. 70; KK-*Maul*, § 33 a Rdnr. 12; KMR-*Paulus*, § 33 a Rdnr. 22; *Löwe/Rosenberg/Wendisch*, § 33 a Rdnr. 21; *Kleinknecht/Meyer*, § 33 a Rdnr. 10; OLG Hamburg NJW 1972, 1478; OLG Düsseldorf MDR 1985, 956.

[461] Vgl. dazu oben § 10 II. S. 109 der Arbeit.

[462] Dies muß aber auch für den umgekehrten Fall gelten, wenn das Gericht ohne Vorliegen der Voraussetzungen des § 33 a StPO das Verfahren dennoch durchführt, OLG Karlsruhe, Die Justiz 1985, 319.

rung des rechtlichen Gehörs auch tatsächlich erfolgte, i.d.S. als die Anhörung des Beteiligten in der Überprüfungsentscheidung auch verarbeitet wurde[463].

Diese Kontrolle der Überprüfungsentscheidung bleibt aber auf verfahrensrechtliche Aspekte beschränkt. Die neue Sachentscheidung des § 33 a StPO ist inhaltlich der Beschwerde dagegen entzogen. Dies folgt, unabhängig von einer eventuellen Anfechtbarkeit des Erstbeschlusses, aus der ratio legis des Überprüfungsverfahrens. Es kann die Ausgangsentscheidung lediglich anhand der Ergebnisse der nachträglichen Anhörung beurteilen und hat dabei nur die Tatsachen und/oder Beweisergebnisse zu berücksichtigen, die ohne Gewährung des rechtlichen Gehörs verwertet wurden. Die Durchbrechung der Rechtskraft führt nicht dazu, daß der Beteiligte sich dadurch wieder in einem Verfahrensstadium befindet, wie es vor dessen Eintritt bestand[464]. Insoweit ist der Argumentation der h.M. zu folgen, die eine Wiedereröffnung des Instanzenzugs über den Umweg des § 33 a StPO verneint.

Aber auch im Falle der Anfechtbarkeit des Ausgangsbeschlusses unterliegt die sachliche Überprüfungsentscheidung nicht der einfachen Beschwerde. Hier besteht für den Beteiligten ja ohnehin die Wahlmöglichkeit zwischen Beschwerde und Nachverfahren[465], so daß es seiner Anfechtbarkeit zum Zweck, den Rechtsmittelweg zu eröffnen, nicht bedarf. Die Auffassung der h.M., § 33 a StPO regle das Verfahren bei Mängeln des rechtlichen Gehörs abschließend, ist in diesen Fällen also so zu verstehen, daß die Norm zwar einen für Verletzungen des Rechts auf Gehör speziellen Rechtsbehelf statuiert und dieser förmliche Rechtsweg dann abschließend ist. Er will aber daneben bestehende andere Heilungsmöglichkeiten nicht ausschließen.

Eine inhaltliche Kontrolle der Überprüfungsentscheidung ist mithin auf Grund einer teleologischen Betrachtung des § 33 a StPO zu verneinen, auch wenn der Wortlaut der Vorschrift sie nicht ausschließt.

Was schließlich die — von einer Mindermeinung geäußerten — Befürchtungen einer mangelnden Effizienz der nachträglichen Anhörung in derselben Instanz anbelangt, sei auf *Peter Rieß*[466] verwiesen. In seinem Resümee über das StPÄG 1964 beurteilt er dessen Art. 8 als ausgesprochen fruchtbaren

---

[463] Str., dafür: *Hanack*, Urteilsanmerkung, JR 1974, 113 (115); *Ellersiek*, S. 70; dagegen: *Kleinknecht/Meyer*, § 33 a StPO Rdnr. 10.

[464] § 33 a StPO bezweckt nicht eine Wiederaufnahme des gesamten Verfahrens, *Herzog*, S. 138; die Norm stellt auch keinen Sonderfall einer Wiedereinsetzung in den vorigen Stand dar. Zum Konkurrenzverhältnis bezüglich der Wiedereinsetzung vgl. oben § 9 II. 4. S. 98 f der Arbeit.

[465] Siehe § 9 II. 4., insbesondere FN 400 der Arbeit.

[466] *Rieß*, Festschrift für Kleinknecht, S. 355 (372).

Ansatz, der für das Strafverfahren die Überlastung des Bundesverfassungsgerichts im Bereich der Verfassungsbeschwerden wegen Verletzung des Art. 103 I GG verhindert habe. Seit dem Inkrafttreten der Neuregelung habe sich das Gericht kaum noch zum Eingreifen wegen Versagung des rechtlichen Gehörs im Strafprozeß veranlaßt gesehen. Nach der Einschätzung von *Rieß* wurde durch den innerinstanziellen Rechtsbehelf des Nachverfahrens für den Strafprozeß eine gelungene Lösung gefunden, die im Bereich des Zivilprozesses noch auf sich warten lasse[467]. Auch die hier vertretene Auffassung teilt nicht die Bedenken der Mindermeinung, sondern bewertet die kritische Fähigkeit der Gerichte höher als deren psychologische Versuchung, an der einmal gefällten Entscheidung unbesehen festzuhalten[468].

Im Ergebnis ist daher eine sachliche Kontrolle der Überprüfungsentscheidung im Rechtsmittelweg mit der h.M. abzulehnen.

II. Verfassungsbeschwerde nach Art. 93 Abs. 1 Nr. 4 a GG

Das Nachverfahren des § 33 a StPO bestimmt einen Rechtsweg i.S.d. § 90 II BVerfGG. Nach ständiger Rechtsprechung des BVerfG und des Bay VerfGH sind die Verfassungsbeschwerden gemäß Art. 93 Abs. 1 Nr. 4 a GG und Art. 120 BV, Art. 47 Abs. 2 VfGHG daher erst zulässig, wenn der Beteiligte den Verstoß gegen das rechtliche Gehör erfolglos im Nachverfahren gerügt hat[469,470].

Gegen die Überprüfungsentscheidung, die den Ausgangsbeschluß des Gerichts aufrechterhalten hat, ist daher Verfassungsbeschwerde möglich. Sie kann — soweit es um das Recht auf Gehör geht — zulässigerweise aber nur mit der Begründung erhoben werden, im Nachholungs- und Überprüfungsverfahren sei der Beteiligte nicht ordnungsgemäß gehört worden oder das Gericht habe den behaupteten Verstoß gegen das rechtliche Gehör des Ausgangsverfahrens im Nachverfahren nicht ausreichend geheilt[471].

---

[467] Für den Zivilprozeß vgl. unten 3. Teil, 3. Abschnitt S. 137 ff der Arbeit.

[468] Zum Vorzug der Erledigung durch den judex a quo, auch im Zivilprozeß, siehe *Kahlke*, NJW 1985, 2231 (2233); für den Strafprozeß vgl. OLG Hamburg NJW 1965, 212 (214).

[469] BVerfGE 33, 192 (194); E 42, 243 (245); E 74, 358 (380); VerfGH 30, 44 (45); 30, 176 (178); 32, 87 (88); 36, 44 (45).

[470] Dies ist auch allg. Meinung in der Literatur; statt vieler KMR-*Paulus*, § 33 a Rdnr. 23; KK-*Maul*, § 33 a Rdnr. 13; *Kleinknecht/Meyer*, § 33 a Rdnr. 1.

[471] VerfGH 36, 44 (45).

Eingeschränkt möglich ist auch eine Verfassungsbeschwerde gegen den Ausgangsbeschluß und die Entscheidung nach § 33 a StPO. Dazu muß der Antrag auf nachträgliche Gewährung des rechtlichen Gehörs und Überprüfung aber innerhalb der Monatsfrist des § 93 I 1 BVerfGG beim erkennenden Gericht eingelegt worden sein[472]. Die Monatsfrist bezüglich des Erstbeschlusses wird dann unterbrochen[473].

§ 13 Zwischenergebnis

Als Resümee der Untersuchungen zum Nachverfahren des § 33 a StPO wird erkennbar, daß der Norm das Modell einer Gegenvorstellung zugrundeliegt. Voraussetzungen und Rechtsfolgen beider Rechtsbehelfe weisen in den wesentlichen Punkten Übereinstimmung auf, weshalb der Schluß gerechtfertigt ist, durch Art. 8 Nr. 2 StPÄG wurde die Gegenvorstellung gesetzlich normiert. Auf folgende Parallelen sei zur Stützung dieser These noch einmal aufmerksam gemacht.

Die Untersuchung des Anwendungsbereichs des § 33 a StPO ergab die spezielle Auslegung auf beschwerende Beschlüsse, die unter Verstoß gegen das rechtliche Gehör ergingen[474]. Auch die Gegenvorstellung wird aber als spezielle Reaktion auf die Verletzung des Art. 103 I GG aufgefaßt. Ihr Einsatz liege in diesen Fällen von Verfassungs wegen nahe[475].

Beide Rechtsbehelfe richten sich zumindest auch gegen unanfechtbare Beschlüsse. Bei der Gegenvorstellung ergibt dies der geschichtliche Wandel ihres Einsatzbereichs vom noch eröffneten Instanzenzug zur nicht mehr beschwerdefähigen Entscheidung[476]. Für das Nachverfahren will die h.M. eine Beschränkung auf letztere vornehmen, wohingegen die hier vertretene Ansicht seine Subsidiarität ablehnt[477]. Unabhängig von diesem Streit ist aber die Möglichkeit entscheidend, auch unanfechtbare Beschlüsse überprüfen zu können. Immerhin wird die hier vertretene Auffassung zumindest für das Strafverfahren durch die Wahlmöglichkeit zwischen Beschwerde und Gegenvorstellung gestützt.

---

472 BVerfGE 19, 198 (200); das Gericht läßt aber ausdrücklich offen, ob die Anfechtung beider Beschlüsse auch dann möglich ist, wenn der Antrag nach § 33 a StPO nach Ablauf der Monatsfrist gestellt wird.

473 *Maunz/Schmidt-Bleibtreu*, § 93 Rdnr. 35.

474 § 9 II. 1 a) S. 79 ff (82 f) der Arbeit.

475 § 1 S. 19 und § 2 II. 1. a) S. 23 der Arbeit.

476 § 1 S. 19 und § 2 IV. S. 37 der Arbeit.

477 § 9 II. 4. S. 97 ff der Arbeit.

Zu unterstreichen ist ferner die innerinstanzielle Bedeutung, die durch das Fehlen eines Devolutiveffekts gekennzeichnet ist[478]. Weiter die de lege lata form- und fristlose Ausgestaltung der Rechtsbehelfe[479]. De lege ferenda ist die Einführung einer Befristung aber wünschenswert. Dadurch wird ein Ausgleich der Antinomie Rechtssicherheit – materielle Gerechtigkeit erreicht, da eine endgültige Entscheidung in einem überschaubaren Zeitraum ergehen kann.

Schließlich liegt m.E. eine Übereinstimmung auch hinsichtlich der Bescheidungspflicht des Gerichts vor. Dies mag zwar zunächst verwundern, da die Gegenvorstellung häufig als Anregung an das Gericht verstanden wird, seine Entscheidung auf Grund nachträglicher besserer Einsicht zu ändern[480]. Bei Vorliegen eines fehlerhaften Bechlusses ist der Hinweis auf einen bloßen Appell oder ein nobile officium aber verfehlt; vielmehr ist eine Bescheidungspflicht zu statuieren[481]. Dies war auch der Grund, das Gericht im Nachverfahren zu einer Überprüfungsentscheidung zu verpflichten.

Vor allem die Entstehungsgeschichte[482] zeigt aber deutlich, welches Regelungsmodell in § 33 a StPO nachgebildet wurde. Es ist die durch die Rechtsprechung des Bundesverfassungsgerichts[483] in den Vordergrund des Interesses gerückte Gegenvorstellung, die als geeignete rechtstechnische Lösung betrachtet wird, einen Ausgleich zwischen der Endgültigkeit bedürfenden, wegen Verletzung des Rechts auf Gehör aber vorläufigen Entscheidungen zu erreichen. Auch die ständige Rechtsprechung des Bayerischen Verfassungsgerichtshofs[484] bezeichnet § 33 a StPO als den besonderen Rechtsbehelf der Gegenvorstellung.

Auf Grund der Untersuchungen in diesem Abschnitt ist es also gerechtfertigt, das Nachverfahren des § 33 a StPO als Gegenvorstellung zu charakterisieren[485]. Diese Erkenntnis soll auch dem nächsten Abschnitt zugrundegelegt werden, der sich mit einer notwendigen Ergänzung zur hier besprochenen Vorschrift zu befassen hat. Denn § 33 a StPO ist ja auf Tatsachen oder Beweisergebnisse beschränkt, wohingegen § 311 a StPO vom Erstgericht abweichende Rechtsauffassungen betrifft.

---

[478] §§ 1; 2; 10 I. S. 19; 21; 104 ff der Arbeit.
[479] §§ 1; 2; 10 II. S. 19; 21; 106 ff der Arbeit.
[480] Vgl. etwa *Ellersiek*, S. 29 m.N.
[481] Vor allem oben § 9 II. 4., FN 400 und § 11 S. 111 ff der Arbeit.
[482] Protokolle des Rechtsausschusses IV, Nr. 16, S. 32, 35.
[483] Namentlich BVerfGE 9, 89 ff.
[484] Vgl. VerfGH 30, 44 (45); 30, 176 (178); 32, 87 (88).
[485] Im Ergebnis ebenso *Löwe/Rosenberg/Wendisch*, § 33 a Rdnr. 15 und 20; KK-*Maul*, § 33 a Rdnr. 6; *Kaiser/Uhse*, S. 71; *Meyer*, Kleinknecht-FS, S. 267 (280); OLG Karlsruhe NJW 1972, 653; OLG Celle NJW 1968, 1391.

2. Abschnitt
Die Nachholung des rechtlichen Gehörs gemäß § 311 a StPO

§ 14 § 311 a StPO als Ergänzung zu § 33 a StPO

I. Entstehungsgeschichte

§ 311 a StPO wurde zusammen mit § 33 a StPO durch das StPÄG vom 19.12.1964 als dessen Art. 8 Nr. 6 eingeführt[486]. Während § 33 a StPO aber erst auf Anraten des Rechtsausschusses in den Entwurf aufgenommen wurde[487], findet sich § 311 a StPO (ursprünglich noch als § 310 a des Entwurfs) bereits im ersten Entwurf der Bundesregierung[488]. § 311 a StPO stellt damit die gesetzesgeschichtlich frühere Norm dar. Gleichwohl können die Erwägungen des Rechtsausschusses zu § 33 a StPO auch zur Auslegung der nachträglichen Anhörung des Beschwerdegegners nach § 311 a StPO herangezogen werden, da beide Normen ähnliche Sachprobleme aufwerfen und ihre Fassung auf der gleichen Begründung des Rechtsausschusses beruht[489].

Die Reihenfolge ihrer Entstehung bildet aber kein Indiz dafür, daß beide Vorschriften insoweit aufeinander aufbauen. Vielmehr ist § 33 a StPO als Grundnorm zu begreifen, die der Ergänzung durch § 311 a StPO bedarf. Denn § 311 a StPO beruht in noch engerem Maße auf der Rechtsprechung des Bundesverfassungsgerichts als § 33 a StPO[490]. Während er als generelle Reaktion auf Verletzungen des Rechts auf Gehör im Beschlußverfahren zu verstehen ist, betrifft § 311 a StPO eine spezielle Situation der Nichtgewährung des rechtlichen Gehörs. Die Vorschrift steht in engem Zusammenhang mit § 308 I StPO, der die Mitteilung der Beschwerde an den Beschwerdegegner zur Gegenerklärung vorschreibt. Ist dies nicht erfolgt, will § 311 a StPO dafür einen nachträglichen Ausgleich schaffen. Die Diskussion um eine ausnahmsweise Durchbrechung des § 310 II StPO in diesen Fällen, mit der Konsequenz einer Heilung des Verfahrensverstoßes in der Rechtsmittelinstanz, wurde damit obsolet[491]. Man entschied sich wegen der hierdurch zu erwartenden Verzögerungen für eine innerinstanzielle Regelung.

---

[486] BGBl. 1964, Teil I, S. 1067 (1078); das Gesetz trat am 01.04.1965 in Kraft.

[487] Vgl. den Schriftlichen Bericht des Rechtsausschusses zum Entwurf der Bundesregierung *zu* BT–Drucksache IV, 1020, S. 5.

[488] Siehe Art. 8 Nr. 3 des Entwurfs zum StPÄG, BT–Drucksache III, 2037, S. 12.

[489] Dazu erneut der Schriftliche Bericht des Rechtsausschusses *zu* BT–Drucksache IV, 1020, S. 5.

[490] Vgl. hierzu oben § 9 I. S. 75 f der Arbeit.

[491] Zum damaligen Streitstand siehe *Dahs jun.*, S. 108 ff; *Ellersiek*, S. 185, jeweils m.N.; *Giesler*, S. 137.

Die bereits besprochene[492] Auffassung des Bundesverfassungsgerichts lieferte also den Anstoß zur Schaffung des § 311 a StPO. Erwähnenswert ist die zugleich erfolgte Einführung des § 308 I 2 StPO[493], der mit seiner Verweisung auf § 33 IV 1 StPO[494] die ähnliche Problematik der §§ 33 a, 311 a StPO verdeutlicht. Aber auch § 311 a StPO gewinnt einen Aufgabenbereich über die vorläufig zulässigerweise unterlassene Anhörung des Beschwerdegegners hinaus. Er umfaßt wie § 33 a StPO auch die Fälle der fehlerhaften Nichtgewährung des rechtlichen Gehörs[495]. Daß § 311 a StPO nicht nur die Streitfrage über eine ausnahmsweise Zulassung der weiteren Beschwerde (entgegen § 310 II StPO) entscheiden wollte, wird anhand der Beratungen[496] zur Formulierung der Unanfechtbarkeitsklausel[497] des § 311 a StPO erkennbar. Die ursprüngliche Fassung[498], "ist weitere Beschwerde nicht zulässig", wurde geändert in "kann seine Entscheidung nicht angefochten werden". Damit sollte verhindert werden, daß der Ausdruck "weitere Beschwerde" als terminus technicus verstanden wird. § 311 a StPO wurde also aus der zu engen Beziehung zu § 310 II StPO gelöst und sollte einem erweiterten Anwendungsbereich zugänglich gemacht werden. Wie § 33 a StPO beruht mithin auch § 311 a StPO auf der Rechtsprechung des Bundesverfassungsgerichts, reicht aber über dessen Anregung hinaus.

II. Das Verhältnis des § 311 a StPO zu § 33 a StPO

§ 311 a StPO normiert keine bloße Übertragung der Regelung des § 33 a StPO auf die Ebene des Beschwerdegerichts. Die Abgrenzung der Vorschriften läßt sich nicht anhand des Instanzenzugs vornehmen. Denn § 33 a StPO findet ebenfalls im Beschwerdeverfahren Anwendung[499], da er die Möglichkeit eröffnet, auch unanfechtbare Beschlüsse auf nachträgliche Überprüfung hin zu ändern.

---

[492] Oben § 9 I. S. 76 f der Arbeit zu BVerfGE 9, 89.

[493] Als Art. 8 Nr. 4 StPÄG; BGBl. 1964, Teil I, S. 1067 (1078).

[494] Ebenfalls zurückgehend auf das StPÄG 1964 als dessen Art. 8 Nr. 1; BGBl. 1964, Teil I, S. 1067 (1078).

[495] Protokolle des Rechtsausschusses IV, Nr. 16, S. 35.

[496] Protokolle des Rechtsausschusses IV, Nr. 16, S. 34.

[497] Dazu unten § 15 I. 5. S. 132 ff der Arbeit.

[498] Vgl. BT-Drucksache III, 2037, S. 12.

[499] KK-*Engelhardt*, § 311 a Rdnr. 1; *Kleinknecht/Meyer*, § 311 a Rdnr. 1; *Löwe/Rosenberg/Gollwitzer*, § 311 a Rdnr. 2; *Ellersiek*, S. 186; *Wittschier*, S. 177; KMR-*Paulus*, § 33 a Rdnr. 3.

Will man das Verhältnis beider Normen zueinander erfassen, so ist ihr jeweiliger Bezug zu den Vorschriften zu berücksichtigen, die die Anhörung der Beteiligten für den Regelfall vorschreiben. Bei § 33 a StPO ist dies die Generalklausel[500] des § 33 III StPO. Er erklärt die vorherige Anhörung des Beteiligten zur Pflicht, wenn Tatsachen oder Beweisergebnisse, zu denen er noch nicht gehört worden ist, in einer gerichtlichen Entscheidung verwertet werden. Demgegenüber hat die Anordnung der Gewährung des Rechts auf Gehör, die § 311 a StPO voraussetzt, eine andere rechtliche Qualität. Will das Beschwerdegericht von der Entscheidung des judex a quo abweichen und wirkt sich dies für den Gegner des Beschwerdeführers beschwerend aus, muß es diesem die Beschwerde zur Gegenerklärung mitteilen, § 308 I 1 StPO. Für diese Gegenerklärung ist zwar keine Form vorgeschrieben[501], doch genügt die bloße Mitteilung, daß die Beschwerde eingelegt worden ist, nicht. Sie ist vielmehr auf die Begründung des Beschwerdeführers zu erstrecken[502]. Nur so ist eine sinnvolle Äußerungsmöglichkeit des Beschwerdegegners gewährleistet. Die Mitteilung erfolgt zweckmäßigerweise durch Übersendung der Beschwerdeschrift. Da das Beschwerdegericht in gleicher Weise über Tat- und Rechtsfragen entscheidet wie der Erstrichter[503], ihm überdies nach § 308 II StPO die Möglichkeit zu ergänzenden Ermittlungen eingeräumt ist, erstreckt sich das Äußerungsrecht des Beschwerdegegners auch auf neue Rechtsansichten, die in der Beschwerdeschrift geltend gemacht werden und zu denen er noch nicht Stellung nehmen konnte. Aber auch Rechtsauffassungen, die auf neu ermittelten Tatsachen beruhen und das Beschwerdegericht zu einer vom Erstgericht abweichenden Ansicht gelangen lassen, unterliegen der nachträglichen Stellungnahme gemäß § 311 a StPO. Die Vorschrift ergänzt[504] also § 33 a StPO dahingehend, als sie auch Rechtsansichten in das Nachverfahren einbezieht.

Die Möglichkeit zu ergänzenden Ermittlungen (§ 308 II StPO) führt gleichzeitig zur Anwendung des § 33 a StPO, wenn dadurch neue Tatsachen

---

[500] Vgl. BT-Drucksache III, 2037, S. 40.

[501] *Ellersiek*, S. 182; *Löwe/Rosenberg/Gollwitzer*, § 308 Rdnr. 12; *Kleinknecht/Meyer*, § 308 Rdnr. 4.

[502] *Dahs jun.*, S. 106, fordert bei rechtsunkundigen Beschwerdegegnern zusätzlich einen gerichtlichen Hinweis auf das Äußerungsrecht; *E. Schmidt*, Lehrkommentar, Nachtragsband I, § 308 Rdnr. 3; KMR-*Paulus*, § 308 Rdnr. 5.

[503] BVerfGE 9, 89 (101).

[504] *Ellersiek*, S. 186 f, spricht von Erweiterung des Anwendungsbereichs des § 33 a StPO. Dies ist wohl ungenau, da beide Normen sich bezüglich des Gegenstandes der Anhörung unterscheiden, auch wenn sie häufig im Beschwerdeverfahren nebeneinander anzuwenden sind und dies in der Praxis dann wohl in einem Verfahren geschieht. Dazu näher oben im Text.

oder Beweisergebnisse im Beschwerdebeschluß nachteilig verwertet wurden[505]. Die §§ 33 a, 311 a StPO haben zwar getrennte Aufgaben, können aber im Beschwerdeverfahren nebeneinander herangezogen werden, um dem Beteiligten umfassend rechtliches Gehör zu gewähren. Dies erfolgt zweckmäßigerweise in einem Verfahren, da die verwirkten Rechtsfolgen ähnlich sind. Es ist dann gerechtfertigt, von dem Nachverfahren der §§ 33 a, 311 a StPO zu sprechen, wenn man im Auge behält, daß die Vorschriften an sich selbständig nebeneinander stehen und lediglich die angeordnete Sanktion in einem Verfahren durchgeführt wird. Insoweit erweitert § 311 a StPO also nicht den Anwendungsbereich des § 33 a StPO, sondern ergänzt die Vorschrift in einem Bereich, der ihr verschlossen ist. Die Nichtgewährung des rechtlichen Gehörs als gemeinsame Ausgangssituation kann sich eben auch auf neue Rechtsansichten erstrecken, weshalb die Regelung in § 33 a StPO einer Ergänzung bedurfte. Nicht zu folgen ist demnach der Ansicht[506], § 311 a StPO sei sowohl auf unterlassene Anhörung zu Tatsachen oder Beweisergebnissen als auch zu neuen Rechtsansichten anzuwenden.

Die Beratungen[507] zu § 311 a StPO zeigen, daß die Vorschrift nicht durch die nachträgliche Schaffung des § 33 a StPO entbehrlich wurde, da § 308 I StPO auch eine Anhörung zu Rechtsfragen vorsehe. Nach meiner Auffassung wird in den Protokollen also das Verhältnis der Normen unabhängig von der gesetzesgeschichtlich früheren Entstehung des § 311 a StPO in der Weise beschrieben, daß mit § 33 a StPO eine Grundnorm geschaffen werden sollte, die im tatsächlichen Bereich in allen Verfahrensstadien Gültigkeit beansprucht und für den Spezialfall der Nichtanhörung zu Rechtsfragen im Beschwerdeverfahren von § 311 a StPO ergänzt wird. Dafür spricht auch die systematische Stellung des § 33 a StPO im 1. Buch der StPO, die sie als allgemeine Vorschrift kennzeichnet, während § 311 a StPO als spezielle Norm im Beschwerdeverfahren anzusiedeln war[508]. Die Auffassung von *Karlheinz*

---

[505] KK-*Engelhardt*, § 311 a Rdnr. 5; *Kleinknecht/Meyer*, § 311 a Rdnr. 1; *Ellersiek*, S. 187.

[506] *Kleinknecht/Meyer*, § 311 a Rdnr. 1.

[507] Vgl. Protokolle des Rechtsausschusses IV, Nr. 41, S. 19.

[508] § 311 a StPO war zunächst als § 310 a (Art. 8 Nr. 3 StPÄG 1964) geplant. Im Laufe der Diskussion um eine möglichst effektive Gewährung des rechtlichen Gehörs und der Notwendigkeit einer obligatorischen Überprüfungsentscheidung wurde die systematische Stellung der Norm geändert, da sie auch die Fälle der sofortigen Beschwerde erfassen sollte. Zwar wurde eine Änderungsmöglichkeit von Beschlüssen, die der einfachen Beschwerde unterliegen, auch ohne gesetzliche Regelung anerkannt, im Fall der sofortigen Beschwerde erschien dies aber zweifelhaft. Da die Rechtsprechung des Bundesverfassungsgerichts aber auch insoweit von der Vorläufigkeit ohne rechtliches Gehör ergangener Beschlüsse ausging, wurde Art. 8 Nr. 3 StPÄG 1964 vom Ausschuß nicht weiter verfolgt, sondern als § 311 a dem Entwurf eingefügt; vgl. Protokolle des Rechtsausschusses IV, Nr. 41, S. 19 und Nr. 16, S. 32.

Meyer[509] erscheint mithin seit Einführung des § 33 a StPO in den Entwurf (auf Initiative des Rechtsausschusses) als nicht mehr zutreffend. Andernfalls wäre § 33 a StPO im Beschwerdeverfahren überflüssig. Daß dem nicht so ist, macht *Dirk Ellersiek*[510] deutlich, wenn er auf die Geltung der Norm auch für den Beschwerdeführer hinweist und verdeutlicht, daß dieser, würde nur § 311 a StPO im Beschwerdeverfahren zur Anwendung kommen, bei Nichtanhörung im tatsächlichen Bereich keine Möglichkeit zu Gegenvorstellungen hätte. Denn § 311 a StPO eröffnet das Nachverfahren nur dem Beschwerdegegner. Ein Konkurrenzverhältnis in dem Sinne, als im Beschwerdeverfahren zu Tatfragen der Beschwerdeführer aus § 33 a StPO und der Beschwerdegegner aus § 311 a StPO und in Rechtsfragen der Beschwerdegegner aus § 311 a StPO berechtigt ist, würde zu einer nicht gerechtfertigten Verkürzung des Geltungsbereichs des § 33 a StPO führen. Eine Beschränkung der Vorschrift auf den Beschwerdeführer ist weder aus dem Wortlaut noch der ratio legis erkennbar. Vielmehr ist die Norm weit auszulegen[511], also der Beschwerdegegner mit aufzunehmen.

Im Ergebnis kann die Abgrenzung der beiden ein Nachverfahren eröffnenden Vorschriften wie folgt vorgenommen werden, ohne daß dabei zunächst auf die einzelnen Voraussetzungen des § 311 a StPO näher eingegangen zu werden braucht[512].

1. § 311 a StPO greift ausschließlich im Beschwerdeverfahren Platz[513], während § 33 a StPO in allen Verfahrensstadien anwendbar ist.

2. § 311 a StPO betrifft nur das rechtliche Gehör des Gegners des Beschwerdeführers. § 33 a StPO schützt dagegen auch den Beschwerdeführer selbst.

3. Schließlich unterscheiden sich die Vorschriften hinsichtlich des Gegenstandes des Äußerungsrechts. § 311 a StPO bezieht sich auf Rechtsfragen, § 33 a StPO auf Tatfragen.

Nach dieser ersten Abgrenzung soll im folgenden auf die konkrete Ausgestaltung der nachträglichen Anhörung des Beschwerdegegners eingegangen werden. Dabei wird auf die Auslegung des § 33 a StPO zurückgegriffen werden können, da in weiten Bereichen ähnliche Sachprobleme zu behandeln sein werden. Es bleiben also im wesentlichen die Unterschiede beider Vorschriften zu verdeutlichen.

---

[509] *Kleinknecht/Meyer*, § 311 a Rdnr. 1.

[510] *Ellersiek*, S. 186 f.

[511] Dazu oben § 9 II. 1. a) S. 82 der Arbeit.

[512] Siehe sogleich unten § 15 S. 127 ff der Arbeit.

[513] Zur Unanwendbarkeit des § 311 a StPO auf eine Entscheidung des Revisionsgerichts nach § 349 II StPO siehe BayObLG MDR 1983, 689.

§ 15 Die nachträgliche Anhörung des Beschwerdegegners

I. Voraussetzungen

1. Die unterlassene Mitteilung der Beschwerde zur Gegenerklärung

Auch bei § 311 a StPO ist Ausgangspunkt des Nachverfahrens die unterlassene Anhörung des Beschwerdegegners. Er hat nach § 308 I StPO Anspruch auf Mitteilung der Beschwerde[514], um im Wege einer Gegenerklärung zum Vorbringen des Beschwerdeführers Stellung nehmen zu können, wenn das Beschwerdegericht beabsichtigt, den angegriffenen Beschluß zu seinem Nachteil zu ändern. Die Anhörungspflicht besteht dabei zum vollen Inhalt der Beschwerdeschrift[515], auch zu einer nachgeschobenen weiteren Begründung seines Rechtsmittels durch den Beschwerdeführer[516]. Dies gilt auch dann, wenn das Gericht von sich aus, eventuell auf Grund ergänzender Ermittlungen nach § 308 II StPO, vom Erstgericht verschiedene Rechtsgründe für seine Entscheidung heranzieht[517].

Wird die Beschwerde dagegen vollständig verworfen, ist eine Anhörungspflicht mangels Möglichkeit, den Beschwerdegegner zu benachteiligen, zu verneinen; ebenso bei Maßnahmen i.S.d. § 33 IV StPO, auf den § 308 I 2 StPO verweist. Die hierdurch auftretende Problematik deckt sich mit der Situation bei der Gegenvorstellung des § 33 a StPO[518]. Diese Ausnahme von der Anhörungspflicht führt aber nicht zur Negierung des Anwendungsbereichs des § 311 a StPO, sondern stellt nur eine zeitliche Verlagerung der Gewährung des Rechts auf Gehör dar[519]. Sie ist zulässig, wenn es als unabweisbar erscheint, daß eine vorherige Mitteilung der Beschwerdeschrift dem Zweck der Maßnahme gefährden würde[520].

---

[514] KK-*Engelhardt*, § 308 Rdnr. 3; KMR-*Paulus*, § 308 Rdnr. 6; *Peters*, Strafprozeß, S. 622; *Gössel*, S. 310.

[515] Die bloße Mitteilung der Beschwerdeeinlegung genügt nicht, *Löwe/Rosenberg/Gollwitzer*, § 308 Rdnr. 11.

[516] *Ellersiek*, S. 182; *Röhl*, MDR 1955, 522; die Mitteilungspflicht besteht aber auch bei unverändertem Sachverhalt, *Rüping*, S. 172 f.

[517] BVerfGE 17, 188 (190); *Ellersiek*, S. 180; zu weiteren Fällen, in denen das rechtliche Gehör durch die unterlassene Mitteilung zur Gegenerklärung verletzt wurde, siehe BVerfGE 7, 109 (111); E 11, 29 (30); E 14, 54 (56).

[518] Dazu vor allem oben § 9 II. 3. b) cc) S. 94 ff der Arbeit.

[519] Zur Vorläufigkeit derartiger Beschlüsse und Anordnungen BVerfGE 9, 89 (107).

[520] Kritisch hierzu die aus der Reformliteratur noch vor Einführung des StPÄG 1964 stammende Äußerung von *Schmidt-Leichner*, AnwBl 1961, 26 (33 f), der sich gegen eine Begründung der vorherigen Nichtanhörung mit einer Gefährdung des Zwecks der

Wie bei § 33 a StPO ist das Nachverfahren gemäß § 311 a StPO also sowohl bei fehlerhafter als auch bei vorläufig zulässigerweise erfolgter Nichtgewährung des rechtlichen Gehörs durchzuführen.

2. Die Beschränkung der Anhörung auf den Beschwerdegegner

Subjektiv ist das Nachverfahren beschränkt auf den Beschwerdegegner. Die insoweit gleichlautende Terminologie der §§ 308 I, 311 a StPO und ihr inhaltlicher Zusammenhang erlauben einen Rückgriff auf die Auslegung des Begriffs, wie ihn § 308 I StPO verwendet[521]. Zu beachten ist allerdings, daß das Anhörungsrecht der Staatsanwaltschaft sich direkt aus § 308 I 1 StPO ergibt[522], wohingegen § 311 a StPO, der eine unmittelbare Ausprägung des Grundsatzes aus Art. 103 I GG darstellt[523], im Fall der Beschwerde des Beschuldigten keine nachträgliche Anhörung ermöglicht[524]. Der Staatsanwaltschaft steht Art. 103 I GG nicht in seiner Funktion als Grundrecht zur Verfügung, sondern nur als Verfassungsgarantie bezüglich ihrer Beteiligung am Verfahren[525]. Der enge sachliche Zusammenhang des § 311 a StPO zum Recht auf Gehör gebietet eine insoweit gleiche Auslegung, weshalb der Staatsanwalt nicht Beschwerdegegner i.S.d. Nachverfahrens sein kann.

Abgesehen von dieser Begrenzung bewirkt dieser Zusammenhang aber eine verfassungskonforme weite Auslegung des Begriffs Beschwerdegegner[526]. Darunter ist jeder zu verstehen, der unabhängig von seiner sonstigen Verfah-

---

Anordnung wendet, da der Beteiligte in der Beschwerdeinstanz regelmäßig wisse, daß strafprozessuale Zwangsmaßnahmen gegen ihn vorgesehen sind.
Bezüglich seiner weitergehenden Kritik an der Effizienz einer nachträglichen Anhörung aus anwaltschaftlicher Sicht kann auf § 12 I. (a.E.) S. 118 f der Arbeit verwiesen werden.

[521] Siehe etwa die entsprechenden Verweisungen bei KK-*Engelhardt*, § 311 a Rdnr. 4; *Kleinknecht/Meyer*, § 311 a Rdnr. 1.

[522] Aber auch hier nicht als Ausfluß des Grundrechts aus Art. 103 I GG, sondern ihres Rechts auf Beteiligung am Verfahren, *Ellersiek*, S. 181.

[523] Vgl. Protokolle des Rechtsausschusses IV, Nr. 16, S. 32 f, vor allem zur Anstoßwirkung der Rechtsprechung des BVerfG.

[524] *Kleinknecht/Meyer*, § 311 a Rdnr. 1; KMR-*Paulus*, § 311 a Rdnr. 2; *Ellersiek*, S. 186; wohl auch *Löwe/Rosenberg/Gollwitzer*, § 311 a Rdnr. 3; zur Frage, ob der Staatsanwaltschaft das Recht aus Art. 103 I GG als Grundrecht zusteht, und zur gleichen Problematik bei der Gegenvorstellung des § 33 a StPO siehe oben § 9 II. 1. b) aa) S. 83 ff der Arbeit. Das fehlende Recht aus § 311 a StPO wird aber durch die Auslegung des § 309 I StPO dahingehend kompensiert, als die Beschwerdegerichte alle nicht schon nach § 308 I 1 StPO erfaßten Fälle als geeignet i.S.d. § 309 I StPO ansehen, *Ellersiek*, S. 190.

[525] *Rüping*, S. 144; a.A. *Bröll*, S. 88 ff und 214.

[526] *Löwe/Rosenberg/Gollwitzer*, § 308 Rdnr. 7; *Ellersiek*, S. 180.

rensstellung durch die erstrebte Beschwerdeentscheidung in seinen materiellen, verfahrensrechtlichen oder wirtschaftlichen[527] Interessen beeinträchtigt werden kann[528]. Der primäre Anwendungsbereich des § 311 a StPO liegt aber wohl im Fall einer Beschwerde durch die Staatsanwaltschaft vor. Hier ist Beschwerdegegner der Beschuldigte, daneben selbständig der Verteidiger[529] und der gesetzliche Vertreter[530]. Legt hingegen der Beschuldigte das Rechtsmittel ein, so können der Privat–[531] und der Nebenkläger[532] von der Beschwerdeentscheidung betroffen sein.

Der Beschuldigte kann auch dann Beschwerdegegner sein, wenn ein Dritter nach § 304 II StPO Beschwerde einlegt. Seine rechtliche Betroffenheit ist etwa zu bejahen bei Beschwerde eines unentschuldigt ausgebliebenen Zeugen gegen einen Beschluß nach § 51 I StPO, da der Beschuldigte Gefahr läuft, die gesamten Kosten des Verfahrens tragen zu müssen, § 465 I StPO, ohne seine auf dem Ausbleiben beruhenden Auslagen gemäß § 464 II StPO gegen den Zeugen festsetzen lassen zu können[533].

Wie bereits erwähnt[534], sind also die subjektiven Voraussetzungen des § 311 a StPO enger als bei der Gegenvorstellung nach § 33 a StPO. Während hier

---

[527] *Ellersiek*, S. 179, weist auf eine ungünstige Kostenentscheidung hin.

[528] KK–*Engelhardt*, § 308 Rdnr. 2; *Löwe/Rosenberg/Gollwitzer*, § 308 Rdnr. 7; *Ellersiek*, S. 180; *Kleinknecht/Meyer*, § 308 Rdnr. 2.

[529] OLG Stuttgart OLGSt zu § 308 StPO, S. 1 ff; KK–*Engelhardt*, § 308 Rdnr. 2; KMR–*Paulus*, § 308 Rdnr. 2; siehe auch oben § 9 II. 1. b) bb) S. 87 der Arbeit.

[530] Str., dafür: *Löwe/Rosenberg/Gollwitzer*, § 308 Rdnr. 8; *Ellersiek*, S. 180; dagegen: KMR–*Paulus*, § 308 Rdnr. 2; *E. Schmidt*, Lehrkommentar, Nachtragsband I, § 308 Rdnr. 2; nach ihnen soll das nur gelten, wenn der gesetzliche Vertreter aus eigenem Recht nach § 298 StPO Beschwerde eingelegt hat. Dieser Meinung ist nicht zu folgen, da er andernfalls die Rechte des Vertretenen nicht in genügendem Maße wahrnehmen kann.

[531] *Löwe/Rosenberg/Gollwitzer*, § 308 Rdnr. 9; die als Beleg für seine Auffassung zitierte Entscheidung des OLG Schleswig (SchlHA 1954, 210) kann diese aber nicht stützen. Sie betrifft genau den entgegengesetzten Fall einer Beschwerdeeinlegung durch den Privatkläger.

[532] KK–*Engelhardt*, § 308 Rdnr. 2; *E. Schmidt*, Lehrkommentar, Nachtragsband I, § 308 Rdnr. 2; mit *Ellersiek*, S. 181, ist eine etwa entgegenstehende Anwendung des § 303 Satz 2 StPO im grundsätzlich schriftlichen Beschwerdeverfahren, vgl. *Löwe/Rosenberg/Gollwitzer*, vor § 304 Rdnr. 20, abzulehnen, da die Vorschrift eine mündliche Verhandlung voraussetzt. Zu § 303 Satz 2 StPO, eingeführt durch das 1. StVRG vom 09.12.1974, BGBl. 1974 Teil I, S. 3393 (3401) als dessen Art. 1 Nr. 82, siehe die Begründung zum Entwurf eines 1. StVRG, BT–Drucksache VII, Nr. 551, S. 1 (85), in der vor allem auf den Aspekt Verfahrensbeschleunigung abgestellt wird.

[533] BayVerfGH 18, 134 (138 f); *E. Schmidt*, Lehrkommentar, Nachtragsband I, § 308 Rdnr. 2; KK–*Engelhardt*, § 308 Rdnr. 2.

[534] Vgl. oben § 14 II. S. 126 der Arbeit.

lediglich das Recht auf Gehör des Beschwerdegegners gewahrt wird, ist dort auch die beschwerdeführende Partei selbst befähigt, einen Antrag auf nachträgliche Anhörung zu stellen.

3. Die stattgebende Beschwerdeentscheidung

Ein weiterer konkreter Unterschied zu § 33 a StPO liegt im Erfordernis einer stattgebenden Entscheidung des Beschwerdegerichts. Bei der Gegenvorstellung des § 33 a StPO diente das Merkmal der Verwertung von Tatsachen oder Beweisergebnissen zur Umschreibung des Verstoßes gegen Art. 103 I GG. Dabei wurde es als ausreichend angesehen, wenn eine Kausalität des Verfahrensfehlers für den Beschluß nicht ausgeschlossen werden konnte[535]. Zu prüfen ist nun, in welcher Weise die Voraussetzung einer stattgebenden Beschwerdeentscheidung zur Verletzung des rechtlichen Gehörs in Bezug zu setzen ist.

Fest steht insoweit nur, daß das Beschwerdegericht dem Rechtsmittel immer dann stattgegeben hat, wenn es die angegriffene Entscheidung ganz oder zum Teil für den Beschwerdegegner nachteilig geändert hat[536]. Das Gericht muß dabei seinen Beschluß auf eine Rechtsansicht gestützt haben, die von der des Erstgerichts abweicht[537]. Das Tatbestandsmerkmal der stattgebenden Beschwerdeentscheidung enthält zum einen also das Erfordernis eines selbständigen Nachteils, der im Gegensatz zu § 33 a StPO (..."zum Nachteil eines Beteiligten Tatsachen oder Beweisergebnisse verwertet"...) nur noch hinsichtlich der Forderung nach einem fortbestehenden Nachteil in § 311 a StPO ausdrücklich erwähnt wird[538]. Zum anderen enthält es in Konsequenz des verschiedenen Anwendungsbereichs gegenüber § 33 a StPO den Hinweis, daß die nachträgliche Gewährung rechtlichen Gehörs hier auch dann ermöglicht wird, wenn der Beschwerdebeschluß auf einer Rechtsansicht basiert, zu der der Gegner noch nicht hat Stellung nehmen können. Denn aus welchen Gründen der Beschwerde stattgegeben wurde, sagt § 311 a StPO nicht ausdrücklich. Seine weite Formulierung wird aber im Zusammenspiel mit § 308 I StPO und § 33 a StPO verständlich, da die erste Vorschrift ein Anhörungsrecht auch zu Rechtsfragen statuiert und § 33 a StPO sich auf Tatfragen beschränkt. Das Erfordernis der stattgebenden Beschwerdeentscheidung verbindet also zwei Tatbestandsvoraussetzungen des § 311 a StPO. Zum einen legt es den Gegenstand der nachträglichen Gewährung rechtlichen Gehörs (aber nur konkludent

---

535 Dazu oben § 9 II. 2. S. 87 f der Arbeit.

536 KK-*Engelhardt*, § 311 a Rdnr. 6.

537 *Ellersiek*, S. 186 f.

538 Siehe dazu sogleich unten § 15 I. 4. S. 131 f der Arbeit.

mit Hilfe des § 308 I StPO) fest und zum anderen fordert es einen jenseits des Verfahrensfehlers bestehenden selbständigen Nachteil des Beschwerdegegners.

4. Der Nachteil i.S.d. § 311 a StPO

Die stattgebende Beschwerdeentscheidung kann der Beschwerdegegner dann mittels des Nachverfahrens des § 311 a StPO angreifen, wenn sie zu einem selbständigen Nachteil geführt hat und dieser noch besteht. Ebensowenig wie § 33 a StPO regelt aber auch § 311 a StPO weder was unter Nachteil zu verstehen noch bis zu welchem Zeitpunkt oder Ereignis er gegeben ist.

Aufschluß darüber bieten aber die Beratungen des Rechtsausschusses[539] und dessen abschließender Schriftlicher Bericht[540] über den Entwurf des StPÄG 1964. Die Klausel ... "sofern der ihm dadurch entstandene Nachteil noch besteht"... und das Erfordernis einer Beschwer als Voraussetzung für die Nachholung des rechtlichen Gehörs wurden in die Norm eingefügt, um sie insoweit mit § 33 a StPO abzustimmen. Zwar beschränkte sich ein entsprechender Formulierungsauftrag an das Bundesjustizministerium auf § 33 a StPO, doch war ein übereinstimmender Vorschlag auch hier notwendig, da verhindert werden sollte, daß Ungewißheit darüber entstehe, ob eine unterschiedliche Fassung auf Rechtsgründen beruhe. Die Nachteilsklausel stellt also die gleiche Regelung wie in § 33 a StPO dar.

Hinzu kommt, daß die Einfügung des § 311 a StPO auf denselben Erwägungen beruht, die auch zur Normierung der Gegenvorstellung geführt haben. Die Vorschrift dient zur Lückenfüllung hinsichtlich der Ausgestaltung des Rechts auf Gehör im Strafverfahren. Insbesondere sollte dadurch eine Rechtsangleichung an Art. 6 MRK erreicht werden. Da beide Normen auch auf der Anstoßwirkung des Bundesverfassungsgerichts[541] basieren, ist es gerechtfertigt, die Überlegungen zum Nachteilsbegriff und zum Aspekt einer prozessualen Überholung sowie zu den erledigten Grundrechtseingriffen, die bei § 33 a StPO angestellt wurden, auch auf das Nachverfahren zugunsten des Beschwerdegegners zu übertragen. Etwaige aus dem engeren Anwendungsbereich des § 311 a StPO abzuleitende Gegenargumente sind nicht ersichtlich.

---

[539] Protokolle des Rechtsausschusses IV, Nr. 41, S. 19 f.

[540] Schriftlicher Bericht des Rechtsausschusses über den von der Bundesregierung eingebrachten Entwurf eines StPÄG, *zu* BT-Drucksache IV, 1020, S. 5.

[541] Vor allem BVerfGE 9, 89 ff.

Im Ergebnis besteht ein Nachteil i.S.d. § 311 a StPO also bei jeder Beeinträchtigung von materiell- oder verfahrensrechtlichen Rechtspositionen oder schutzwürdigen Interessen des Beschwerdegegners[542]. Auch eine prozessuale Überholung ist hier zu beachten sowie, daß eine nachträgliche Feststellung der Rechtswidrigkeit erledigter Grundrechtseingriffe mit diskriminierender Wirkung mittels des Nachverfahrens möglich ist, wenn ein dahingehendes Feststellungsinteresse besteht[543].

5. Die Unanfechtbarkeitsklausel

Die Funktion der Unanfechtbarkeitsklausel des § 311 a StPO zu untersuchen, erscheint notwendig, da ihre Formulierung von der des § 33 a StPO abweicht. Erweckt dort bereits der Wortlaut durch den subjektiven Bezug auf den Beteiligten (zumindest für das Amtsverfahren) Bedenken gegen eine ausschließliche Geltung bei formell rechtskräftigen Beschlüssen, so scheint der Gesetzestext hier eindeutig zu sein (... "und kann seine Entscheidung nicht angefochten werden"...). Weiter ist der gegenüber § 33 a StPO engere Bezug zur Rechtsprechung des Bundesverfassungsgerichts[544] zu berücksichtigen. Das Recht auf Gegenvorstellungen wurde dort u.a. damit begründet, die Abhilfe durch den judex a quo gemäß § 306 II StPO sei beim letztinstanzlichen Beschwerdegericht nicht mehr möglich, weshalb dann sinngemäß eine Gegenvorstellung zuzulassen sei, da eine weitere Beschwerde nicht mehr statthaft ist[545]. Die zur Entstehung des § 311 a StPO beitragende Verfahrenskonstellation betraf also unanfechtbare Beschlüsse.

Wie bereits erwähnt[546], hat sich die Regelung des Nachverfahrens aber gerade in diesem Punkt von der speziellen Prozeßsituation der ihr zugrundeliegenden Rechtsprechung gelöst. Die ursprüngliche Fassung[547] der Unanfecht-

---

[542] Vgl. vor allem oben § 9 II. 3. a) S. 88 ff (90) der Arbeit.

[543] Dazu oben § 9 II. 3. b) cc) S. 95 f der Arbeit.

[544] Vgl. BVerfGE 9, 89 und die Darstellung oben § 9 I. S. 76 f und § 14 I. S. 122 f der Arbeit.

[545] Erinnert sei hier an den dogmatischen Zusammenhang zwischen einfacher Beschwerde und Gegenvorstellung, der als Stufenverhältnis beschrieben wurde; siehe oben § 1 S. 18 der Arbeit.

[546] Oben § 14 I. S. 123 der Arbeit.

[547] Vgl. BT-Drucksache III, 2037, S. 12; siehe aber auch die Begründung der Bundesregierung zu ihrem Entwurf eines StPÄG, BT-Drucksache III, 2037, S. 41, in der § 310 a (heute § 311 a StPO) noch auf unanfechtbare Beschlüsse beschränkt gesehen wurde.

barkeitsklausel, ... "ist weitere Beschwerde nicht zulässig"..., deutete ungewollt auf § 310 I StPO hin und wurde daher durch die heutige Fassung ersetzt[548]. Gleichwohl wurde im Rechtsausschuß[549] die Notwendigkeit der Einführung des § 311 a StPO auch mit seiner Bedeutung bei rechtskräftigen Beschlüssen begründet, da dort die Abänderungsbefugnis der Gerichte etwa im Bereich der sofortigen Beschwerde nicht allgemein anerkannt sei. Bei der einfachen Beschwerde liege dies anders, doch auch hier sei in konsequenter Aufgreifung der Rechtsprechung des BVerfG ein entsprechender formeller Rechtsweg auszugestalten.

Will man nun die Aufgabe der Unanfechtbarkeitsklausel recht verstehen, so hat man sich die Verfahrenssituation vor Augen zu führen, in der § 311 a StPO überhaupt Anwendung finden kann. In der Regel sind die Beschlüsse des Beschwerdegerichts wegen § 310 II StPO nicht mit der weiteren Beschwerde angreifbar. Sie sind damit unanfechtbar. Für den Großteil der Beschwerdeentscheidungen ist die Klausel des § 311 a StPO, verstanden als einschränkendes Tatbestandsmerkmal, also unnötig, da sie ohnehin unanfechtbar sind.

Es bleiben mithin die Ausnahmefälle des § 310 I StPO[550]. Beschlüsse des LG oder gemäß § 120 III GVG des OLG, die Verhaftungen oder einstweilige Unterbringungen betreffen, können durch weitere Beschwerde angefochten werden. Nach der ersten Wortlautauslegung wäre § 311 a StPO in diesen Fällen also nicht einschlägig, eine Verletzung des rechtlichen Gehörs müßte im Rechtsmittelweg geheilt werden. Dagegen erheben sich aber Bedenken, denn ein Teil der Fälle, in denen weitere Beschwerde zugelassen ist, etwa bei §§ 112 ff, 114 StPO und gemäß § 453 c I StPO[551], ist eine vorherige Anhörung gemäß §§ 33 IV 1, 308 I 2 StPO nicht erforderlich, wenn sie den Zweck der Maßnahmen gefährden würde. Gerade für den Teilbereich, für den die nachträgliche Anhörung geschaffen wurde, um die vorherige Nichtgewährung auszugleichen, würde die Anwendung des § 311 a StPO also an der Unanfechtbarkeitsklausel scheitern. Die Konzeption des StPÄG 1964, den Verstoß gegen das Recht auf Gehör innerinstanziell und nicht im Rechtsmittelzug zu

---

[548] Siehe Protokolle des Rechtsausschusses IV, Nr. 16, S. 34 und 37.

[549] Erneut Protokolle des Rechtsausschusses IV, Nr. 16, S. 34, aber auch S. 32.

[550] Zur Auslegung des § 310 I StPO vor allem *Ellersiek*, S. 93 f.

[551] Str., siehe die Auseinandersetzung und den Streitstand bei *Ellersiek*, S. 96 f, der sich zu Recht gegen eine zu enge Auslegung des § 310 I StPO wendet und auf den weiten Wortlaut bezüglich "Verhaftungen" hinweist. Im übrigen ist die Norm nicht schon deshalb restriktiv auszulegen, weil es sich um eine Ausnahmevorschrift handelt; siehe *Larenz*, S. 339 f; so aber wohl die h.M., etwa KMR-*Paulus*, § 310 Rdnr. 2, 7; KK-*Engelhardt*, § 310 Rdnr. 10, 12, 1; *Löwe/Rosenberg/Gollwitzer*, § 310 Rdnr. 24.

heilen[552], macht die Koppelung von vorheriger Nichtanhörung und Nachholung in einer Instanz deutlich. Dieser Regelungsmechanismus gilt aber nicht ausschließlich für unanfechtbare Beschlüsse, sondern sollte selbst bei entgegenstehender formeller Rechtskraft eingeführt werden[553].

Hinzu kommt die Überlegung, daß das Nachverfahren i.S.d. § 311 a StPO auch im Bereich der sofortigen Beschwerde Anwendung finden sollte[554]. Das Unanfechtbarkeitserfordernis wäre aber auch in diesen Fällen überflüssig, da es eine weitere Beschwerde gegen auf sofortige Beschwerde hin ergangene Entscheidungen nicht gibt[555].

Auch bezüglich § 311 a StPO[556] kann im Ergebnis demnach festgehalten werden, daß die Unanfechtbarkeitsklausel nicht als einschränkendes Tatbestandsmerkmal zu verstehen ist, sondern lediglich die Anwendbarkeit der Norm auch auf rechtskräftige Beschlüsse betonen soll[557]. Die Vorschrift ist also wie folgt zu lesen:

"Hat das Beschwerdegericht einer Beschwerde ohne Anhörung des Gegners des Beschwerdeführers stattgegeben, so hat es diesen, selbst wenn die Entscheidung nicht angefochten werden kann, von Amts wegen oder auf Antrag nachträglich zu hören und auf einen Antrag zu entscheiden."

II. Das Nachverfahren

Wie bereits angesprochen[558], gibt es Fälle, wo im Beschwerdeverfahren die §§ 33 a, 311 a StPO nebeneinander anzuwenden sind. Die Rechtsfolgen der Vorschriften sind dabei so ähnlich, daß sie in *einem* Nachverfahren durchgeführt werden können. Um unnötige Wiederholungen zu vermeiden[559], ist in

---

[552] Vgl. Protokolle des Rechtsausschusses IV, Nr. 16, S. 36.

[553] Dies ergibt sich nach meiner Auffassung deutlich aus der Diskussion im Rechtsausschuß, vgl. Protokolle des Rechtsausschusses IV, Nr. 16, S. 32 und 34, um die Bedeutung des § 311 a StPO auch bei rechtskräftigen Beschlüssen.

[554] Dies war ja gerade der Grund, den ursprünglich geplanten § 310 a des Entwurfs eines StPÄG durch § 311 a zu ersetzen, vgl. Protokolle des Rechtsausschusses IV, Nr. 41, S. 19.

[555] KMR-*Paulus*, § 310 Rdnr. 3; *Ellersiek*, S. 73; *Peters*, Strafprozeß, S. 620; *Löwe/Rosenberg/Gollwitzer*, § 311 Rdnr. 4.

[556] Hinsichtlich § 33 a StPO siehe oben § 9 II. 4. S. 97 ff der Arbeit.

[557] Auch *Peters*, Urteilsanmerkung, JR 1970, 392, hält eine Begrenzung der Abänderungsbefugnis auf unanfechtbare Entscheidungen für grundsätzlich nicht haltbar; vgl. für den Zivilprozeß OLG Frankfurt NJW 1970, 715; a.A. BayObLGSt 1970, 115 (117).

[558] Vgl. oben § 14 II. S. 124 f der Arbeit.

[559] Zum Ganzen siehe oben § 10 S. 104 ff und § 11 S. 111 ff der Arbeit.

diesem Abschnitt lediglich auf einzelne Unterschiede hinzuweisen, die sich aus den verschiedenen Anwendungsbereichen der Normen ergeben.

Auch beim Nachverfahren gemäß § 311 a StPO findet sich die grundsätzliche Aufteilung in Nachholungs- und Überprüfungsverfahren. Die Norm erwähnte ursprünglich[560] zwar lediglich die nachträgliche Anhörung, also das Nachholungsverfahren, aber in der Begründung des Entwurfs wurde bereits die nachträgliche Überprüfung der früheren Entscheidung des Gerichts befürwortet. Die Doppelfunktion des Nachverfahrens wurde also bereits sehr früh gesehen, was zur späteren Fassung[561] führte, in der eine Entscheidungsbefugnis des Gerichts bestimmt wird.

Vergleicht man nun den Wortlaut der §§ 33 a und 311 a StPO, so ist die unterschiedliche Formulierung des Nachholungsverfahrens zu erkennen. Während § 33 a Satz 1 StPO objektiv davon spricht, die "Anhörung nachzuholen", stellt § 311 a I 1 StPO subjektiv auf den Beschwerdegegner ab und ordnet an, "diesen" ... "nachträglich zu hören". Darin kommt zum einen die Begrenzung des Nachverfahrens im Fall des § 311 a StPO auf den Gegner des Beschwerdeführers zum Ausdruck[562], während § 33 a Satz 1 StPO durch seine weite Fassung auch den Beschwerdeführer umfaßt. Zum anderen ist zu beachten, daß wegen § 311 a II StPO mit § 308 II StPO die Anhörung nicht wie bei § 33 a StPO[563] auf die ursprünglich ohne rechtliches Gehör verwerteten Tatsachen oder Beweisergebnisse beschränkt ist, sondern auch solche Rechtsansichten betrifft, die sich auf eine ergänzende Ermittlung des Beschwerdegerichts gründen.

Damit ist zugleich das Überprüfungsverfahren angesprochen, für das unabhängig von der Möglichkeit nachträglicher Ermittlungen gemäß § 308 II StPO wie im Fall des § 33 a StPO[564] das Verbot einer reformatio in peius gilt[565]. Die Formulierungen hinsichtlich des Überprüfungsverfahrens unterscheiden sich in § 33 a Satz 2 und § 311 a I 2 StPO lediglich in bezug auf das zuständige Gericht. Dabei wird die Beschränkung der Bedeutung des § 311

---

[560] In der Fassung des Entwurfs der Bundesregierung, vgl. BT-Drucksache III, 2037, S. 12 und die Begründung, S. 41. Die Rechtsfolge der Vorschrift lautete: ..."so hat es diesen auf Antrag nachträglich zu hören. Die Anhörung ist auch ohne Antrag zulässig."

[561] Vgl. BT-Drucksache IV, 1020, S. 29.

[562] Dazu bereits oben § 14 II. S. 126 der Arbeit.

[563] Siehe hierzu oben § 10 II. S. 108 f der Arbeit.

[564] Vgl. oben § 11 S. 115 der Arbeit.

[565] *Wittschier*, S. 177; *Löwe/Rosenberg/Gollwitzer*, vor § 304 Rdnr. 21; auch *E. Schmidt*, Lehrkommentar, Teil II, § 309 Rdnr. 7 i.V.m. Nachtragsband I, § 311 a Rdnr. 5, neigt wohl zur Bejahung einer Geltung des Verschlechterungsverbots.

a StPO für das Beschwerdeverfahren deutlich. Die Aufgabe eines innerinstanziellen Rechtsbehelfs ohne Devolutiveffekt wird dadurch aber nicht berührt.

Es bleibt schließlich auf die nach § 311 a II StPO anwendbaren Vorschriften des Beschwerdeverfahrens hinzuweisen. Die Einleitung und Durchführung des Nachverfahrens hat grundsätzlich keinen Einfluß auf die sofortige Wirksamkeit der Beschwerdeentscheidung, § 307 I StPO. Das Beschwerdegericht kann dessen Vollziehung aber aussetzen, § 307 II StPO. Die Aufhebung der Aussetzung ist zweckmäßigerweise mit der Überprüfungsentscheidung zu verbinden[566]. Die Möglichkeit ergänzender Ermittlungen nach § 308 II StPO wurde bereits erwähnt. Auch die Entscheidungsbefugnis des Beschwerdegerichts gemäß § 309 II StPO wurde in Zusammenhang mit der Forderung nach einem obligatorischen Überprüfungsbeschluß[567] behandelt.

Abgesehen von diesen wenigen Besonderheiten, sind die Sanktionen der §§ 33 a und 311 a StPO aber so ähnlich, daß diesbezüglich die Ausführungen zu § 33 a StPO[568] sinngemäß auch hier gelten.

III. Die Kontrolle der Überprüfungsentscheidung

Auch bezüglich der Frage nach einer Anfechtung der Überprüfungsentscheidung kann auf die entsprechende Darstellung zu § 33 a StPO[569] verwiesen werden. Insbesondere wird die Möglichkeit der einfachen Beschwerde gemäß § 304 I StPO gegen die Ablehnung des Antrags auf nachträgliche Gewährung rechtlichen Gehörs durch das Beschwerdegericht nicht gemäß § 310 II StPO mit dem Argument zu verneinen sein, es handle sich dabei um eine Entscheidung auf die Beschwerde hin. Vielmehr ist eine solche Ablehnung als verfahrensrechtliche Entscheidung im ersten Rechtszug anzusehen[570].

---

[566] Vgl. auch *Löwe/Rosenberg/Gollwitzer*, § 311 a Rdnr. 13.
[567] Siehe oben § 11 S. 114 der Arbeit.
[568] Dazu oben § 10 S. 104 ff und § 11 S. 111 ff der Arbeit.
[569] Vgl. oben § 12 S. 116 ff der Arbeit.
[570] KK-*Engelhardt*, § 311 a Rdnr. 13; KG NJW 1966, 991 f.

3. Abschnitt
Exkurs: Die Anhörungsrüge

Die Wirksamkeit der strafprozessualen Regeln zur Heilung von Verletzungen des Rechts auf Gehör innerhalb der Fachgerichtsbarkeit und die dadurch bedingte Entlastung des Bundesverfassungsgerichts[571] war es wohl, was den Gesetzgeber etwa seit 1979[572] zu Überlegungen bezüglich einer ähnlichen Entlastungsmöglichkeit für den Zivilprozeß veranlaßte. Ein entsprechender Handlungsbedarf im Bereich der Verfassungsbeschwerden wegen Verstoßes gegen Art. 103 I GG wurde nicht nur durch das Gericht[573], sondern auch in der Literatur[574] und von Teilen der Praxis anerkannt[575].

§ 16 Der Referentenentwurf des Bundesministeriums der Justiz vom 25.06.1980 zu einem Gesetz über die zeitlich begrenzte Einführung einer Anhörungsrüge in der ordentlichen streitigen Gerichtsbarkeit

Die Anregung des Bundesverfassungsgerichts ist von der 51. Konferenz der Justizminister und -senatoren aufgenommen worden und führte zu einer Entschließung in die Reformüberlegungen zur ZPO, eine probeweise auf drei Jahre befristete Anhörungsrüge mit einzubeziehen[576]. Solche Überlegungen mündeten in einen Referentenentwurf des Bundesjustizministeriums vom 25.06.1980 zu einem "Gesetz über die zeitlich begrenzte Einführung einer Anhörungsrüge in der ordentlichen streitigen Gerichtsbarkeit". Das Konzept sah einen Einbau des neu zu schaffenden Rechtsbehelfs in das Wiederaufnahmeverfahren der §§ 578 ff ZPO vor[577]. Der Anhörungsrüge lag dabei das Regelungsmodell des § 33 a StPO zugrunde[578].

---

[571] Vgl. dazu oben § 12 I. (a.E.) S. 118 f der Arbeit.

[572] *Schneider*, Urteilskorrektur, NJW 1981, 1196.

[573] Siehe etwa *Benda*, NJW 1980, 2097 (2102).

[574] *Schumann*, Rechtliches Gehör, NJW 1985, 1134 ff (1139); *ders.*, BVerfG und Zivilprozeß, S. 72 ff; *Hübsch*, DRiZ 1980, 140 f; *Seetzen*, Anhörungsrüge, NJW 1982, 2337 (2342 ff).

[575] Siehe die positive Stellungnahme der Bundesrechtsanwaltskammer hinsichtlich der Schaffung einer dem § 33 a StPO ähnlichen Regelung für den Zivilprozeß, EuGRZ 1984, 524 (527); ablehnend dagegen die Stellungnahme des Deutschen Anwaltsvereins vom 20.10.1980 zum Referentenentwurf eines "Gesetzes über die zeitlich begrenzte Einführung einer Anhörungsrüge in der ordentlichen streitigen Gerichtsbarkeit", vgl. *Schulz*, ZRP 1980, 332 (333).

[576] 51. Konferenz der Justizminister und -senatoren vom 8./9. 5.1980, DRiZ 1980, 260 (262).

[577] *Schneider*, Urteilskorrektur, NJW 1981, 1196.

[578] *Heyde*, Kutscher-FS, 229 (242); *Seetzen*, Anhörungsrüge, NJW 1982, 2337 (2338); zu § 33 a StPO siehe oben 3. Teil, 1. Abschnitt S. 74 ff der Arbeit.

Abweichend davon war dieser Rechtsbehelf aber nur gegen unanfechtbare letztinstanzliche Endurteile von Zivilgerichten geplant. Hier sollte der Verstoß gegen das Recht auf Gehör durch eine nochmalige Prüfung und Entscheidung nach durchgeführter Anhörung in derselben Instanz geheilt werden. Die verfahrensrechtliche Ausgestaltung der Anhörungsrüge sah wohl eine Befristung von höchstens einem Monat und Anwaltszwang vor, wenn das ursprüngliche Verfahren diesem unterlag[579]. Denn die Anhörungsrüge ist als Teil des Ausgangsverfahrens anzusehen. Der judex a quo sollte eine unzulässige oder unbegründete Rüge durch unanfechtbaren Beschluß zurückweisen können, andernfalls müßte eine Neuverhandlung insoweit erfolgen, als der Verfahrensgegenstand vom Grund der Rüge betroffen ist[580].

Dieser erste Anlauf scheiterte aber an Bedenken aus der Praxis, insbesondere des Deutschen Anwaltvereins[581] und des Deutschen Richterbundes[582]. Ersterer argumentierte mit einer Verlagerung der Belastung vom BVerfG auf die Instanzgerichte und den BGH. Darüberhinaus wurde auf die psychologische Verteidigungssituation hingewiesen, in die sich ein Richter versetzt fühlen muß, der seine eigene Entscheidung unter dem Vorwurf, einen schwerwiegenden Verfahrensfehler gemacht zu haben, erneut zu überprüfen hat. Der Deutsche Richterbund[583] wandte sich gegen den Entwurf mit der Begründung, die Anhörungsrüge würde zu einem weitgehenden Eingriff in die Rechtskraft zivilgerichtlicher Urteile führen. Er befürchtete eine Ausuferung des Rechtsmittelsystems mit der Gefahr eines exzessiven und querulatorischen Gebrauchs. Schließlich wies auch er auf die bereits hohe Belastung der Instanzgerichte hin. Folge dieser Ablehnung durch die Praxis war, daß eine Weiterverfolgung dieses Gesetzesvorhabens vorerst nicht erfolgte[584].

§ 17 Der Referentenentwurf des Bundesministeriums der Justiz vom 10.10.1983

Da gleichwohl die Überlastung des BVerfG mit der Konsequenz, daß dieses seinen eigentlichen Aufgaben für das Staatsganze entzogen wird, allgemein anerkannt wurde, führte die Diskussion um eine entsprechende Abhilfemöglichkeit zu einem weiteren Lösungsvorschlag: dem Referentenentwurf vom

---

[579] *Hübsch*, DRiZ 1980, 140 f; *Zuck*, JZ 1985, 921 (926).
[580] *Zuck*, JZ 1985, 921 (926).
[581] Dazu vgl. bei *Schulz*, ZRP 1980, 332 (333).
[582] Siehe bei *Lisken*, DRiZ 1981, 139 f.
[583] Vgl. die Stellungnahme in der Beilage zur DRiZ, Informationen 8 und 12/1980.
[584] Vgl. 52. Konferenz der Justizminister und -senatoren vom 1./2. 10.1981, DRiZ 1981, 422 (423) zu TOP 5.

10.10.1983. Waren die Regelungsversuche im Bereich der ZPO gescheitert, so setzte man nun unmittelbar beim Bundesverfassungsgericht selbst an. Dem BVerfGG sollte ein § 93 d eingefügt werden[585]. Der Vorteil dieser Vorschrift wurde in ihrem Anwendungsbereich hinsichtlich aller Zweige der Gerichtsbarkeit und einer Arbeitserleichterung beim BVerfG gesehen. Da wegen der Subsidiarität der Verfassungsbeschwerde i.d.R. nur unanfechtbare Entscheidungen vom geplanten Auskunftsersuchen betroffen sein würden, konnte auf deren nähere Bezeichnung in § 93 d des Entwurfs verzichtet werden. Vor allem dessen Absatz 2 Nr. 3, wonach die Fachgerichte die Fälle zu erläutern haben, in denen eine Entscheidung nach dem jeweiligen Verfahrensrecht keiner Begründung bedarf, wurde als Entlastung für das BVerfG empfunden. Denn hierdurch läßt sich erkennen, ob die Fachgerichte ein bestimmtes Vorbringen nicht berücksichtigt oder lediglich aus sachlichen Überlegungen in den Entscheidungsgründen nicht ausdrücklich verbeschieden haben.

Aber auch dieses Vorhaben scheiterte; diesmal am Widerstand der Länder[586]. Ausschlaggebend waren Bedenken hinsichtlich einer Mehrbelastung der Zivilgerichte, die Befürchtung, dieser Rechtsbehelf könne zum Einfallstor für die Verfassungsbeschwerde werden, sowie haushaltspolitische Überlegungen. Der Anregung des Bundesverfassungsgerichts, eine Anhörungsrüge in den Zivilprozeß nach dem Modell der Gegenvorstellung einzuführen, dürfte damit endgültig der Erfolg versagt bleiben[587]. Das Bestreben, der Überlastung des Gerichts Herr zu werden, mündete schließlich in einer erheblichen Änderung

---

[585] Geplanter § 93 d BVerfGG, zitiert nach *Zuck*, JZ 1985, 921 (926):
"(1) Wird eine Verfassungsbeschwerde auf die Behauptung gestützt, die Entscheidung eines Gerichts verletze den Anspruch des Beschwerdeführers auf rechtliches Gehör (Art. 103 Abs. 1 des Grundgesetzes), so kann das BVerfG bei dem Gericht eine schriftliche Auskunft einholen.
(2) In der Auskunft ist im einzelnen darzulegen, ob das Gericht
1. dem Beschwerdeführer Gelegenheit gegeben hat, sich zu den der Entscheidung zugrundeliegenden Tatsachen und Beweisergebnissen zu äußern,
2. die Ausführungen des Beschwerdeführers zur Kenntnis genommen und in Erwägung gezogen hat oder
3. die Ausführungen des Beschwerdeführers aus Gründen des prozessualen oder materiellen Rechts unberücksichtigt gelassen hat.
(3) Die Auskunft ist von den Berufsrichtern zu erteilen, die bei der mit der Verfassungsbeschwerde angefochtenen Entscheidung mitgewirkt haben.
(4) Die Auskunft ist von den Richtern, die an ihr mitwirken, zu unterschreiben. Sie soll binnen einer Frist von einem Monat erteilt werden."

[586] Vgl. die amtliche Begründung zum Entwurf eines Fünften Gesetzes zur Änderung des Gesetzes über das Bundesverfassungsgericht, BR-Drucksache 614/84, S. 12.

[587] Siehe dazu BT-Drucksache 10/2951, S. 7 f zum Entwurf einer 5. Novelle zum BVerfGG.

des Annahmeverfahrens gemäß der §§ 93 a - 93 c BVerfGG[588]. Daß damit allerdings die Aktualität des Themas Gegenvorstellung gegen nicht mehr beschwerdefähige zivilgerichtliche Beschlußentscheidungen nicht verloren ging, beweisen die jüngsten Äußerungen in Rechtsprechung und Schrifttum auch nach Inkrafttreten der Novelle am 01.01.1986[589].

4. Abschnitt
Zwischenergebnis

Nachdem im zweiten Teil der Arbeit eine Regelungslücke bezüglich der Frage nach einer Abänderbarkeit nicht mehr beschwerdefähiger Beschlußentscheidungen festgestellt wurde, zeigt der vorliegende dritte Teil der Arbeit hierfür eine sachgerechte Lösung auf. Die Suche nach Normen, die eine Aussage über die Behandlung verfahrensfehlerhafter Beschlüsse machen, führte zu einem vergleichenden Blick in die Strafprozeßordnung. Im Zuge der sog. kleinen Strafprozeßreform wurden ihr Regelungen eingefügt[590], die einen Ausgleich zwischen Vorläufigkeit und Endgültigkeit von das Recht auf Gehör verletzenden Beschlüssen erreichen. Die §§ 33 a, 311 a StPO, deren ähnlicher Aufbau[591] zu weitgehend übereinstimmenden Aussagen führte, erwiesen sich als Vorschriften, die einen speziell auf Verletzungen des rechtlichen Gehörs zugeschnittenen Rechtsbehelf statuieren. Damit wurden die Voraussetzungen und Grenzen des bereits vor ihrer Normierung teilweise anerkannten Rechts, sich gegen fehlerhafte Gerichtsentscheidungen an den judex a quo mit der Bitte um Abhilfe zu wenden[592], festgelegt. Ihre Regelung beansprucht sowohl im Bereich der einfachen als auch der sofortigen Beschwerde Geltung[593], weshalb auf die insoweit häufig anzutreffende unterschiedliche Behandlung verzichtet werden konnte[594]. Die Frage, unter welchen Voraussetzungen

---

[588] Geändert durch Gesetz zur Änderung des Gesetzes über das Bundesverfassungsgericht und zur Änderung des Deutschen Richtergesetzes vom 12.12.1985, BGBl. 1985, Teil I, S. 2226 (2227); vgl. auch *Maunz/Schmidt-Bleibtreu*, § 93 a Rdnr. 6 a.

[589] Vgl. etwa BVerfGE 73, 322 (329); *Weis*, NJW 1987, 1314 f; für den Verwaltungsprozeß, etwa VGH Kassel NJW 1987, 1354 f; siehe auch oben § 2 S. 22 ff und 31 ff der Arbeit.

[590] BGBl. 1964, Teil I, S. 1067 (1078).

[591] Vgl. insbesondere oben § 9 S. 74 ff und § 15 S. 127 ff der Arbeit.

[592] Vgl. *Gantzer*, S. 53 ff; *Ellersiek*, S. 29 ff; Protokolle des Rechtsausschusses IV, Nr. 16, S. 32.

[593] Erneut Protokolle des Rechtsausschusses IV, Nr. 16, S. 32.

[594] Eine solche ist etwa in der Arbeit von *H. Schmidt*, Die Gegenvorstellung, S. 36 ff und 132 ff anzutreffen; vgl. auch bei *Ratte*, S. 90 ff und 97 ff, obwohl diese traditionelle Unterscheidung für seinen Lösungsvorschlag bereits keine Bedeutung mehr gewinnt, wie er auch selbst einräumt, siehe S. 89.

Beschlüsse, auch wenn sie nicht mehr beschwerdefähig sind, abgeändert werden können, wird durch sie einheitlich beantwortet. Die Tatsache ihrer Unanfechtbarkeit und die Wertung als urteilsvertretend verlieren dabei an Bedeutung. Ausschlaggebend ist als gemeinsamer Ansatzpunkt ihr verfahrensfehlerhaftes Zustandekommen, namentlich der Verstoß gegen Art. 103 I GG. Diese Ausgangssituation führt dazu, einen den Beteiligten darüber hinaus beschwerenden Beschluß, als vorläufig anzusehen. Sie veranlaßt, ein Verfahren einzuleiten, dessen Ausgestaltung[595] es erlaubt, in einfacher Weise neben der Unanfechtbarkeit auch Unabänderlichkeit des Beschlusses zu erreichen. Die Wahlmöglichkeit hinsichtlich der Form der erforderlichen nachträglichen Anhörung macht die §§ 33 a, 311 a StPO zu einem flexiblen Instrument, Verfahrensfehler innerhalb der Fachgerichtsbarkeit zu heilen. Der durch sie zu erreichende Ausgleich der Antinomie Rechtssicherheit – materielle Gerechtigkeit stellt eine zufriedenstellende Rechtsschutzmöglichkeit gegen verfahrensfehlerhafte, beschwerende und letztinstanzliche Beschlußentscheidungen dar. Sie verbinden in geeigneter[596] Weise die Heilung des Verfahrensverstoßes mit der Änderungsmöglichkeit von Beschlüssen.

Dabei ist es kein Zufall, daß dem Nachverfahren i.S.d. §§ 33 a, 311 a StPO das Modell der Gegenvorstellung zugrundeliegt[597], denn die Reaktion auf Verletzungen des rechtlichen Gehörs gehört zu einem ihrer wesentlichsten Anwendungsbereiche[598]. Sie ist damit prädestiniert für die Lösung der hier behandelten Problematik. Dies erschließt sich auch anhand ihrer Bevorzugung gegenüber anderen Vorschlägen, etwa der Einführung eines zusätzlichen Rechtsmittels oder einer entsprechenden Anwendung der Wiederaufnahmevorschriften. Die Favorisierung eines innerinstanziellen Rechtsbehelfs wird in den gesetzgeberischen Beratungen zu den §§ 33 a, 311 a StPO deutlich[599]. Ihr Vorteil gegenüber einem Wiederaufnahmeverfahren zeigt sich in der Diskussion um die sog. Anhörungsrüge[600], in die letztlich nur noch eine dem § 33 a StPO nachempfundene Regelung einbezogen wurde[601].

---

[595] Siehe dazu oben § 10 S. 104 ff , § 11 S. 111 ff und § 15 II. S. 134 ff der Arbeit.

[596] Zu den m.E. nicht durchgreifenden Bedenken bezüglich der Voreingenommenheit des judex a quo siehe oben § 12 I. (a.E.) S. 118 f der Arbeit.

[597] Für § 33 a StPO siehe oben § 13 S. 120 f der Arbeit; dies gilt aber in gleichem Maße auch für § 311 a StPO, da seine strukturelle Ausgestaltung insoweit keine unterschiedliche Einordnung erlaubt, vgl. oben § 15 S. 127 ff der Arbeit.

[598] Vgl. bereits oben den historischen Überblick in § 1 S. 19 der Arbeit.

[599] Vgl. Protokolle des Rechtsausschusses IV, Nr. 16, S. 36.

[600] Siehe etwa für ein Wiederaufnahmeverfahren *Braun*, NJW 1981, 425 ff und 1196 f; dagegen: *Schneider*, Urteilskorrektur, NJW 1981, 1196 f; *Seetzen*, Anhörungsrüge, NJW 1982, 2337 (2340 f); vgl. auch die direkte Gegenüberstellung der Argumente in *Seetzen* und *Braun*, Anhörungsrüge oder Wiederaufnahmeverfahren, NJW 1984, 347 ff.

[601] Vgl. bei *Zuck*, JZ 1985, 921 (926 f).

Zu prüfen bleibt nun in einem letzten Schritt, ob und inwieweit die für das Strafverfahren gefundene Lösungsmöglichkeit auch im Zivilprozeß einen fruchtbaren Ansatz finden kann.

4. Teil

Möglichkeit einer analogen Anwendung der §§ 33 a, 311 a StPO im Zivilprozeß

1. Abschnitt
Vorliegen einer offenen Gesetzeslücke

Von einer offenen Gesetzeslücke spricht man immer dann, wenn das Gesetz für eine spezielle Fallgruppe keine Regelung bereitstellt, eine solche nach seinem Sinn und Zweck aber enthalten sollte[602]. Eine Gesetzeslücke ist dabei im Unterschied zu einer Rechtslücke anzunehmen, wenn das Gesetzesrecht für eine rechtliche Frage durch Auslegung keine Antwort bietet und das Gewohnheitsrecht außer Betracht gelassen wird[603].

Die hier untersuchte Frage lautet, ob die Zivilprozeßordnung Regelungen bezüglich der Abänderungsmöglichkeit nicht mehr beschwerdefähiger Beschlußentscheidungen enthält; weitergehend, ob sie Aussagen über die Zulässigkeit einer Gegenvorstellung gegen solche Beschlüsse trifft, die darüber hinaus auf einem Verstoß gegen das rechtliche Gehör beruhen.

Im zweiten Teil dieser Arbeit wurde zunächst die Reichweite des Abänderungsverbots gemäß § 577 III ZPO ventiliert. Dabei ergab sich, daß die Norm als Sonderregelung zu § 571 ZPO lediglich die Fälle noch anfechtbarer Beschlüsse umfaßt und einer ausdehnenden Auslegung auf Grund ihres Normzwecks der Verfahrensbeschleunigung nicht zugänglich ist. Eine Beantwortung der vorliegenden Frage mittels § 577 III ZPO war damit nicht möglich. Zu beachten ist allerdings, daß es sich insoweit nicht um eine sog. Normlücke handelt, da dies stets die Unanwendbarkeit der Vorschrift ohne ihre notwendige Ergänzung voraussetzt[604]. § 577 III ZPO ist aber durchaus selb-

---

[602] *Larenz*, S. 362; vgl. auch *Canaris*, S. 136 f; daß die allgemeinen Regeln der Lückenausfüllung auch auf das Zivilprozeßrecht Anwendung finden, ist unbestritten, vgl. *Stein/Jonas/Schumann*, Einleitung Rdnr. 92 f.

[603] *Engisch*, Einführung, S. 139.

[604] *Canaris*, S. 59 f.

ständig anwendbar, allerdings beschränkt auf Entscheidungen, die der Beschwerde noch unterliegen.

Die Suche nach Kriterien für oder gegen eine Abänderbarkeit unanfechtbarer zivilprozessualer Beschlüsse zwang zu einer Prüfung der innerprozessualen Bindungswirkung des § 318 ZPO[605]. Dessen rechtliche Qualität wurde aber nicht als geeignet empfunden, Aussagen über die spezifische Situation verfahrensfehlerhafter Beschlüsse treffen zu können. Eine analoge Anwendung der Norm wurde daher insoweit verneint.

Die hier zu beurteilende Fallgestaltung ist mithin in der ZPO normativ nicht geregelt. Auch von einem entsprechenden Gewohnheitsrecht kann angesichts der dargestellten[606] Meinungsvielfalt zur Zulässigkeit der Gegenvorstellung nicht gesprochen werden.

Die Annahme einer Gesetzeslücke hat ferner das Bestehen eines Regelungsbedürfnisses zur Voraussetzung. Die normativ nicht erfaßte Fallgruppe muß auf eine planwidrige Unvollständigkeit des Gesetzes zurückzuführen sein[607]. Dies bestimmt sich nach h.L. vom Boden des geltenden Rechts selbst aus[608]. Der der ZPO innewohnende Sinn und Zweck muß also eine entsprechende Regelung erfordern. Für die Frage einer Abänderungsmöglichkeit nicht mehr beschwerdefähiger Beschlüsse ist dies zu bejahen, da sie als dritte Komponente neben der formellen und materiellen Rechtskraft für den Bestandsschutz gerichtlicher Entscheidungen sorgt. Das Bedürfnis nach deren Endgültigkeit ist als wesentlicher Faktor der Rechtssicherheit und damit des Rechtsfriedens nicht zu leugnen[609]. Die Diskussion um die Zulässigkeit der Gegenvorstellung ist ja gerade von dem Bemühen um einen zufriedenstellenden Ausgleich des Gegensatzes Rechtsfrieden – materielle Gerechtigkeit gekennzeichnet. Dem kann nicht entgegengehalten werden, es handle sich insoweit um ein "beredtes Schweigen"[610] der ZPO, da der Gesetzgeber es im Zuge der Erwägungen einer Anhörungsrüge[611] unterlassen habe, eine entsprechende Regelung für den Zivilprozeß zu schaffen. Denn dieser Gesetzesvorschlag betraf ja rechtskräftige Endurteile, weshalb nicht ohne weiteres auf einen negativen Normierungswillen auch im Bereich von Beschlüssen geschlossen werden kann. Gerade die Auseinandersetzung hinsichtlich der Abänderbarkeit verfahrensfehlerhaft ergan-

---

605 Vgl. oben 2. Teil, 2. Abschnitt S. 52 ff der Arbeit.

606 Dazu oben § 2 S. 22 ff der Arbeit.

607 *Larenz*, S. 355 ff; *Engisch*, Einführung, S. 141 f; insbesondere *Canaris*, S. 31 ff.

608 Statt vieler *Canaris*, S. 32 m.N.

609 *Stein/Jonas/Schumann*, Einleitung Rdnr. 11 und 16 ff, zu diesem wesentlichen Zweck des Zivilprozesses.

610 Zu dieser negativen Voraussetzung einer Gesetzeslücke vgl. *Larenz*, S. 355.

611 Dazu oben 3. Teil, 3. Abschnitt S. 137 ff der Arbeit.

gener Beschlüsse in der jüngsten Rechtsprechung und Literatur verdeutlicht m.E. das Vorliegen eines entsprechenden Regelungsbedürfnisses[612].

Gegen eine planwidrige Unvollständigkeit ließe sich also allenfalls noch mittels eines argumentum e contrario einwenden, daß die Regelung in der Strafprozeßordnung dort zwar auf Grund der besonderen Bedeutung des rechtlichen Gehörs angebracht ist, diese aber nicht auf den Zivilprozeß übertragen werden kann[613]. Solchen Argumenten aus dem Wesen oder der Struktur der StPO ist aber grundsätzlich entgegenzuhalten, daß mittels einer innerstaatlichen Prozeßrechtsvergleichung[614] durchaus Rechtsgedanken aus anderen Verfahrensordnungen für den Zivilprozeß nutzbar gemacht werden können. Der Gedanke der Einheit der Rechtsordnung und das Gebot der Vermeidung von Wertungswidersprüchen, also der Ungleichbehandlung von Gleichartigem, macht es möglich, innerhalb der Grenzen der Rechtsähnlichkeit eine Analogie auch zwischen zwei Rechtsmaterien zuzulassen[615]. Ein solcher grundsätzlicher Einwand gegen eine planwidrige Unvollständigkeit ist also nicht möglich. Gleichwohl ist hierauf aber bei der Prüfung einer Gleichheit der Interessenlagen zwischen StPO und ZPO bezüglich der vorliegenden Fragestellung zurückzukommen[616]. Dies steht aber der Bejahung eines entsprechenden Regelungsbedürfnisses nicht entgegen.

Im Ergebnis kann also de lege lata eine Gesetzeslücke bezüglich der Abänderbarkeit nicht mehr beschwerdefähiger Beschlüsse in der ZPO festgestellt werden[617]. Da es sich mithin nicht um eine Lücke de lege ferenda handelt, ist der Ruf nach dem Gesetzgeber[618] in diesem Bereich nicht erforderlich, vielmehr eine Lückenausfüllung durch den Rechtsanwender möglich[619].

---

[612] Vgl. etwa BVerfGE 73, 322 (329); *Weis*, NJW 1987, 1314 f; aber auch VGH Kassel NJW 1987, 1354 f; ferner oben § 2 S. 22 ff und 31 ff der Arbeit.

[613] Vgl. *H. Schmidt*, Die Gegenvorstellung, S. 15; *Ratte*, S. 110 FN 22).

[614] Dazu siehe *Stein/Jonas/Schumann*, Einleitung, Rdnr. 62; generell auch *Grunsky*, S. 1 ff.

[615] *Engisch*, Rechtsordnung, S. 76 f; *Larenz*, S. 359, 361.

[616] Siehe unten 4. Teil, 2. Abschnitt S. 147 f der Arbeit.

[617] So im Ergebnis auch *Planck*, § 79, S. 475; *Weis*, NJW 1987, 1314; *Seetzen*, Anhörungsrüge, NJW 1982, 2337 (2343); *Schneider*, Wiederholung, DRiZ 1965, 288 (291); BVerfGE 73, 322 (326 f); für die ähnliche Problematik im Verwaltungsprozeß vgl. BVerwG NVwZ 1984, 450.

[618] Vgl. etwa *Henschel*, Faller-FS, 165 (172).

[619] Vgl. *Engisch*, Einführung, S. 142.

2. Abschnitt
Gleichheit der Interessenlage

Soll die so festgestellte Gesetzeslücke unter möglichst enger Anlehnung an das geltende Recht ausgefüllt werden, ist nach einer Regelung zu fragen, deren Rechtsfolge auf die nicht normierte Fallgruppe deshalb angewendet werden kann, weil beide Fälle auf Grund ihrer Rechtsähnlichkeit einer gleichen Bewertung zugänglich sind. Nach der hier vertretenen Auffassung läßt sich eine solche Regelung in den §§ 33 a, 311 a StPO finden. Dabei soll gleichwohl eine Gesetzes- und keine Rechtsanalogie vorgenommen werden, da letztere zwar von einer Mehrzahl einzelner Rechtsvorschriften ausgeht, aus diesen aber mittels eines Induktionsschlusses allgemeinere Prinzipien entwickelt und sie auf Fälle anwendet, die von keiner der Gesetzesvorschriften erfaßt werden[620]. Wie sich für die vorliegende Fragestellung noch ergeben wird[621], läßt sie sich aber durchaus auch anhand jeweils einer der beiden Vorschriften beantworten. Hinzu kommt, daß, wie dargestellt[622], die Verschiedenheiten der §§ 33 a, 311 a StPO beschränkt sind.

Zunächst ist mittels einer Normzweckprüfung herauszuarbeiten, welche Interessenlage den §§ 33 a, 311 a StPO zugrundeliegt und wie und warum sie der Gesetzgeber so bewertet hat. Dabei ist es möglich, sich an dieser Stelle auf eine zusammenfassende Wiedergabe der bereits oben[623] untersuchten ratio legis zu beschränken. Beide Vorschriften beruhen auf der Anstoßwirkung des BVerfG zur Sicherung des rechtlichen Gehörs. Sie dienen als einfachgesetzliche Konkretisierung des Art. 103 I GG der Lückenschließung in der strafprozessualen Gewährung des Rechts auf Gehör. Im Interesse einer Entlastung des BVerfG unterliegen sie einer grundsätzlich weiten Interpretation und erfassen sowohl zulässige als auch fehlerhafte vorherige Nichtanhörung. Der Wunsch nach einer effektiven und zügigen Pannenhilfe in diesem Bereich führte zu ihrer Ausgestaltung als innerinstanzieller Rechtsbehelf und zur Entscheidung gegen die Eröffnung des Rechtsmittelzugs. Sie streben einen zufriedenstellenden Ausgleich zwischen dem Bedürfnis nach Endgültigkeit und den Erfordernissen materieller Gerechtigkeit an. Daher liegt ihre wesentliche Bedeutung vor allem auch im Bereich von nicht mehr beschwerdefähigen strafprozessualen Beschlüssen.

---

620 *Enneccerus/Nipperdey*, § 58, S. 340.
621 Siehe unten am Ende dieses Abschnitts S. 150 f.
622 Dazu oben, § 14 II. S. 126 der Arbeit.
623 Namentlich in § 9 I. S. 74 ff und § 14 I. S. 122 ff der Arbeit.

In einem zweiten Schritt sind nun die faktischen und wertungsmäßig gleichen Elemente der nichtgeregelten zivilprozessualen Fallgruppe aufzuzeigen. Anschließend wird eine Wertung hinsichtlich der verbleibenden Unterschiede vorzunehmen sein mit dem Ergebnis der Bejahung oder Verneinung einer im wesentlichen vergleichbaren Interessenlage.

Die Frage nach einer Abänderbarkeit nicht mehr beschwerdefähiger, aber verfahrensfehlerhafter zivilprozessualer Beschlüsse und damit der Zulässigkeit einer Gegenvorstellung betrifft wie die §§ 33 a, 311 a StPO unanfechtbare[624] Beschlußentscheidungen. Auch die Verletzung des rechtlichen Gehörs ist hier wie dort gegeben. Auch im Zivilprozeß sollen vor allem fehlerhafte Nichtanhörungen ausgeglichen werden. Es wird eine Lösung sowohl im Bereich der einfachen als auch der sofortigen Beschwerde gesucht. Zu erinnern ist ferner an die Übereinstimmung bei Beschlüssen, die eine Berufung oder Revision verwerfen (etwa §§ 519 b, 554 a ZPO[625] und § 349 II StPO[626]).

Neben diesen faktischen sind auch wertungsmäßige Gleichheiten zu erkennen. So wird auch im zivilprozessualen Bereich nach einer Entlastung des BVerfG gesucht und eine Lückenfüllung angestrebt; ferner ein geeigneter und befriedigender Ausgleich zwischen Endgültigkeit und Abänderbarkeit von Beschlüssen.

Dem ist als verbleibender Unterschied die differierende Verfahrensart gegenüberzustellen. Dabei kann an die oben gemachten Ausführungen[627] zur grundsätzlichen Zulässigkeit einer Analogie zwischen innerstaatlichen Prozeßrechtsarten angeknüpft werden. Hier bleibt, den Umfang der Rechtsähnlichkeit zwischen StPO und ZPO in bezug auf die vorliegende Fallkonstellation festzustellen. Die zu vergleichenden Fallgruppen lassen sich dabei auf die gleiche prozessuale Lage zurückführen. Es handelt sich jeweils um unanfechtbare, das rechtliche Gehör verletzende Beschlüsse. Da es aber auf die Art und das Wesen der Beschlußentscheidung für die Frage nach ihrer Abänderbarkeit nicht ankommt[628], erübrigt sich ein dahingehender Vergleich nach Wesen

---

[624] Vgl. aber zum darüber hinausgehenden Anwendungsbereich der §§ 33 a, 311 a StPO oben § 9 II. 4. S. 97 ff und § 15 I. 5. S. 132 ff der Arbeit.

[625] Siehe oben § 8 III. S. 69 f der Arbeit.

[626] Vgl. oben § 9 II. 1. a) S. 80 und I. S. 78 FN 279 der Arbeit.

[627] Siehe oben 4. Teil, 1. Abschnitt S. 145 der Arbeit.

[628] Im 2. Teil, 2. Abschnitt, insbesondere in § 8 S. 69 ff der Arbeit wurde ja gezeigt, daß sich aus dem Argument der urteilsvertretenden Funktion oder urteilsähnlichen Art hierfür nichts herleiten läßt. Auch im Strafverfahren ist es für die Anwendung der §§ 33 a, 311 a StPO ohne Bedeutung, ob es sich um prozeßbeendende oder der einfachen oder sofortigen Beschwerde unterliegende Beschlüsse handelt, vgl. 3. Teil, 1. und 2. Abschnitt S. 77 f und S. 133 f der Arbeit.

und Aufgabe von straf- bzw. zivilprozessualen Beschlüssen. Als Ansatzpunkt für eine unterschiedliche Behandlung bliebe damit nur noch die Bewertung des rechtlichen Gehörs. Mit anderen Worten: es bleibt festzustellen, ob Art. 103 I GG in beiden Verfahrensordnungen verschiedene Bedeutung aufweist. Dies ist aber zu verneinen, da der Anspruch auf rechtliches Gehör für alle Verfahrensarten von Bedeutung ist, unabhängig von der jeweiligen Geltung des Untersuchungs- oder Verhandlungsgrundsatzes[629]. Gerade BVerfGE 7, 95 (98 f) zeigt deutlich, wie Art. 103 I GG unmittelbare Geltung für den Zivilprozeß beansprucht. Durch ihn ist eine direkte Lückenausfüllung hinsichtlich der Gewährung rechtlichen Gehörs in der ZPO möglich[630]. Da im zivilprozessualen Beschwerdeverfahren eine dem § 308 StPO entsprechende Vorschrift fehlt, ist der Anspruch des Beschwerdegegners auf Mitteilung der Beschwerde zur Gegenerklärung — nach Ansicht des Gerichts — unmittelbar aus der Verfassung herzuleiten. Im Fall einer ihm nachteiligen Beschwerdeentscheidung ist das Recht auf Gehör also von gleicher Bedeutung wie in der StPO. Eine unterschiedliche Behandlung der jeweiligen Beschlüsse läßt sich damit nicht begründen[631]. Die prozessuale Situation ist vielmehr vergleichbar mit der des § 311 a StPO, wenn eine vorherige Anhörung nicht erfolgte. Weitergehend ist zu sagen, daß zumindest für die hier untersuchte Fallkonstellation das rechtliche Gehör in beiden Verfahrensarten von gleicher Bedeutung ist, weshalb es m.E. ein Gebot der Gerechtigkeit ist, diese gleichartige Situation auch gleich zu behandeln. Nach der hier vertretenen Meinung ist die jeweilige prozessuale Interessenlage als im wesentlichen gleich zu bewerten, weshalb aus dem Gedanken der Einheit der Rechtsordnung eine analoge Anwendung der §§ 33 a, 311 a StPO auch im Zivilprozeß zu bejahen ist.

Dem kann nicht mit dem Argument entgegengetreten werden, bei den §§ 33 a, 311 a StPO handle es sich um Ausnahmevorschriften, die einer Analogie nicht zugänglich sind. Es ist zwar richtig, daß die vorstehend genannten Normen einen speziellen Rechtsbehelf gegen Verletzungen des rechtlichen

[629] Vgl. *Grunsky*, S. 226; *Waldner*, S. 165; *Werner*, S. 69; *Dahs jun.*, S. 12; BVerfGE 7, 53 (57); E 7, 95 (98 f) für das rechtliche Gehör, wenn zum Nachteil des Beschwerdegegners einer zivilprozessualen Beschwerde stattgegeben werden soll, also in einer den §§ 308, 311 a StPO ähnlichen Situation.

[630] Dazu vor allem *Schwartz*, S. 82 f; dies ist ständige Rechtsprechung des BVerfG, siehe etwa E 36, 85 (87 f).

[631] So aber wohl *H. Schmidt*, Die Gegenvorstellung, S. 15; *Ratte*, S. 110, FN 22), weist zwar zutreffend darauf hin, daß die nähere Ausgestaltung des rechtlichen Gehörs den einzelnen Verfahrensordnungen überlassen ist, und belegt dies mit BVerfGE 9, 89 (95), läßt aber außer Acht, daß das Gericht gleichzeitig (BVerfGE 9, 89 (96)) das einfache Verfahrensrecht im Lichte des Art. 103 I GG auslegt und darüberhinaus aus ihm unmittelbare Anhörungspflichten herleitet.

Gehörs in bestimmten Fällen statuieren. Dies zwingt aber methodisch nicht zu einer engen Auslegung[632] und vor allem nicht zur Verneinung jeglicher Analogiemöglichkeit[633]. Vielmehr ist sie dann gegeben, wenn eine der gesetzlichen Regelung ähnliche Ausnahmesituation vorliegt. Daß etwa § 33 a StPO auch bei Anerkennung seines Ausnahmecharakters gleichwohl grundsätzlich analogiefähig ist, ist denn auch anerkannt[634]. Nach der hier vertretenen Auffassung ist aber auch die untersuchte zivilprozessuale Fallgruppe als der geregelten prozessualen Ausnahmesituation ähnlich anzusprechen. In beiden Fällen geht es um die Verhinderung von prozessualem und materiellem Unrecht sowie der Heilung von Verstößen gegen das rechtliche Gehör, die in einer Vielzahl auf bloßen "Pannen" beruhen[635], durch ihre Unanfechtbarkeit aber innerhalb der Fachgerichtsbarkeit nicht mehr erfaßbar sind. Da also auch in bezug auf die prozessuale Ausnahmesituation Rechtsähnlichkeit gegeben ist, steht einer Analogie insoweit nichts entgegen.

Ferner soll mittels einer Folgenbetrachtung auf den Einwand einer übermäßigen Belastung der Instanzgerichte eingegangen werden[636]. Der angestrebten Entlastung des BVerfG ist hierbei die befürchtete Mehrarbeit der Zivilgerichte gegenüberzustellen. Da die grundsätzliche Notwendigkeit für ersteres anerkannt ist[637] und die Geeignetheit der Gegenvorstellung gemäß §§ 33 a, 311 a StPO oben[638] bejaht wurde, bleibt lediglich auf die Auswirkungen bei der ordentlichen Gerichtsbarkeit einzugehen. M.E. können solche Folgen gerade durch die Gegenvorstellung gering gehalten werden, da sie durch ihre Formfreiheit den Gerichten ermöglicht, in einer dem Einzelfall angemessenen Weise auf durch Verletzungen des rechtlichen Gehörs bedingte Benachteiligungen der Parteien zu reagieren. Wirkt sich das Übersehen von Beweisanträgen, das Nicht-zur-Kenntnis-nehmen von Schriftsätzen, Argumenten oder Behauptungen,

---

[632] Vielmehr ist eine weite Auslegung der Normen geboten, vgl. oben § 9 I. S. 77, II. 1. a) S. 81, § 14 S. 123 der Arbeit.

[633] *Larenz*, S. 339 f; *Engisch*, Einführung, S. 151.

[634] *Schumann*, BVerfG und Zivilprozeß, S. 74; *Rieß*, Eröffnungsentscheidung, NStZ 1983, 247 (249, FN 30)); KK-*Maul*, § 33 a Rdnr. 6; BGHSt 26, 127 (130); OLG Koblenz NJW 1987, 855 f; siehe auch die Nachweise aus der Rechtsprechung oben § 10 I. S. 104 der Arbeit.

[635] Vgl. etwa bei *Schumann*, Rechtliches Gehör, NJW 1985, 1134 (1135 f).

[636] Diese Befürchtung wurde etwa in Zusammenhang mit der Anhörungsrüge geäußert, vgl. die Stellungnahmen des Deutschen Richterbundes in der Beilage zu DRiZ, Informationen 8 und 12/1980 sowie die amtliche Begründung des Gesetzentwurfs zu einem 5. Gesetz zur Änderung des BVerfGG; BTDrucksache 10/2951, S. 8.

[637] Siehe erneut die amtliche Begründung zu dem Gesetzentwurf eines 5. Änderungsgesetzes des BVerfGG, BT-Drucksache 10/2951, S. 1.

[638] Dazu § 12 I. (a.E.) S. 118 f der Arbeit.

die Nichtanhörung der gegnerischen Partei vor Entscheidungserlaß oder eine falsch berechnete Frist beschwerend auf eine Partei aus, erlaubt sie dem mit der Materie bereits vertrauten Gericht eine Überprüfung der Erstentscheidung. Dazu ist kein neues Verfahren einzuleiten, da die Gegenvorstellung als Annex zum Erkenntnisverfahren dieses lediglich fortsetzt. Die konkrete Ausgestaltung des Verfahrens liegt dabei im Ermessen des Gerichts. Wägt man also die Belastung des bereits sachvertrauten Gerichts ab mit der eines Gerichts, das erstmals mit der Materie befaßt ist, scheinen die Befürchtungen der Fachgerichtsbarkeit weniger schwer zu wiegen. Dies umso mehr, als das BVerfG als Verfassungsorgan nicht in erster Linie zur Behebung meist einfach gelagerter Verstöße gegen das Recht auf Gehör der Instanzgerichte berufen ist.

Im Ergebnis ist nach der hier vertretenen Meinung also eine analoge Anwendung der §§ 33 a, 311 a StPO auf unanfechtbare, aber verfahrensfehlerhafte zivilprozessuale Beschlüsse de lege lata nicht nur möglich, sondern auch sinnvoll und daher zu bejahen. Die Ansicht von *Dieter Brüggemann*[639], die genannten Normen könnten als Ausdruck eines allgemeinen Rechtsgedankens auch für die ZPO Gültigkeit beanspruchen, erweist sich damit als zutreffend.

Abschließend soll als Beleg für eine Gleichheit der Interessenlagen der zu Beginn der Arbeit geschilderte Fall des OLG Nürnberg[640] mit der vom OLG Düsseldorf[641] zu entscheidenden strafprozessualen Fallkonstellation verglichen werden. In beiden Erkenntnissen hatte jeweils ein Senat der Gerichte eine gegen einen landgerichtlichen Beschluß eingelegte sofortige Beschwerde als unzulässig verworfen. Während das OLG Nürnberg dies irrtümlich damit begründete, die Beschwerde sei nicht durch einen beim OLG zugelassenen Rechtsanwalt eingelegt worden, also die Möglichkeit der Einlegung beim Landgericht übersah (§§ 577 II 2; 569 I ZPO), ging das OLG Düsseldorf in seinem Fall fehlerhaft von einer verspäteten Beschwerdeeinlegung aus. Bei erneuter Beschäftigung mit den Fällen durch die jeweiligen Gerichte, zum einen auf Gegenvorstellung hin und zum anderen gemäß § 33 a StPO, wurde übereinstimmend das rechtliche Gehör dadurch als verletzt angesehen, daß die gebotene sachliche Überprüfung der angefochtenen Entscheidung auf das jeweilige Beschwerdevorbringen hin unterblieben ist. Als Rechtsfolge dieses Verstoßes hoben beide Gerichte ihren eigenen Beschluß auf und verbeschieden den Beschwerdeführer erneut.

---

639 *Brüggemann*, JR 1969, 361 (369).

640 Vgl. zu OLG Nürnberg NJW 1979, 169 oben 1. Teil, 1. Abschnitt S. 15 f der Arbeit.

641 OLG Düsseldorf MDR 1985, 956.

Es wird also deutlich, daß sich die hier untersuchte Analogiemöglichkeit auch mittels vergleichbarer Fallkonstellation begründen läßt. Mit anderen Worten: eine Lösung des Ausgangsfalls des OLG Nürnberg ist auch durch eine analoge Anwendung des § 33 a StPO möglich.

3. Abschnitt
Ergebnis der Arbeit und Regelungsvorschlag de lege ferenda

Als Ergebnis der vorliegenden Untersuchung kann somit die Bestätigung der oben[642] angesprochenen Tendenz festgehalten werden, die die Beurteilung einer Abänderbarkeit unanfechtbarer Beschlüsse und damit der Zulässigkeit einer Gegenvorstellung im Zivilprozeß nach der Qualität des unterlaufenden Fehlers vornehmen will. Diese Auffassung konnte mittels eines vergleichenden Blicks in die Strafprozeßordnung und einer Untersuchung von möglichen Abänderungskriterien in der Zivilprozeßordnung gestützt werden. Sie führt m.E. dazu, de lege lata einen entsprechenden Anwendungsbereich der Gegenvorstellung im Zivilprozeß bejahen zu können. Da dieser Einsatzbereich im Interesse der Rechtssicherheit und damit des Rechtsfriedens präzisiert werden sollte, wird abschließend nach einer thesenartigen Zusammenstellung der Einzelergebnisse der Arbeit ein Regelungsvorschlag de lege ferenda für den Zivilprozeß zu machen sein.

Folgende Ergebnisse sind zunächst herauszustellen.

- Die Frage der Abänderbarkeit nicht mehr beschwerdefähiger zivilprozessualer Beschlüsse ist in Rechtsprechung und Literatur nicht abschließend geklärt.
- Weder die formelle noch materielle Rechtskraft gerichtlicher Entscheidungen trifft Aussagen hinsichtlich deren Bestandschutzes gegenüber dem Gericht, das sie erlassen hat.
- Dieser Bestandsschutz wird als dritte Komponente neben formeller und materieller Rechtskraft von der innerprozessualen Bindungswirkung gerichtlicher Entscheidungen geleistet.
- Für noch anfechtbare Beschlüsse findet sich ihre Regelung in § 577 III ZPO, für Urteile in § 318 ZPO.
- § 577 III ZPO ist nach seinem Wortlaut und seinem Sinn und Zweck der Verfahrensbeschleunigung nicht auf unanfechtbare Beschlüsse anwendbar. Er wendet sich ausschließlich an den judex a quo.

---

642 Vgl. oben § 2 IV. S. 37 f der Arbeit.

- § 318 ZPO enthält zwei Komponenten der innerprozessualen Bindungswirkung, ein Abweichungs- und ein Abänderungsverbot. Die rechtliche Qualität des für die vorliegende Fragestellung bedeutsamen Abänderungsverbots ist die einer Hilfsfunktion in bezug auf das Abweichungsverbot. Es enthält keine hinreichenden Kriterien für eine Lösung der Behandlung verfahrensfehlerhafter Entscheidungen. Deshalb ist eine analoge Anwendung auf sog. urteilsvertretende Beschlüsse zu verneinen.
- Die Strafprozeßordnung enthält in den §§ 33 a, 311 a StPO Regelungen, die Aussagen über die Abänderbarkeit nicht mehr beschwerdefähiger Beschlüsse enthalten. Durch sie wurde der Rechtsbehelf der Gegenvorstellung gesetzlich normiert.
- Ausgangssituation für die Änderung von Beschlüssen ist dort die Verletzung des rechtlichen Gehörs; in § 33 a StPO bezüglich Tatfragen, in § 311 a StPO bezüglich Rechtsfragen.
- Das Nachverfahren steht allen Beteiligten mit Ausnahme der Staatsanwaltschaft zur Verfügung, die durch den Beschluß einen über den Verfahrensverstoß hinaus selbständigen Nachteil erlitten haben.
- Der Nachteil i.S.d. §§ 33 a, 311 a StPO ist grundsätzlich gleichbedeutend mit dem Begriff der Beschwer. Neben der unmittelbaren Beeinträchtigung verfahrens- oder materiellrechtlicher Rechtspositionen oder schutzwürdiger Interessen erfaßt die strafprozessuale Gegenvorstellung aber auch erledigte Grundrechtseingriffe. Die nachträgliche Feststellung ihrer Rechtswidrigkeit ist bei Vorliegen eines entsprechenden Feststellungsinteresses möglich.
- Die §§ 33 a, 311 a StPO normieren keinen subsidiären Rechtsbehelf, sondern sind auch bei noch anfechtbaren Beschlüssen einschlägig.
- Ihre verfahrensmäßige Ausgestaltung ist durch eine Zweiteilung gekennzeichnet. Das Nachverfahren umfaßt ein sog. Nachholungsverfahren zur Heilung der Verletzung des Rechts auf Gehör und ein sog. Überprüfungsverfahren zur möglichen Abänderung des erlassenen Beschlusses.
- Die Überprüfungsentscheidung der §§ 33 a, 311 a StPO ist einer sachlichen Kontrolle durch einfache Beschwerde nach § 304 I StPO entzogen. Das Nachverfahren gehört zum Rechtszug i.S.d. § 90 II BVerfGG.
- Gegen die analoge Anwendung der Gegenvorstellung der §§ 33 a, 311 a StPO im Zivilprozeß erheben sich keine durchgreifenden Bedenken, da dort eine offene Regelungslücke und eine Gleichheit der Interessenlage zu bejahen ist.

Versucht man nun, die Ergebnisse der Arbeit in einen Regelungsvorschlag de lege ferenda umzusetzen, so sind zunächst folgende Prämissen zu beachten:

Es soll eine Abänderungsmöglichkeit für zivilprozessuale Beschlüsse geschaffen werden, die auf einer Verletzung des rechtlichen Gehörs beruhen. Um Abgrenzungsschwierigkeiten insbesondere zur Beschwerde zu vermeiden, soll die Möglichkeit einer Gegenvorstellung auf nicht mehr beschwerdefähige Beschlüsse beschränkt werden. Dabei ist es ohne Bedeutung, ob sie von Anfang an unanfechtbar sind oder ob dies erst nachträglich durch Rücknahme eines Rechtsmittels, Nichterreichen der Rechtsmittelsumme oder Ausschöpfung des Instanzenzugs eintritt.

Da die Art der Beschlüsse für ihre Abänderbarkeit nicht entscheidend ist, ist die Gegenvorstellung auf den Bereich der einfachen wie der sofortigen Beschwerde zu erstrecken.

Schließlich wird neben der Forderung nach einer Beschwer aus Gründen der Rechtssicherheit eine bestimmte Form und Frist zu beachten sein.

Als Standort der Regelung ist auf Grund der Tatsache, daß sich auch die Gegenvorstellung mit der Überprüfung von Beschlüssen befaßt, der Dritte Abschnitt des Dritten Buches der ZPO ins Auge zu fassen. Wegen der Einbeziehung von Beschlüssen, die auf sofortige Beschwerde hin ergangen sind, bietet sich die Einführung eines § 577 a ZPO an. Er könnte wie folgt lauten:

"§ 577 a (Gegenvorstellung)

(1) Beruht ein nicht mehr beschwerdefähiger nachteiliger Beschluß auf einer Verletzung des rechtlichen Gehörs, so hat auf Antrag des Betroffenen eine nachträgliche Anhörung und erneute Entscheidung durch das erkennende Gericht zu erfolgen (Gegenvorstellung).

(2) Die Gegenvorstellung ist innerhalb eines Monats nach Bekanntgabe des Beschlusses schriftlich oder durch Erklärung zu Protokoll der Geschäftsstelle bei dem Gericht einzulegen, von dem oder von dessen Vorsitzenden der angefochtene Beschluß erlassen wurde.

(3) Die Gegenvorstellung hat keine aufschiebende Wirkung."

Literaturverzeichnis

Altvater, H., Über die Unabänderlichkeit der gerichtlichen Entscheidungen, gegen welche das Rechtsmittel der sofortigen Beschwerde stattfindet, AcP 64 (1881), 408

Amelung, Knut, Rechtsschutz gegen strafprozessuale Grundrechtseingriffe, Berlin 1976 (zit: *Amelung*, Grundrechtseingriffe)

— Zur dogmatischen Einordnung strafprozessualer Grundrechtseingriffe, JZ 1987, 737 (zit: *Amelung*, Einordnung)

Arndt, Adolf, Die Gesetzlichkeit des Richters, DRiZ 1959, 171 (zit: *Arndt*, Gesetzlichkeit)

— Umwelt und Recht, NJW 1962, 1192 (zit: *Arndt*, Umwelt)

Barth, Marquard Adolph, Commentar zur neuen Civilprozeßordnung für das Königreich Bayern, 2. Bd., Nördlingen 1870

Baumbach, Adolf / *Lauterbach*, Wolfgang, Zivilprozeßordnung, 47. Aufl., München 1989

Baumgärtel, Gottfried, Urteilsanmerkung zu OVG Hamburg, JZ 1958, 67 (zit:*Baumgärtel*, Anm. zu OVG Hamburg)

— Die Zulässigkeit der Wiederholung einer Beschwerde nach Erschöpfung des Instanzenzugs, JZ 1959, 437 (zit: *Baumgärtel*, Wiederholung)

— Die Grenzen für eine Zulassung der Gegenvorstellung gegen letztinstanzliche Beschwerdeentscheidungen, MDR 1968, 970 (zit: *Baumgärtel*, Grenzen der Gegenvorstellung)

Begründung des Entwurfs einer Deutschen Civilprozeßordnung, Berlin 1872

Benda, Ernst, Aktuelle Probleme der Praxis des Bundesverfassungsgerichts, NJW 1980, 2097

Berkemann, Jörg, Zielkonflikte bei der Änderung des Rechts der Verfassungsbeschwerde, JR 1980, 268

Bettermann, Karl August, Anfechtung und Kassation, ZZP 88 (1975), 365

Blomeyer, Arwed, Zivilprozeßrecht, Berlin 1963

Blomeyer, Jürgen, Die Erinnerungsbefugnis Dritter in der Mobiliarzwangsvollstreckung, Diss., Berlin 1966

Bötticher, Eduard, Kritische Beiträge zur Lehre von der materiellen Rechtskraft im Zivilprozeß, Berlin 1930

Bowitz, Hans Herrmann, Zur Gegenvorstellung im Verwaltungsprozeß, Staats- und Kommunalverwaltung 1977, 142 (zit: *Bowitz*, Gegenvorstellung im Verwaltungsprozeß)

— Zur Gegenvorstellung als Voraussetzung für die Erschöpfung des Rechtswegs — Zugleich Anmerkung zu BayVGH, BayVBl 1977, 177 —, BayVBl 1977, 663 (zit: *Bowitz*, Gegenvorstellung und Rechtswegerschöpfung)

Braun, Johann, Verletzung des Rechts auf Gehör und Urteilskorrektur im Zivilprozeß, NJW 1981, 425

Bröll, Helmut, Das rechtliche Gehör im Strafprozeß unter besonderer Berücksichtigung der verfassungsrechtlichen Einflüsse, Diss., München 1964

Brüggemann, Dieter, Rechtliches Gehör im Zivilprozeß, JR 1969, 361

Bruns, Rudolf, "Funktionaler" und "instrumentaler" Gehalt der Gestaltungsrechte und Gestaltungsklagerechte, ZZP 78 (1965), 264 (zit: *Bruns*, Funktionaler Gehalt)

— Zivilprozeßrecht, 2. Aufl., München 1979 (zit: *Bruns*, Zivilprozeßrecht)

Budach, Gisela, Die prozessuale Überholung - Ein Rechtsbegriff im Straf- und im Zivilprozeß?, Diss., Kiel 1975

Canaris, Claus-Wilhelm, Die Feststellung von Lücken im Gesetz, Berlin 1964

Creifelds, Carl, Die Strafprozeßnovelle 1964, JR 1965, 1

Dahlmanns, Gerhard J. (Hrsg.), Neudruck Zivilprozessualer Kodifikationen und Entwürfe des 19. Jh.,
— Band 1, Bürgerliche Prozeßordnung für das Königreich Hannover, 1850
— Band 2, Entwurf einer allgemeinen Zivilprozeßordnung für die deutschen Bundesstaaten 1866
— Band 3, Badische Prozeßordnung 1831
— Band 4, Bayerische Prozeßordnung, 1869
Aalen 1971 (Band 1+2), 1975 (Band 3+4)

Dahs jun., Hans, Das rechtliche Gehör im Strafprozeß, Diss., Berlin 1965

Deubner, Karl G., Die Wiedereinsetzung im Strafverfahren, JuS 1968, 125 (zit: *Deubner*, Wiedereinsetzung)

— Die Verfassungsbeschwerde wegen Verletzung des Anspruchs auf rechtliches Gehör als Rechtsbehelf im Zivilprozeß, NJW 1980, 263 (zit: *Deubner*, Verfassungsbeschwerde)

Ellersiek, Dirk, Die Beschwerde im Strafprozeß, Diss., Berlin 1981

Endemann, Wilhelm, Das deutsche Zivilprozeßrecht, Heidelberg 1868, Neudruck Aalen 1969 (zit: *Endemann*, Zivilprozeßrecht)

— Der deutsche Civilprozeß, 2. Bd., Berlin 1879 (zit: *Endemann*, Civilprozeß)

Engisch, Karl, Die Einheit der Rechtsordnung, Heidelberg 1935 (zit: *Engisch*, Rechtsordnung)

— Einführung in das juristische Denken, 7. Aufl., Stuttgart 1977 (zit: *Engisch*, Einführung)

Enneccerus, Ludwig / *Nipperdey*, Hans Carl, Allgemeiner Teil des Bürgerlichen Rechts, 15. Aufl., Erster Halbband, Tübingen 1959

Entwurf einer Prozeßordnung in bürgerlichen Streitigkeiten für den Preußischen Staat, 1864 und Motive zu dem Entwurf

Fenn, Herbert, Buchbesprechung von Theo Ratte, Wiederholung der Beschwerde und Gegenvorstellung, Berlin 1975, ZZP 90 (1977), 111

Förster, A. / *Kann*, Richard, Die Zivilprozeßordnung für das Deutsche Reich, 1. Band, 3. Aufl., Berlin 1913

Gantzer, Peter, Die Rechtskraft strafprozessualer Beschlüsse und Verfügungen, Diss., München 1967

Gaupp, L., Die Civilprozeßordnung für das Deutsche Reich, 2. Bd., 3. Aufl., Freiburg i.B. 1898

Geppert, Klaus, Gedanken zur Rechtskraft und Beseitigung strafprozessualer Beschlüsse, GA 1972, 165

Giesler, Detlev, Der Ausschluß der Beschwerde gegen richterliche Entscheidungen im Strafverfahren, Diss., Bad Honnef 1981

Giessler, Hans, Zur Weiterentwicklung der Frankfurter Unterhaltsrechtsprechung – Klagearten und Eilverfahren, DAVorm 1984, 337

Gilles, Peter, Rechtsmittel im Zivilprozeß, Frankfurt am Main 1972 (zit: *Gilles*, Rechtsmittel)

— Anschließung, Beschwer, Verbot der reformatio in peius und Parteidispositionen über die Sache in höherer Instanz, ZZP 91 (1978), 128 (zit: *Gilles*, Anschließung)

Goldschmidt, James, Der Prozeß als Rechtslage, Neudruck der Ausgabe Berlin 1925, Darmstadt 1962 (zit: *Goldschmidt*, Rechtslage)

— Zivilprozeßrecht, 2. Aufl., Berlin 1932 (zit: *Goldschmidt*, Zivilprozeßrecht)

Gössel, Karl Heinz, Strafverfahrensrecht, Stuttgart Berlin Köln Mainz, 1977

Götz, Heinrich, Die innerprozessuale Bindungswirkung von Urteilen im Zivil-, Arbeits- und Verwaltungsprozeßrecht, JZ 1959, 681

Grunsky, Wolfgang, Grundlagen des Verfahrensrechts, 2. Aufl., Bielefeld 1974

Gündner, Otto, Die Abänderlichkeit formell rechtskräftiger Beschlüsse der streitigen Zivilgerichtsbarkeit, Diss., Gießen 1935

Haffke, Bernhard, Zum Rechtsschutz bei bevorstehender richterlicher Durchsicht beschlagnahmefreier Papiere, NJW 1974, 1983

Hahn, Carl, Die gesammten Materialien zur Strafprozeßordnung, Erste Abtheilung, 3. Band, Berlin 1880 (zit: *Hahn*, Materialien zur Strafprozeßordnung)

— Die gesammten Materialien zur Civilprozeßordnung, Erste Abtheilung, II. 1., Berlin 1880 (zit: *Hahn*, Materialien)

— / *Mugdan*, Benno, Die gesammten Materialien zu den Reichsjustizgesetzen, 8. Bd., Berlin 1898 (zit: *Hahn/Mugdan*, Materialien)

Hanack, Ernst-Walter, Rechtliches Gehör, Vollstreckbarkeit und Verhaftung beim Widerruf der Strafaussetzung zur Bewährung, JZ 1966, 43 (zit: *Hanack*, Rechtliches Gehör)

— Anmerkung zu BGH JR 1967, 227 (229) (zit: *Hanack*, Urteilsanmerkung, JR 1967, 229)

— Anmerkung zu OLG Celle JR 1974, 112 (113) (zit: *Hanack*, Urteilsanmerkung, JR 1974, 113)

Hellmann, Friedrich, Lehrbuch des deutschen Civilprozeßrechts, A, München 1886

Hellwig, Konrad, System des deutschen Zivilprozeßrechts, Teil 1, Leipzig 1912

Henkel, Heinrich, Strafverfahrensrecht, 2. Aufl., Stuttgart, 1968

Henschel, Johann Friedrich, Rechtswegerschöpfung im Verfahren der Verfassungsbeschwerde, in: Festschrift für Hans Joachim Faller, München 1984, 165

Herzog, Peter, Die Rechtskraft strafgerichtlicher Beschlüsse und ihre Beseitigung, Diss., Freiburg 1971

Heyde, Wolfgang, Das Bundesverfassungsgericht in der Bewährung — Änderungen, Änderungsvorschläge — in: Europäische Gerichtsbarkeit und nationale Verfassungsgerichtsbarkeit, FS für Hans Kutscher, Baden-Baden 1981, 229

Hübsch, Gerbert, Wird die Rüge der Verletzung des rechtlichen Gehörs im Zivilprozeß neu geregelt?, DRiZ 1980, 140

Jauernig, Othmar, Materielle Rechtskraft oder innerprozessuale Bindungswirkung eines Verwerfungsbeschlusses gem. § 519 b Abs. 2 ZPO bei wiederholter Berufung?, JZ 1982, 286

Kahlke, Gerhard, Zulassung der Berufung wegen Verletzung des rechtlichen Gehörs, NJW 1985, 2231

Kaiser, Eberhard (Hrsg.), Leitfaden zur kleinen Strafprozeßreform, München 1965

Kallmann, Rainer, Anmerkung zu OLG Hamburg NJW 1972, 1478 (1478)

Kindhäuser, Urs, Rügepräklusion durch Schweigen im Strafverfahren, NStZ 1987, 529

Kirberger, Petra, Buchbesprechung von Theo Ratte, Wiederholung der Beschwerde und Gegenvorstellung, Berlin 1975, Rpfleger 1976, 339

Klein, Eckart, Subsidiarität der Verfassungsgerichtsbarkeit und Subsidiarität der Verfassungsbeschwerde, in: Festschrift für Wolfgang Zeidler, Band 2, Berlin New York 1987, 1305

Kleinknecht, Theodor, Gesetz zur Änderung der Strafprozeßordnung und des Gerichtsverfassungsgesetzes (StPÄG), JZ 1965, 113 und 153 (zit: *Kleinknecht*, StPÄG)

— / *Meyer*, Karlheinz, Strafprozeßordnung, 39. Aufl., München 1989 (zit: *Kleinknecht/Meyer*)

Kommentar zum Bonner Grundgesetz, Stand: März 1982

Kormann, Karl, System der rechtsgeschäftlichen Staatsakte, Berlin 1910

Koussoulis, Stelios, Beiträge zur modernen Rechtskraftlehre, Diss., Köln 1986

Kreß, "Gegenvorstellung" gegen unanfechtbare Gerichtsbeschlüsse, Zeitschrift für Rechtspflege in Bayern 1916, 81

v. *Kries*, August, Lehrbuch des Deutschen Strafprozeßrechts, Freiburg i.B. 1892

Kunz, Bernhard, Erinnerung und Beschwerde, Tübingen 1980

Larenz, Karl, Methodenlehre der Rechtswissenschaft, 5. Aufl., Berlin Heidelberg New York Tokyo 1983

Linde, Justin Timotheus Balthasar, Lehrbuch des deutschen Civilprocesses, 3. Aufl., Bonn 1831

Lisken, Hans, Anstelle einer "Anhörungsrüge", DRiZ 1981, 139

Löwe, Ewald / *Rosenberg*, Werner, Die Strafprozeßordnung und das Gerichtsverfassungsgesetz, Großkommentar, 24. Aufl., Erster Band und Vierter Band, Berlin New York 1988, Zweiter Band, Berlin New York 1989

Maiwald, Manfred, Zur gerichtlichen Fürsorgepflicht im Strafprozeß, in: Festschrift für Richard Lange, Berlin 1976, 745

Materialien zu dem Gesetz vom 1. Juni 1909 betreffend Änderungen des Gerichtsverfassungsgesetzes, der Zivilprozeßordnung, des Gerichtskostengesetzes und der Gebührenordnung für Rechtsanwälte, Leipzig 1909

Maunz, Theodor / *Schmidt-Bleibtreu*, Bruno / *Klein*, Franz / *Ulsamer*, Gerhard, Bundesverfassungsgerichtsgesetz, München, Stand: November 1987 (zit: *Maunz/Schmidt-Bleibtreu*)

— / *Dürig*, Günter, Kommentar zum Grundgesetz, Band IV, München 1987 (zit: *Maunz/Dürig*)

Meyer, Karlheinz, Urteilsanmerkung zu LG Nürnberg-Fürth, JR 1983, 257 (zit: *Meyer*, Urteilsanmerkung, JR 1983, 257)

— Notwendigkeit und Grenzen der Heilung von Grundrechtsverletzungen durch die Strafgerichte, in: Festschrift für Theodor Kleinknecht, München 1985, 267 (zit: *Meyer*, Kleinknecht-FS)

Müller, Hermann / *Sax*, Walter / *Paulus*, Rainer, KMR, Kommentar zur Strafprozeßordnung, 6. Aufl., Darmstadt 1966, 7. Aufl., Darmstadt 1966, Band 1, Frankfurt am Main, Stand: August 1988, Band 2, Frankfurt am Main, Stand: August 1988

Mußgnug, Reinhard, Nichtannahme einer Verfassungsbeschwerde wegen Fehlens eines "schweren Nachteils", NJW 1978, 1358

Peters, Karl, Anmerkung zu BayObLG JR 1970, 391 (392) (zit: *Peters*, Urteilsanmerkung, JR 1970, 392)

— Anmerkung zu KG JR 1972, 297 (300) (zit: *Peters*, Urteilsanmerkung, JR 1972, 300)

— Anmerkung zu OLG Celle JR 1973, 339 (341) (zit: *Peters*, Urteilsanmerkung, JR 1973, 341)

— Strafprozeß, 4. Aufl., Heidelberg-Karlsruhe 1985 (zit: *Peters*, Strafprozeß)

Petersen, Julius, Die Civilprozeßordnung für das Deutsche Reich, 5. Aufl., Band II, Lahr 1906

Pfeiffer, Gerd (Hrsg.), Karlsruher Kommentar zur Strafprozeßordnung, 2. Aufl., München 1987

Pieper, Helmut, Die materielle Rechtskraft der im Zwangsvollstreckungsverfahren ergehenden Beschlüsse, Diss., Mainz 1953

Planck, Julius Wilhelm, Lehrbuch des deutschen Civilprozeßrechts, 1. Bd., Allg. Teil, Nördlingen 1887

Plötz, Winfried, Die gerichtliche Fürsorgepflicht im Strafverfahren, Diss., Lübeck 1980

Protokolle der Justizkommission des Deutschen Reichstags, betreffend die Berathung der Strafprozeßordnung und des Einführungsgesetzes, Berlin 1876

Protokolle des Rechtsausschusses des Deutschen Bundestages, 4. Wahlperiode 1962

Ratte, Theo, Wiederholung der Beschwerde und Gegenvorstellung - Die Abänderbarkeit einer oberlandesgerichtlichen Beschwerdeentscheidung im Zivilprozeß - Zugleich ein Beitrag zur Rechtsnatur der Berufung und der Beschwerde, Diss., Berlin 1975

Renaud, Achilles, Lehrbuch des Gemeinen deutschen Civilproceßrechts, 2. Aufl., Leipzig und Heidelberg 1873

Rieß, Peter, Der Beschuldigte als Subjekt des Strafverfahrens in Entwicklung und Reform der Strafprozeßordnung, in: Vom Reichsjustizamt zum Bundesministerium der Justiz, 1977, 373 (zit: *Rieß*, Reform)

— / *Thym*, Jörg, Rechtsschutz gegen strafprozessuale Zwangsmaßnahmen, GA 1981 (128), 189 (zit: *Rieß/Thym*, Zwangsmaßnahmen)

— Eröffnungsentscheidung auf unvollständiger Aktengrundlage, NStZ 1983, 247 (zit: *Rieß*, Eröffnungsentscheidung)

— Das Strafprozeßänderungsgesetz 1964 - Vergängliches und Bleibendes -, Festschrift für Theodor Kleinknecht, München 1985, 355 (zit: *Rieß*, FS für Kleinknecht)

Röhl, Hellmut, Die Anhörung des Beschwerdegegners im Strafprozeß, MDR 1955, 522

Rosenberg, Leo / *Schwab*, Karl Heinz, Zivilprozeßrecht, 13. Aufl., München 1981, 14. Aufl., München 1986

Roxin, Claus, Strafverfahrensrecht, 21. Aufl., München 1989

Rüping, Hinrich, Der Grundsatz des rechtlichen Gehörs und seine Bedeutung im Strafverfahren, Berlin 1976

Seetzen, Uwe, Die Anhörungsrüge kraft Verfassungsrecht, NJW 1982, 2337 (zit: *Seetzen*, Anhörungsrüge)

— / *Braun*, Johann, Anhörungsrüge oder Wiederaufnahmeklage, NJW 1984, 347 (zit: *Seetzen* und *Braun*, Anhörungsrüge oder Wiederaufnahmeklage)

Seier, Jürgen, Das Rechtsmittel der sofortigen Beschwerde gegen strafprozessuale Nebenentscheidungen, Diss., Berlin 1980

v. *Seuffert*, Lothar, Civilprozeßordnung für das Deutsche Reich, 2. Aufl., Nördlingen 1883 (zit: v. *Seuffert*, Civilprozeßordnung)

— Zur Verweisung des Rechtsstreits vom unzuständigen an das zuständige Gericht, ZZP 42 (1912), 243 (zit: v. *Seuffert*, Verweisung)

— / *Walsmann*, Hans, Kommentar zur Zivilprozeßordnung, 2. Bd., 12. Aufl., München 1933 (zit: *Seuffert/Walsmann*)

Sydow, R. / *Busch*, L., Zivilprozeßordnung und Gerichtsverfassungsgesetz, Handkommentar, 1. Bd., 21. Aufl., Berlin und Leipzig 1935

Schlüchter, Ellen, Das Strafverfahren, 2. Aufl., München 1983

Schmidt, Eberhard, Lehrkommentar zur Strafprozeßordnung und zum Gerichtsverfassungsgesetz, Teil II, Göttingen 1957, Teil I, 2. Aufl., Göttingen 1967 (zit: *E. Schmidt*, Lehrkommentar)

— Lehrkommentar zur Strafprozeßordnung und zum Gerichtsverfassungsgesetz, Nachträge und Ergänzungen zu Teil II, Nachtragsband I, Göttingen 1967 (zit: *E. Schmidt*, Lehrkommentar, Nachtragsband I)

Schmidt, Holger, Die Gegenvorstellung im Erkenntnis- und summarischen Verfahren der ZPO – Eine Untersuchung über die Abänderlichkeit letztinstanzlicher Beschlüsse und Verfügungen im Beschwerdeverfahren, Diss., Bonn 1971 (zit: *H. Schmidt*, Die Gegenvorstellung)

— Innenbindungswirkung, formelle und materielle Rechtskraft – Eine Untersuchung der Wirkungsweise dieser drei Institute, Rpfleger 1974, 177 (zit: *H. Schmidt*, Innenbindungswirkung)

— Die Zulässigkeit der Gegenvorstellung, JurBüro 1975, 1311 (zit: *H. Schmidt*, Zulässigkeit der Gegenvorstellung)

Schmidt, Richard, Lehrbuch des deutschen Civilprozeßrechts, Leipzig 1898

Schmidt-Bleibtreu, Bruno / *Klein*, Franz, Kommentar zum Grundgesetz für die Bundesrepublik Deutschland, 6. Aufl. Neuwied und Darmstadt 1983

Schmidt-Leichner, Erich, Die kleine Strafprozeßreform, AnwBl 1961, 26

Schmitt, Rudolf, Können die Beschlüsse aus §§ 346, 349 StPO zurückgenommen werden?, JZ 1961, 15

Schneider, Egon, Wiederholung der Beschwerde und Gegenvorstellung im Zivilprozeß, DRiZ 1965, 288 (zit: *Schneider*, Wiederholung)

— Zwei Fragen aus dem Recht der Gegenvorstellung, MDR 1972, 567 (zit: *Schneider*, Zwei Fragen)

— Der Einfluß der Rechtsprechung des Bundesverfassungsgerichts auf das Zivilprozeßrecht, MDR 1979, 617 (zit: *Schneider*, Einfluß)

— Nochmals: Verletzung des Rechts auf Gehör und Urteilskorrektur im Zivilprozeß, NJW 1981, 1196 (zit: *Schneider*, Urteilskorrektur)

Schönke, Adolf, Anmerkung zu BGH NJW 1953, 702 (zit: *Schönke*, Anm. zu BGH NJW 1953, 702)

— / *Kuchinke*, Kurt, Zivilprozeßrecht, 9. Aufl., Karlsruhe 1969 (zit: *Schönke-Kuchinke*, Zivilprozeßrecht)

Schroeder, Friedrich-Christian, Eine funktionelle Analyse der strafprozessualen Zwangsmittel, JZ 1985, 1028

Schubert, Werner (Hrsg.), Protokolle der Kommission zur Ausarbeitung des Erstentwurfs einer Civilprozeßordnung für die Staaten des Norddeutschen Bundes, Berlin 1869, Band 3, Frankfurt/Main 1985

Schultzenstein, Nachträge betreffend die Zivilprozeßnovelle vom 5. Juni 1905, ZZP 35 (1906), 302

Schulz, Burkhard, Bericht aus Bonn, ZRP 1980, 332

Schumann, Ekkehard, Buchbesprechung zu Zöller, Kommentar zur Zivilprozeßordnung, 13. Aufl., Köln 1981, NJW 1982, 1271 (zit: *Schumann*, Buchbesprechung)

— Bundesverfassungsgericht, Grundgesetz und Zivilprozeß, Köln Berlin 1983 (zit: *Schumann*, BVerfG und Zivilprozeß)

— Die Wahrung des Grundsatzes des rechtlichen Gehörs – Dauerauftrag für das BVerfG?, NJW 1985, 1134 (zit: *Schumann*, Rechtliches Gehör)

Schwab, Karl Heinz, Das Verfahren zwischen den Instanzen, FS für Ludwig Schnorr von Carolsfeld, Köln 1976, 445

Schwartz, Harald, Gewährung und Gewährleistung des rechtlichen Gehörs durch einzelne Vorschriften der Zivilprozeßordnung, Berlin 1977

Stein, Friedrich / *Jonas*, Martin, Kommentar zur Zivilprozeßordnung, Band I, 20. Aufl., Tübingen 1984, Band II / 2, 20. Aufl., Tübingen 1989, Band III, 20. Aufl., Tübingen 1977

Stellungnahme der Bundesrechtsanwaltskammer vom 30.10.1984 zum Referentenentwurf des Fünften Gesetzes zur Änderung des Gesetzes über das Bundesverfassungsgericht, EuGRZ 1984, 524

Stern, Klaus, Das Staatsrecht der Bundesrepublik Deutschland, Band I, 2. Aufl., München 1984

Struckmann, J. / *Koch*, Richard, Die Civilprozeßordnung für das Deutsche Reich, 5. Aufl., Berlin und Leipzig 1887

Thomas, Heinz / *Putzo*, Hans, Zivilprozeßordnung, 11. Aufl., München 1981, 12. Aufl., München 1982, 14. Aufl., München 1986, 15. Aufl., München 1987

Tiedtke, Klaus, Das unzulässige Zwischenurteil, ZZP 89 (1976), 64

Wach, Adolf, Vorträge über die Reichscivilprozeßordnung, 2. Aufl., Bonn 1896

Waldner, Wolfram, Aktuelle Probleme des rechtlichen Gehörs im Zivilprozeß, Diss., Erlangen 1983

Weis, Hubert, Gegenvorstellungen bei der Verletzung von Verfahrensgrundsätzen, NJW 1987, 1314 – Anm. zu BVerfG Beschluß vom 08.07.1986 – NJW 1987, 1319

Weismann, Jakob, Lehrbuch des deutschen Zivilprozeßrechts, 1 Bd., Stuttgart 1903

Welp, Jürgen, Die strafprozessuale Überwachung des Post- und Fernmeldeverkehrs, Heidelberg 1974

Werner, Bernhard, Rechtskraft und Innenbindung zivilprozessualer Beschlüsse im Erkenntnis- und summarischen Verfahren, Köln 1983

Wetzell, Georg Wilhelm, System des ordentlichen Civilprocesses, 2. Aufl., Leipzig 1865

Wieczorek, Bernhard, Zivilprozeßordnung und Nebengesetze, Zweiter Band, 2. Aufl., Berlin New York 1976, Dritter Band, 2. Aufl., Berlin New York 1988

v.*Wilmowski*, Gustav / *Levy*, M., Civilprozeßordnung und Gerichtsverfassungsgesetz, 2. Aufl., Berlin 1881

Wittschier, Johannes, Das Verbot der reformatio in peius im strafprozessualen Beschlußverfahren, Darmstadt

Woesner, Horst, Die Gegenvorstellung im Strafverfahren, NJW 1960, 2129

Wolter, Jürgen, Heimliche und automatisierte Informationseingriffe wider Datengrundrechtsschutz, GA 1988, 49, 129

Zeiss, Walter, Zivilprozeßrecht, 7. Aufl., Tübingen 1989

Zöller, Richard, Kommentar zur Zivilprozeßordnung 15. Aufl., Köln 1987

Zuck, Rüdiger, Die Beseitigung groben prozessualen Unrechts, JZ 1985, 921

Sachverzeichnis

FSC
www.fsc.org
MIX
Papier | Fördert gute Waldnutzung
FSC® C083411

Kolibri 360 GmbH
Ferdinand-Jühlke-Straße 7
99095 Erfurt, Deutschland
produktsicherheit@kolibri360.de

Druck:
CPI Druckdienstleistungen GmbH
im Auftrag der
Kolibri 360 GmbH
Ferdinand-Jühlke-Str. 7
99095 Erfurt